Vorwort

Liebe Schülerinnen, liebe Schüler,

in Ihrem Alltag, in Ausbildung und Beruf wird es immer wichtiger, Texte richtig zu verstehen und kommunikative Situationen richtig zu deuten, um zielgerichtet und angemessen handeln zu können.

Das Buch ist in zwei Jahrgangsstufen eingeteilt. Die geforderten Kompetenzen finden sich in jeder Jahrgangsstufe wieder und sind wie folgt gekennzeichnet:

- pragmatische Texte
- literarische Texte
- Medien
- Sprachgebrauch/Sprachreflexion

In den Kapiteln erfahren Sie zu Beginn, welche Kompetenzen Sie mithilfe welcher Arbeitstechniken und Methoden erlangen werden. Am Ende jedes Kapitels überprüfen Sie Ihren Lernerfolg mithilfe der Kapitelabschlussseite *Fazit, vertiefen, überprüfen*.
Im Anschluss an die oben genannten Kompetenzbereiche erwartet Sie ein Projekt. Hier können Sie Ihre erworbenen Kompetenzen einsetzen, um den Auftrag qualifiziert auszuführen.

Die Inhalte in den Kapiteln bauen aufeinander auf und führen Sie gezielt zu den notwendigen Qualifikationen für die Prüfung zur Fachschulreife.

In diesem Buch wird in den Formulierungen auf geschlechtergerechte Sprache geachtet. Wenn nur eine grammatische Form verwendet wurde, dient dies der besseren Lesbarkeit.

Viel Freude und Erfolg im Unterricht sowie auf Ihrem weiteren Ausbildungsweg wünschen Ihnen alle, die an diesem Buch mitgearbeitet haben.

Inhaltsübersicht

Schuljahr 1

1 Inhalte von Sachtexten erfassen und schriftlich wiedergeben 9
1.1 Sachtexte lesen und verstehen 10
1.2 Textinhalte erschließen und zusammenfassen 13
1.3 Textinhalte wiedergeben 16
Fazit, vertiefen, überprüfen 18

2 Bewerbung und beruflicher Alltag – Schriftlich kommunizieren 19
2.1 Sich bewerben 20
2.2 Ein Protokoll schreiben 26
2.3 Einen Tätigkeitsbericht verfassen 27
Fazit, vertiefen, überprüfen 28

3 Argumentieren und Stellung nehmen 29
3.1 Pro- und Kontra-Argumente formulieren 30
3.2 Einen Erörterungsaufsatz gliedern und schreiben 32
3.3 Eine dialektische Erörterung verfassen 35
Fazit, vertiefen, überprüfen 38

***Projekt* 39**

4 Literarische Texte verstehen 41
4.1 Literarische Texte unterscheiden 42
4.2 Eine Inhaltsangabe zu einem literarischen Text verfassen 46
Fazit, vertiefen, überprüfen 50

5 Literarische Texte untersuchen 51
5.1 Merkmale von Erzähltexten kennen 52
5.2 Sprachliche Mittel unterscheiden 55
5.3 Figuren charakterisieren 57
Fazit, vertiefen, überprüfen 60

***Projekt* 61**

pragmatische Texte | literarische Texte | Medien | Sprachgebrauch / Sprachreflexion

Inhaltsübersicht

6 Medien nutzen – Eine Präsentation halten **63**
6.1 Im Internet recherchieren 64
6.2 Medien beurteilen – Geeignete Informationen auswählen 66
6.3 Eine Präsentation gestalten und durchführen 68
Fazit, vertiefen, überprüfen 72

Projekt ***73***

7 Wie Kommunikation funktioniert **75**
7.1 Kommunikation verstehen 76
7.2 Die vier Seiten einer Äußerung 80
7.3 Sprechen und zuhören 82
Fazit, vertiefen, überprüfen 84

8 Richtig schreiben **85**
8.1 Richtig abschreiben – Richtig lesen 86
8.2 Richtig rechtschreiben 90
8.3 Zeichen setzen 95
8.4 Grammatik kennen und anwenden 98
Fazit, vertiefen, überprüfen 110

Projekt **111**

■ pragmatische Texte ■ literarische Texte ■ Medien ■ Sprachgebrauch / Sprachreflexion

Inhaltsübersicht

Schuljahr 2

9 Diagramme und Schaubilder verstehen **113**
9.1 Das Zusammenspiel von Text und Schaubild erkennen 114
9.2 Diagrammarten analysieren 116
9.3 Manipulationen erkennen 121
Fazit, vertiefen, überprüfen 122

10 Sich zu einem Text positionieren **123**
10.1 Sich eine Meinung zu einem Thema bilden 124
10.2 Einen Text erschließen 125
10.3 Sich zu Argumenten eines Textes positionieren 127
10.4 Eine textgebundene Stellungnahme schreiben 129
Fazit, vertiefen, überprüfen 132

11 Eine materialgestützte Stellungnahme schreiben **133**
11.1 Die Aufgabe verstehen 134
11.2 Die Materialien erschließen 135
11.3 Einen Schreibplan anfertigen 139
11.4 Eine materialgestützte Stellungnahme schreiben 140
11.5 Eine materialgestützte Stellungnahme überarbeiten 142
Fazit, vertiefen, überprüfen 143

Projekt **145**

12 Literarischen Texten begegnen **147**
12.1 Eine Kurzgeschichte inhaltlich erschließen 148
12.2 Eine Kurzgeschichte analysieren 150
12.3 Eine Kurzgeschichte interpretieren 152
Fazit, vertiefen, überprüfen 156

13 Literarische Texte gestaltend interpretieren **157**
13.1 Einen Romanauszug szenisch gestalten 158
13.2 Einen Tagebucheintrag verfassen 160
13.3 Einen Brief schreiben 162
Fazit, vertiefen, überprüfen 164

Projekt **165**

pragmatische Texte · literarische Texte · Medien · Sprachgebrauch / Sprachreflexion

Inhaltsübersicht

14	**Medien verstehen und nutzen**	**167**
14.1	Das eigene Medienverhalten reflektieren	168
14.2	Medien kritisch beurteilen	170
14.3	Digitalisierung und ihre Folgen	172
	Fazit, vertiefen, überprüfen	174
	Projekt	**175**
15	**Im Alltag kommunizieren – Gespräche führen**	**177**
15.1	Wie stehen wir zueinander?	178
15.2	Kommunikationsstörungen vermeiden	179
	Fazit, vertiefen, überprüfen	186
16	**Wie Sprache sich wandelt**	**187**
16.1	Sprachwandel verstehen	188
16.2	Fremdwörter und Anglizismen untersuchen	190
16.3	Sprachvarietäten kennenlernen und angemessen einsetzen	192
16.4	Mehrsprachigkeit – Wie Sprache uns beeinflusst	194
	Fazit, vertiefen, überprüfen	196
17	**Richtig schreiben**	**197**
17.1	Richtig rechtschreiben	198
17.2	Zeichen setzen	203
17.3	Grammatik kennen und anwenden	204
	Fazit, vertiefen, überprüfen	208
	Projekt	**209**

Anhang

Nachschlageliste: unregelmäßige Verben – alphabetisch geordnet	211
Operatoren kennen – Arbeitsanweisungen verstehen	215
Textsortenverzeichnis	217
Verzeichnis der Methoden und Arbeitstechniken	218
Textquellenverzeichnis	219
Bildquellenverzeichnis	221
Sachwortverzeichnis	222

■ pragmatische Texte ■ literarische Texte ■ Medien ■ Sprachgebrauch / Sprachreflexion

Wie Sie mit dem Deutschbuch arbeiten können

In den Kapiteln helfen Ihnen die folgenden Elemente bei der Bearbeitung:

Kompetenzen

Im Überblick werden die Kompetenzen vorgestellt, die im Kapitel erworben werden.

Methoden und Arbeitstechniken

Hier werden wichtige Methoden, die im vorliegenden Kapitel vermittelt bzw. geübt werden, genannt.

GUT ZU WISSEN

Wichtige Inhalte und Arbeitstechniken werden in diesen Kästen näher erklärt.
Checklisten fassen die wichtigsten Schritte für das Erstellen von Textprodukten zusammen.

Dieses Piktogramm zeigt an, dass sich an dieser Stelle eine Hilfestellung für die Lösung der Aufgabe befindet – eine Starthilfe.

/ Ob die Aufgabe in Partner- oder Gruppenarbeit erarbeitet werden soll, zeigen diese beiden Piktogramme.

Fazit, vertiefen, überprüfen: Am Ende jedes Kapitels wird der Lernerfolg überprüft. Die Aufgabenstellungen erfordern den Einsatz unterschiedlicher Kompetenzen aus mehreren Unterkapiteln.

Projekt: In Projektaufträgen, die Sie selbstständig planen, durchführen und bewerten, wenden Sie das in den einzelnen Kompetenzbereichen erworbene Wissen an.

Kapitel 1

Inhalte von Sachtexten erfassen und schriftlich wiedergeben

1.1
Sachtexte lesen und verstehen

1.2
Textinhalte erschließen und zusammenfassen

1.3
Textinhalte wiedergeben

Sowohl in der Schule als auch im Alltag kommt es vor, dass Sie über Inhalte von Sachtexten informieren müssen. Eine korrekte Textwiedergabe ist nur möglich, wenn Sie einen Text verstanden haben und die wesentlichen Aspekte zusammenfassen können.

In diesem Kapitel lernen Sie zuerst Techniken und Methoden zur Texterschließung kennen. Im nächsten Schritt werden Sie an das Zusammenfassen und Wiedergeben von Textinhalten herangeführt.

Kompetenzen

- ✓ Lesetechniken anwenden
- ✓ Informationen aus Texten visualisieren
- ✓ Textinhalte verstehen, zusammenfassen und wiedergeben

Methoden und Arbeitstechniken

- ✓ Lesetechniken
- ✓ 5-Schritt-Lesemethode
- ✓ Markierungstechniken
- ✓ Strukturbild
- ✓ Exzerpieren

Sachtexte lesen und verstehen

Ein Ehrenamt bietet die Möglichkeit, Verantwortung zu übernehmen, Neues zu lernen und in Berufe hineinzuschnuppern. Hier berichtet ein Schüler über seine Erfahrungen.

1 Lesen Sie die Überschrift des Textes „Wir müssen uns umeinander kümmern!" und die Kurzinformation über dem Text.

a) Stellen Sie Vermutungen über den Inhalt des Textes an und tauschen Sie sich mit einer Lernpartnerin / einem Lernpartner darüber aus.

b) Tauschen Sie sich darüber aus, was Sie über das Thema Ehrenamt wissen und ob Sie über eigene Erfahrungen verfügen.

TIPP

Überlegen Sie vor dem Lesen eines Textes, was Sie bereits über das Thema wissen oder was Sie von dem Text erwarten. Das erleichtert das Textverständnis.

Wir müssen uns umeinander kümmern!

Emilio, 17, hilft anderen in seiner Freizeit als Schulsanitäter.

Was macht eigentlich ein Schulsanitäter?
Wir werden beispielsweise gerufen, wenn sich ein Schüler verletzt, Atemnot bekommt oder ohnmächtig wird. Wir leisten dann die Erstversorgung vor Ort, für die wir ausgebildet sind, und wägen ab, ob ein Krankenwagen gebraucht wird. Wir vermitteln aber auch bei Schulproblemen oder ermutigen Mitschüler, sich einem Vertrauenslehrer anzuvertrauen.

Du leitest den Sanitätsdienst an deiner Schule sogar – ganz schön viel Verantwortung für einen 17-Jährigen …
Das stimmt, aber ich bin da hineingewachsen. Anfangs hatte ich mich eigentlich nur für ein Unterrichtsprojekt als Schulsanitäter gemeldet. Ich habe dann ziemlich schnell gemerkt, dass es mir Spaß macht, mich für andere einzusetzen und Ansprechpartner für meine Mitschüler zu sein. Ich bin dann zu einem Treffen der Johanniter-Jugend gegangen und ziemlich schnell war klar, dass ich dort mitmachen will.

Was hat dir denn bei der Johanniter-Jugend so gut gefallen?
Am meisten eigentlich das Gemeinschaftsgefühl. Ich habe inzwischen auch eine Ausbildung zum Jugendgruppenleiter gemacht und organisiere Workshops und Freizeiten für Kinder und Jugendliche mit. Es ist einfach ein tolles Gefühl, zusammen mit anderen so etwas auf die Beine zu stellen. Diesen Sommer habe ich das Sommercamp an der Ostsee mitbetreut und als die Kinder am letzten Abend zum Teil geweint haben, weil es so schön war und sie gar nicht heimwollten, war das einfach ein Gänsehautmoment.

Wie vereinbarst du deinen Einsatz und die Schule?
Ganz ehrlich, ich habe als Sanitäter und Jugendgruppenleiter schon mehr gelernt als in meiner gesamten Schulzeit. Nämlich etwa, dass wir nicht allein auf der Welt sind und uns umeinander kümmern müssen. Bei den Freizeiten bin ich für die Kinder und Jugendlichen zuständig. Ich glaube, einen besseren Weg, Verantwortung zu übernehmen und Selbstvertrauen zu entwickeln, gibt es nicht. Ach: Und Veranstaltungen planen und organisieren kann ich jetzt auch.

Was würdest du Gleichaltrigen sagen, die noch nicht so selbstbewusst sind?
Traut euch, den Mund aufzumachen und laut zu werden. Es geht um eure Zukunft, ob es nun um Kinderrechte oder Umweltschutz geht. Damit die Stimmen von jungen Menschen in Zukunft noch mehr gehört werden, setzen wir uns bei den Johannitern auch dafür ein, dass Politik für Jugendliche zugänglicher gemacht wird. Ich persönlich wäre ja für ein Wahlrecht ab 16.

(Interview: Ineke Haug; YAEZ – Mehr als Schule, Q2/2019)

Sachtexte lesen und verstehen

2 Erschließen Sie den Text mithilfe geeigneter Lesetechniken.

a) Lesen Sie den Text zügig durch. Achten Sie dabei besonders auf die Fragen der Interviewerin.

b) Tauschen Sie sich mit einer Lernpartnerin / einem Lernpartner über das Thema des Textes aus.

c) Suchen Sie gezielt nach Informationen darüber, wie Emilio sein ehrenamtliches Engagement mit dem Schulalltag vereinbaren kann.

d) Lesen Sie den Text von Anfang bis Ende durch. Notieren Sie dabei Wörter oder Textstellen, die Ihnen wichtig erscheinen.

3 Setzen Sie sich damit auseinander, welche unterschiedlichen Lesetechniken Sie in Aufgabe 2 angewendet haben. Berücksichtigen Sie GUT ZU WISSEN.

4 Setzen Sie sich in der Gruppe damit auseinander, welche Lesetechnik in den folgenden Situationen jeweils hilfreich ist. Berücksichtigen Sie GUT ZU WISSEN.

1. *Bei einer Klassenarbeit wird Ihnen ein Text mit vier Fragen vorgelegt. Sie möchten sich zunächst einen Überblick verschaffen, worum es in der Klassenarbeit geht und was von Ihnen verlangt wird.*
2. *Sie bereiten sich auf ein Vorstellungsgespräch vor. In der Bücherei haben Sie sich ein Buch zum Thema Bewerbung ausgeliehen.*
3. *Sie sollen eine Präsentation im Fach Deutsch erstellen. Bei der Internetrecherche haben Sie fünf Texte zum Thema gefunden. Sie möchten wissen, welche davon für Ihre Präsentation tatsächlich geeignet sind.*
4. *Zur Vorbereitung auf die Klassenarbeit sollen Sie drei Kapitel im Schulbuch lesen und deren Inhalt genau kennen.*

GUT ZU WISSEN | Lesetechniken

Bevor Sie einen Text lesen, sollten Sie überlegen, mit welcher Absicht Sie das tun. Je nach Leseabsicht sind unterschiedliche Lesetechniken hilfreich.

Leseabsicht	**Lesetechnik**	**Vorgehensweise**
erster Überblick, Erfassen des Themas	**diagonales** (überfliegendes) Lesen	Sie überfliegen den gesamten Text von links oben nach rechts unten. Dabei achten Sie besonders auf Überschriften, Zwischenüberschriften, Hervorhebungen und Signalwörter.
gezielte Suche nach Informationen	**punktuelles** (auswählendes) Lesen	Textstellen, die Ihnen beim diagonalen Lesen wichtig erschienen sind, lesen Sie nun genauer. Unwichtig erscheinende Abschnitte und Zeilen überspringen Sie.
Erfassen des gesamten Textinhalts	**sequenzielles** (fortlaufendes) Lesen	Sie lesen den gesamten Text von Anfang bis Ende aktiv durch. Dabei markieren Sie wichtige Wörter und Textstellen bzw. Wörter, die Sie nicht verstehen.
Bearbeitung, Auswertung oder Beurteilung des Textes	**intensives** (gründliches) Lesen	Sie lesen den Text wie beim sequenziellen Lesen langsam und gründlich, evtl. mehrmals. Dabei achten Sie besonders auf die vorgegebene Aufgabe.

Sachtexte lesen und verstehen

5 Lesen Sie den Text „Wir müssen uns umeinander kümmern!" erneut und wenden Sie dabei die 5-Schritt-Lesemethode an. Berücksichtigen Sie GUT ZU WISSEN.

a) Überfliegen Sie den Text und benennen Sie das Thema.

b) Notieren Sie Fragen, die beim Lesen des Textes entstanden sind.
Formulieren Sie W-Fragen: *Wer …? Was …? Wie …? Warum …? …*

c) Fertigen Sie eine Kopie des Textes an und lesen Sie ihn nun gründlich. Markieren Sie dabei wichtige Textstellen bzw. Wörter, die Ihnen unbekannt sind.

d) Erklären Sie die folgenden Begriffe in eigenen Worten. Schlagen Sie, wenn nötig, in einem Wörterbuch nach.
Erstversorgung (Z. 4), Gemeinschaftsgefühl (Z. 23), Gänsehautmoment (Z. 32)

e) Notieren Sie Schlüsselbegriffe und wichtige Aussagen des Textes.

f) Fassen Sie jede Antwort Emilios in einem Satz zusammen.

6 Bearbeiten Sie die Fragen zum Text „Wir müssen uns umeinander kümmern!".

a) Welche Aussagen zum Text treffen zu?

1. *Schulsanitäter helfen, wenn sich ein Schüler verletzt.*
2. *Für Schulprobleme sind Schulsanitäter nicht zuständig.*
3. *Emilio ist gerne Ansprechpartner für seine Mitschüler.*
4. *Der Vertrauenslehrer ist Leiter der Schulsanitäter.*

b) Wie ist Emilio zur Johanniter-Jugend gekommen und was hat ihn zum Mitmachen motiviert? Notieren Sie mindestens zwei Stichpunkte mit entsprechenden Zeilenangaben.
Sie finden Informationen in den Antworten auf die zweite und die dritte Frage.

c) Was hat Emilio bei der Johanniter-Jugend gelernt? Formulieren Sie Ihre Antwort in vollständigen Sätzen.
Informationen finden Sie in der Antwort auf die vierte Frage.

d) Was empfiehlt Emilio anderen Jugendlichen? Nennen Sie zwei Empfehlungen aus dem Text.

GUT ZU WISSEN 5-Schritt-Lesemethode

Wenn Sie einen Text intensiv bearbeiten, nutzen Sie Markierungstechniken (» S. 14) und lesen einen Text mehrmals. Dabei gehen Sie nach der 5-Schritt-Lesemethode vor.

Arbeitsschritte	Vorgehen
1. Überfliegen	Sie **überfliegen** den Text zunächst grob und achten dabei auf Überschriften, Hervorhebungen, Erscheinungsdatum, Namen der Autorin bzw. des Autors. So erhalten Sie einen Eindruck vom Inhalt und Aufbau des Textes und finden heraus, welche Abschnitte für den jeweiligen Zweck wichtig sind.
2. Fragen	Sie **formulieren Fragen**, die beim ersten Lesen entstanden sind.
3. Lesen	Sie **lesen** den Text **gründlich** und versuchen dabei, auf die zuvor formulierten Fragen Antworten zu finden. Sie **markieren** wichtige Textstellen und **schlagen** unbekannte Wörter **in einem Wörterbuch nach**.
4. Aufschreiben	Sie notieren **die wichtigsten Aussagen** des Textes und **Schlüsselbegriffe**, die für das Textverständnis wichtig sind. Komplizierte Sätze können Sie in eigene Worte fassen.
5. Zusammenfassen	Sie **geben** den Inhalt des Textes anhand Ihrer Notizen **wieder** und ergänzen Fehlendes.

In der Umschlagklappe finden Sie eine **Lesekarte**, die Ihnen beim Verstehen von Texten hilft. Schlagen Sie die Klappe auf, wenn Sie einen Text in diesem Schulbuch lesen. So haben Sie beim Erschließen von Texten stets im Blick, worauf Sie vor dem Lesen, währenddessen und danach achten müssen.

Textinhalte erschließen und zusammenfassen

Der folgende Text handelt von einer Jugendbeteiligungsaktion für den guten Zweck und enthält detailliertere Informationen zum Thema Ehrenamt. Visualisierungstechniken helfen Ihnen, den Inhalt zu erfassen und Zusammenhänge zu veranschaulichen.

Jugend tut Gutes

von Antonio Jung

Stuttgart – 650 Schülerinnen und Schüler jobbten am Mittwoch beim Aktionstag von Mitmachen Ehrensache für den guten Zweck. Ob Großbetriebe, kleine Unternehmen oder soziale Einrichtungen: Bei der Aktion Mitmachen Ehrensache suchen sich Schülerinnen und Schüler ab der siebten Klasse aus Baden-Württemberg jedes Jahr am 5. Dezember, dem Internationalen Tag des Ehrenamtes, einen Arbeitgeber. Sie können so in Berufe schnuppern, verzichten aber auf ihren Lohn: Dieser wird an ausgewählte soziale Projekte für benachteiligte Kinder und Jugendliche in der Region gespendet. 2017 kamen in Baden-Württemberg rund 261 000 Euro zusammen. Seit […] 2000 erarbeiteten die Jugendlichen drei Millionen Euro für soziale Projekte.

35 Stuttgarter Schulen nahmen an der Aktion teil, in ganz Baden-Württemberg engagierten sich 10 000 Schülerinnen und Schüler ehrenamtlich. Damit ist Mitmachen Ehrensache die größte regelmäßige Jugendbeteiligungsaktion in Baden-Württemberg. […]

Gutes tun und Berufserfahrung sammeln

„Mitmachen Ehrensache verbindet Schule, Wirtschaft und Jugendarbeit", erklärt Ingo-Felix Maier, Geschäftsführer der Stuttgarter Jugendhaus Gesellschaft. Die große Teilnehmerzahl beweise, dass sich viele Jugendliche […] ehrenamtlich engagieren würden. Sänger Peter Freudenthaler, Schirmherr der Aktion für Stuttgart, sieht das ehrenamtliche Engagement der Jugendlichen als „Zeichen der Solidarität mit anderen Jugendlichen, denen es nicht so gut geht". […]

Unter den zehn Ehrenamtlichen im Einrichtungshaus, die beim Auspacken der Ware, der Dekoration und der Einräumung helfen, sind auch die beiden 14-jährigen Ella Will und Karolin Kaiser vom Wirtemberg Gymnasium Untertürkheim. „Ich kann Gutes tun und gleichzeitig Berufserfahrung sammeln", sagt Ella, die zum dritten Mal an der Aktion teilnimmt. „Bei der Preisübergabe sehen wir direkt, wo das Geld hingeht", fügt Karolin hinzu, die zusätzlich als Botschafterin der Aktion in den Klassen ihres Gymnasiums über Mitmachen Ehrensache informiert. Auch Yael Ehret (15), Helene Fischer (15) und Juli Mittnacht (15) vom Hölderlin-Gymnasium in Stuttgart-Nord sind Botschafterinnen der Aktion. Sie sind für die Pressearbeit zuständig und besuchen die Jugendlichen am Aktionstag bei ihren ehrenamtlichen Tätigkeiten. Ihr Gehalt spenden sie ebenfalls für den guten Zweck. „Es gibt mir ein gutes Gefühl und Anerkennung, für andere Geld zu erarbeiten, die es nötiger haben als wir", so Yael.

Erlös geht an drei soziale Projekte

Der Erlös geht an die Organisation Kinderhelden, die rund 300 Kinder mit erschwerten Startbedingungen, wie etwa Kinder aus sozialen Brennpunkten oder mit Fluchterfahrung, durch Begleitung von geschulten Paten und Mentoren gezielt fördert. […]

(Stuttgarter Nachrichten, 06.12.2018)

1 Verschaffen Sie sich einen Überblick über Thema und Inhalt des Textes „Jugend tut Gutes".

a) Überfliegen Sie den Text.
Achten Sie besonders auf die Überschrift und die Zwischenüberschriften.

b) Formulieren Sie Fragen, die beim ersten Lesen aufgekommen sind, und tauschen Sie sich mit einer Lernpartnerin / einem Lernpartner darüber aus.

Textinhalte erschließen und zusammenfassen

2 Lesen Sie den Text „Jugend tut Gutes“ nun gründlich und wenden Sie dabei Techniken des Markierens an. Berücksichtigen Sie GUT ZU WISSEN.

a) Fertigen Sie eine Kopie des Textes an und arbeiten Sie ihn mithilfe von Markierungstechniken durch.

b) Vergleichen Sie in Partnerarbeit Ihre Ergebnisse. Welche Unterschiede stellen Sie fest?

GUT ZU WISSEN Texte sinnvoll markieren

Farben und grafische Zeichen helfen, Wichtiges im Text zu markieren.

Farben: Mit farbigen Textmarkern überstreichen Sie Textteile; mit farbigen Stiften unterstreichen Sie Textteile.

Schon die Wahl der Farbe kann einen Informationswert haben (z. B. Rot für Wichtiges).

Grafische Zeichen: Die markierten Textteile gewichten die Bedeutung für das Gesamtverständnis, je nachdem ob man Umrahmungen oder Kringel wählt oder nur verschiedene Stricharten beim Unterstreichen.

Symbole als Randmarkierung: Sie helfen dabei, den Text gezielt nachzubearbeiten. Zusätzlich können sie farblich verschieden sein. Beispiele:

→	wichtig	↓	kritisch, stimme nicht zu
!	besonders wichtig	}	gehört zusammen
?	unklar, nicht verstanden	▽	prüfen, weiterrecherchieren

3 Notieren Sie Schlüsselbegriffe und die wichtigsten Aussagen des Textes „Jugend tut Gutes“.

4 Fertigen Sie mithilfe Ihrer Notizen aus Aufgabe 3 ein Strukturbild an. Berücksichtigen Sie GUT ZU WISSEN.

a) Übertragen Sie das Strukturbild unten auf ein DIN-A 4-Blatt und ergänzen Sie die Informationen.

b) Vergleichen Sie Ihre Ergebnisse in Partnerarbeit und ergänzen Sie Ihre Strukturbilder gegebenenfalls.

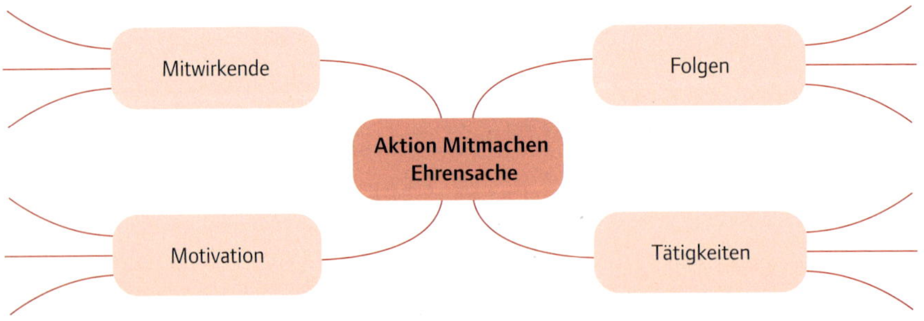

GUT ZU WISSEN Strukturbild

Strukturbilder ermöglichen es, **die wichtigsten Aussagen** eines Textes auf einen Blick zu **erfassen** oder **Zusammenhänge zu verdeutlichen**. Schreiben Sie während des Lesens **wichtige Wörter** oder **Aussagen** aus einem Text heraus. Stellen Sie die **Beziehungen** zwischen den Wörtern oder Aussagen durch Pfeile und sonstige Zeichen dar. Sie können z. B. von einem **zentralen Begriff in der Mitte** ausgehen und die Aussagen darum herum anordnen. Für komplexe Texte erstellen Sie mehrere Strukturbilder.

Textinhalte erschließen und zusammenfassen

5 **Exzerpieren Sie aus dem Text „Jugend tut Gutes“ die wichtigsten Informationen zu den Stichworten Beteiligte, Motivation, Ablauf und Zweck der Aktion. Berücksichtigen Sie GUT ZU WISSEN.**

GUT ZU WISSEN | Exzerpieren

Bei längeren Texten ist es sinnvoll, wichtige Textstellen **herauszuschreiben** (zu exzerpieren). Die entsprechenden Textstellen kann man wörtlich **abschreiben** (zitieren) oder **sinngemäß zusammenfassen**. Ein Exzerpt hat gegenüber einer Fotokopie den Vorteil, dass nur die Textpassagen notiert werden, die für das eigene Thema von Bedeutung sind. So können wichtige Textstellen jederzeit schnell gefunden werden.

6 **Verwenden Sie Ihre Ergebnisse aus den Aufgaben 2–5 und beantworten Sie die Fragen zum Text „Jugend tut Gutes“.**

- Wer wirkt an dem Projekt Mitmachen Ehrensache mit?
- Warum beteiligen sich Jugendliche an der Aktion?
- Was genau tun die Schülerinnen und Schüler an diesem Tag?
- Welche Erfahrungen können sie dabei sammeln?
- Welchen Zweck hat die Aktion?

7 **Bilden Sie mit einer Lernpartnerin / einem Lernpartner eine Arbeitsgruppe und fassen Sie nacheinander mündlich den Inhalt des Textes zusammen.**

8 **Fassen Sie den Inhalt des Textes „Jugend tut Gutes“ schriftlich zusammen. Berücksichtigen Sie GUT ZU WISSEN.**

a) Formulieren Sie die Zusammenfassung in vollständigen, grammatikalisch korrekten Sätzen.
Bei der Aktion Mitmachen Ehrensache geht es um ... An der Aktion beteiligen sich ... Die Gründe für die Beteiligung sind ...

b) Prüfen Sie mit einer Lernpartnerin / einem Lernpartner gegenseitig Ihre Ergebnisse und überarbeiten Sie Ihre Texte.

GUT ZU WISSEN | Texte zusammenfassen

Die Grundvoraussetzung für das Zusammenfassen von Textinhalten ist, dass Sie **Schlüsselstellen** im jeweiligen Text erkennen. Diese können Sie über **W-Fragen** ermitteln.

Achten Sie beim Zusammenfassen darauf, dass Sie den Inhalt **in eigenen Worten**, **sachlich** und **ohne Wertung** wiedergeben. Beschränken Sie sich dabei auf **die wesentlichen Aussagen** und sparen Sie detaillierte Informationen aus. Der Gedankengang der Autorin bzw. des Autors sollte für die Leserin bzw. den Leser nachvollziehbar sein. Fassen Sie sich kurz, formulieren Sie im **Präsens** und achten Sie auf einen **abwechslungsreichen Satzbau**. Geben Sie im Text enthaltene Zitate in **indirekter Rede** wieder.

Textinhalte wiedergeben

Sie haben den Inhalt des Textes „Jugend tut Gutes" erschlossen und möchten ihn nun schriftlich wiedergeben. Der erste Teil einer Textwiedergabe besteht aus der Einleitung, die bestimmte Angaben enthalten muss.

1 Bereiten Sie eine Einleitung zu Ihrer Textwiedergabe vor.

a) Notieren Sie den Titel des Textes, den Namen des Autors, die Textsorte und -quelle sowie das Erscheinungsdatum.

b) Formulieren Sie mit Ihren Ergebnissen einen vollständigen Satz.

c) Überprüfen Sie mit einer Lernpartnerin / einem Lernpartner wechselseitig Ihre Sätze und überarbeiten Sie sie, wenn nötig.

TIPP

Textsorten sind z. B.:
- Bericht
- Informationstext
- Kommentar
- Fachtext
- Reportage
- Interview

2 In der Einleitung muss auch das Thema des Textes benannt werden. Beurteilen Sie die folgenden Einleitungssätze.

1. *In dem Text geht es um einen Aktionstag und um die Gründe, warum Schülerinnen und Schüler daran teilnehmen.*
2. *Der Text berichtet über den Aktionstag Mitmachen Ehrensache, bei dem junge Menschen sich ehrenamtlich betätigen, um Geld für einen guten Zweck und gleichzeitig Berufserfahrung zu sammeln.*
3. *Es geht um junge Menschen, die einen Tag lang in Betrieben arbeiten, ohne Geld dafür zu bekommen.*

a) Welcher Satz gibt das Thema des Textes am treffendsten wieder? Vergleichen Sie.

b) Begründen Sie Ihre Wahl.

Muster: Einleitung zu einer Textwiedergabe

Achtung, Fehler!

Der Text „Jugend tut Gutes", erschienen in der Stuttgarter Zeitung im Jahr 2018, handelt von einem besonderen Tag: Schülerinnen und Schüler aus Baden-Württemberg arbeiten in Betrieben, um Berufserfahrung zu sammeln. Sie bekommen dafür kein Geld.

3 Beurteilen Sie das Beispiel für eine Einleitung im Hinblick auf Korrektheit und Vollständigkeit der Angaben.

4 Überarbeiten Sie gemeinsam mit einer Lernpartnerin / einem Lernpartner das Beispiel für eine Einleitung. Berücksichtigen Sie GUT ZU WISSEN.

GUT ZU WISSEN | Eine Einleitung verfassen

Die Einleitung zu einer Textwiedergabe sollte kurz gehalten sein (ein bis zwei Sätze) und folgende Angaben zum Text enthalten:

- **Titel**
- **Textsorte** (z. B. Bericht, Kommentar, Interview, Fachtext oder Reportage)
- **Namen** der Autorin / des Autors
- **Quelle** (Wo ist der Text erschienen?)
- **Erscheinungsdatum**
- **Thema** (Worum geht es in dem Text?)

Textinhalte wiedergeben

Beim Verfassen einer Textwiedergabe gilt es auch, sprachliche Aspekte zu beachten.

5 Geben Sie die folgenden Aussagen aus dem Text „Jugend tut Gutes" in indirekter Rede wieder.

1. *Ingo-Felix Maier erklärt: „Mitmachen Ehrensache verbindet Schule, Wirtschaft und Jugendarbeit."*
2. *Ella sagt: „Ich kann Gutes tun und gleichzeitig Berufserfahrung sammeln."*
3. *Karolin fügt hinzu: „Bei der Preisübergabe sehen wir direkt, wo das Geld hingeht."*

TIPP

Wenn Sie in einem Text enthaltene Zitate wiedergeben, müssen Sie die wörtliche Rede in indirekte Rede umformulieren. Dabei verwenden Sie in der Regel den Konjunktiv I (» Kapitel 8, S. 101)

6 Geben Sie in Ihrer Lerngruppe abwechselnd mündlich die wichtigsten Informationen aus dem Text „Jugend tut Gutes" wieder. Beginnen Sie jeweils mit einem Redebegleitsatz.

Der Autor berichtet darüber, dass …

Im Text steht, …

Darüber hinaus führt der Autor an, …

7 Beurteilen Sie die folgenden Sätze.

1. *Schülerinnen und Schüler arbeiten einen Tag lang ehrenamtlich in einem Betrieb ihrer Wahl.*
2. *Es ist ganz toll, dass die Schülerinnen und Schüler auf ihren Lohn verzichten.*
3. *Dass die Aktion nur an einem Tag im Jahr stattfindet, ist schade.*
4. *Seit dem Jahr 2000 haben die Jugendlichen beim Aktionstag Mitmachen Ehrensache den unglaublichen Betrag von drei Millionen Euro erarbeitet.*

a) Welche Sätze sind sachlich und welche sind wertend formuliert? Begründen Sie.

b) Formulieren Sie die wertenden Sätze in sachliche Aussagen um.

8 Verfassen Sie eine vollständige Textwiedergabe, bezogen auf den Text „Jugend tut Gutes".

a) Formulieren Sie eine Einleitung. Berücksichtigen Sie dabei Ihre Ergebnisse aus den Aufgaben 1–4.

b) Geben Sie die wichtigsten Informationen aus dem Text wieder. Verwenden Sie dabei Ihre Ergebnisse aus dem Teilkapitel 1.2, „Textinhalte erschließen und zusammenfassen".

9 Überprüfen und überarbeiten Sie wechselseitig mit einer Lernpartnerin / einem Lernpartner Ihre Textwiedergaben. Beachten Sie die Checkliste.

CHECKLISTE — Eine Textwiedergabe verfassen

- ✓ Enthalten meine einleitenden Sätze Angaben zu Autorin/Autor, Titel, Textsorte, Textquelle, Erscheinungsdatum und Thema?
- ✓ Habe ich die wesentlichen Textaussagen erkannt und zusammengefasst?
- ✓ Gibt meine Textwiedergabe den Gedankengang der Verfasserin / des Verfassers nachvollziehbar wieder?
- ✓ Habe ich den Inhalt sachlich und ohne Wertung wiedergegeben?
- ✓ Habe ich mich kurz gehalten?
- ✓ Habe ich auf Zitate verzichtet und Aussagen in indirekter Rede wiedergegeben?
- ✓ Habe ich im Präsens geschrieben?
- ✓ Habe ich das Perfekt genutzt, wenn ich einen Textinhalt in der Vergangenheit dargelegt habe?
- ✓ Ist mein Ausdruck klar, verständlich und angemessen?

Fazit, vertiefen, überprüfen

Das haben Sie in diesem Kapitel gelernt:

FAZIT

1.1
Sachtexte lesen und verstehen

- Lesetechniken anwenden
- 5-Schritt-Lesemethode anwenden

1.2
Textinhalte erschließen und zusammenfassen

- Texte markieren
- Strukturbild anlegen
- Informationen exzerpieren

1.3
Textinhalte wiedergeben

- Einleitung verfassen
- Merkmale einer Textwiedergabe kennen
- Textwiedergabe schreiben
- indirekte Rede

Wenden Sie Ihr Wissen an:

1 Verfassen Sie eine Textwiedergabe, bezogen auf den Text „Wir müssen uns umeinander kümmern!“ (» S. 10).

a) Lesen Sie den Text erneut gründlich.
b) Ermitteln Sie die erforderlichen Angaben für einen Einleitungssatz.
c) Verfassen Sie eine Einleitung mit allen erforderlichen Angaben.
d) Fassen Sie den Textinhalt in eigenen Worten zusammen.
Konzentrieren Sie sich auf Emilios Antworten.
Berücksichtigen Sie die Formulierungsvorschläge in den Teilkapiteln 1.2 und 1.3.

2 Überprüfen und überarbeiten Sie die Textwiedergabe gemeinsam mit einer Lernpartnerin / einem Lernpartner. Berücksichtigen Sie die Checkliste auf S. 17.

3 Notieren Sie Ihre individuellen Fehlerschwerpunkte im Bereich Rechtschreibung, Zeichensetzung und Grammatik. Bearbeiten Sie die entsprechenden Abschnitte in Kapitel 8, „Richtig schreiben“.

Kapitel 2

Bewerbung und beruflicher Alltag – Schriftlich kommunizieren

2.1
Sich bewerben

2.2
Ein Protokoll schreiben

2.3
Einen Tätigkeitsbericht verfassen

Sowohl im Zusammenhang mit Bewerbung und Ausbildung als auch später im Berufsleben ist es erforderlich, bestimmte Sachverhalte schriftlich darzustellen oder Ergebnisse schriftlich festzuhalten: zum Beispiel im Lebenslauf und Bewerbungsanschreiben oder in Form von Protokollen und Berichten.

In diesem Kapitel lernen Sie, wie Sie Inhalte klar und deutlich darstellen. Darüber hinaus erfahren Sie, welche formalen Aspekte in der schriftlichen Kommunikation rund um Bewerbung und Beruf zu beachten sind. Ergänzend wird die Planung und Durchführung eines Vorstellungsgesprächs behandelt.

Kompetenzen

- ✓ sich eigener Erwartungen bewusst werden
- ✓ ein Persönlichkeitsprofil erstellen
- ✓ Informationen auswerten
- ✓ Sprechsituationen gestalten: Vorstellungsgespräch
- ✓ berichten und protokollieren
- ✓ schriftliche Ausdrucksfähigkeit stärken

Methoden und Arbeitstechniken

- ✓ Rollenspiel
- ✓ Feedbackregeln

Sich bewerben
Ein Persönlichkeitsprofil erstellen

Um herauszufinden, welcher Beruf für Sie infrage kommt, müssen Sie sich Klarheit über Ihre Fähigkeiten und Stärken verschaffen.

Ich will einen Beruf erlernen, der mir richtig gefällt. Allerdings möchte ich auch genug Geld verdienen.

Chiara

Ich bin nicht in erster Linie auf Geld aus, sondern ich möchte etwas Gutes für andere Menschen tun.

Cansu

1 Setzen Sie sich mit Erwartungen an einen zukünftigen Beruf auseinander.

a) Lesen Sie die Aussagen in den Sprechblasen.

b) Vergleichen Sie die Erwartungen, die die beiden Jugendlichen an ihren zukünftigen Beruf knüpfen.

c) Welche Ansicht teilen Sie? Tauschen Sie sich über Ihre eigenen Erwartungen aus und begründen Sie.

d) Finden Sie weitere Aspekte, die bei der Berufswahl eine Rolle spielen können.

2 Setzen Sie sich mit Ihren Erfahrungen und Fähigkeiten auseinander.

a) Machen Sie sich zu folgenden Fragen Notizen:
- Was mache ich gern? Was kann ich gut?
- Welche Erfahrungen habe ich durch Praktika gesammelt?
- Habe ich in Ferienjobs, durch ein Ehrenamt oder Hobbys besondere Kenntnisse erworben, die später im Beruf nützlich sein können?
- Arbeite ich gerne im Team? Bin ich belastbar?

b) Erstellen Sie ein Persönlichkeitsprofil mithilfe einer Tabelle. Sie können dazu das untenstehende Beispiel in Ihr Heft übertragen.

Stärken	...
Erfahrungen	...
Besondere Kenntnisse	...
Eigenschaften	...

c) Stellen Sie sich in Kleingruppen gegenseitig Ihre Ergebnisse vor.

d) Geben Sie sich Rückmeldungen zu Ihren Stärken. Stimmen Ihre eigene Einschätzung und das Bild, das andere von Ihnen haben, überein?

3 Beschreiben Sie Ihren eigenen Traumberuf und sammeln Sie Informationen zum Anforderungsprofil dieses Berufs.

TIPP

Informationen über Berufe können Sie z. B. hier finden:
https://berufenet.arbeitsagentur.de
https://www.praktisch-unschlagbar.de

4 Suchen Sie nach einer Stellenanzeige, die zu Ihrem Traumberuf passt, und analysieren Sie das Anforderungsprofil.

a) Geben Sie folgende Informationen wieder:
- Stellentitel
- Aufgabenprofil
- Anforderungen an die Bewerberin / den Bewerber

b) Vergleichen Sie das Anforderungsprofil aus der Stellenanzeige mit Ihrem eigenen Profil aus Aufgabe 2.

Der Lebenslauf

In Ihrem Lebenslauf stellen Sie dar, wann und wo Sie welche Kenntnisse erworben haben.

1 **Wozu dient ein Lebenslauf und wie sollte er gestaltet sein? Tauschen Sie sich in der Gruppe darüber aus und sammeln Sie Ideen.**

Persönliche Daten
Familienname: Müller
Vorname: Timo
Geburtsdatum: 17.01.20XX
Geburtsort: Ravensburg

Schulbildung
20XX–20XX Oberstadtschule Weingarten
20XX–20XX Schussentalschule Weingarten
Seit 20XX zweijährige Berufsfachschule Metall Ravensburg

Praktika/Ferienjobs
Schuljahr 20XX/20XX zweiwöchiges Praktikum bei der Schlosserei Vogt
Sommer 20XX Ferienjob bei Firma Hecht (Karosseriebau)

Besondere Kenntnisse und Fähigkeiten
Eishockey (Jugendmannschaft des EV Ravensburg)
Musik, Computerkenntnisse
Sprachen: Englisch, Rumänisch

Ravensburg, 15.08.20XX

Timo Müller

TIPP

Führen Sie Hobbys nur auf, wenn sie für die jeweilige Stelle relevant sind.

2 **Untersuchen Sie den Lebenslauf.**

a) Vergleichen Sie das Beispiel mit Ihren Ergebnissen aus Aufgabe 1.

b) Erstellen Sie eine Checkliste zu inhaltlichen und formalen Aspekten, die in einem Lebenslauf zu beachten sind.

3 **Entwickeln Sie Ihren eigenen Lebenslauf.**

a) Orientieren Sie sich am Beispiel und notieren Sie die entsprechenden Informationen zu Ihrer Person.

b) Passen Sie Ihren Lebenslauf der Stellenanzeige (» S. 20, Aufg. 4) an.
Erarbeiten Sie, welche Anforderungen in der Stellenanzeige genannt werden und welche Entsprechungen Sie in Ihrem Lebenslauf zu bieten haben.

c) Vergleichen Sie in Kleingruppen Ihre Ergebnisse und überarbeiten Sie die Lebensläufe, wenn nötig. Berücksichtigen Sie GUT ZU WISSEN.

GUT ZU WISSEN | **Tabellarischer Lebenslauf**

Der Lebenslauf informiert **chronologisch** über **Schulbildung, besondere Kenntnisse** und **Fähigkeiten, Ausbildung** und **Berufserfahrung**. Er sollte **bei jeder Bewerbung angepasst** werden und auf die angestrebte Stelle hinführen, indem die speziell gefragten Kompetenzen betont werden. Eine **klar strukturierte Darstellung** sorgt für Übersichtlichkeit und Lesbarkeit. Der Lebenslauf sollte stets mit **Orts-** und **Datumsangabe unterschrieben** werden.

Das Anschreiben

Im Anschreiben stellen Sie neben Ihrer Motivation für die Bewerbung beim jeweiligen Unternehmen Ihren Werdegang und Ihre Kompetenzen dar.

Achtung, Fehler!

Timo Müller
Musterstraße 1
88888 Musterort

Musterort, 3. März 20XX

Mobil 2000
Zukunftstraße 100
77777 Musterburg

Ihre Stellenanzeige vom 27. Februar 20XX in den „Stuttgarter Nachrichten"

Sehr geehrte Damen und Herren,

im Juni 20XX werde ich die gewerbliche Schule mit dem mittleren Schulabschluss verlassen. Meine besonderen Stärken und Interessen liegen auf den Gebieten Technik und Mechatronik. Ich glaube deshalb, Ihre Anforderungen an einen zukünftigen Beruf erfüllen zu können. Ich habe nämlich eine gewerbliche Schule besucht und in den für eine gewerbliche Ausbildung wesentlichen Schulfächern gute Noten erzielt.

Ich möchte gerne als Mechatroniker arbeiten. Die Berufsberaterin des Jobcenters hat mir empfohlen, diesen Beruf zu ergreifen. Wie Sie meinem beiliegenden Schulzeugnis entnehmen können, liegen hier auch meine Stärken. Erste Erfahrungen in diesem Bereich konnte ich in zwei Praktika bei der Schlosserei Vogt und bei der Karosseriebau-Firma Hecht erwerben. Während dieser Praktika habe ich einen umfassenden Einblick in die Ausbildung im gewerblichen Bereich gewonnen.

Ich liebe es, hart zu arbeiten, und bin körperlich belastbar. Hier kommt mir mein Training als Eishockeyspieler zugute. Geschicklichkeit und Ausdauer gehören zu meinen Stärken. Ich besitze gute Computerkenntnisse, die mich auch für Tätigkeiten im Büro befähigen, und spreche zwei Fremdsprachen.

Meinen Bewerbungsunterlagen können Sie entnehmen, dass ich mich für eine Ausbildung zum Mechatroniker gut eigne. Bitte überprüfen Sie meine Eignung für eine Ausbildung bei Ihnen.

Es wäre super, wenn Sie mich zu einem Vorstellungsgespräch einladen würden.

Mit freundlichen Grüßen

Müller

Anlagen

1 Untersuchen Sie das Bewerbungsanschreiben im Hinblick auf die im Folgenden genannten Aspekte. Berücksichtigen Sie die Checkliste (» S. 23).

a) Setzen Sie sich mit dem inhaltlichen Aufbau auseinander. Werden alle wichtigen Aspekte angesprochen und ist das Anschreiben klar strukturiert?

b) Beurteilen Sie die Form. Sind alle erforderlichen Elemente vorhanden und korrekt?

c) Überprüfen Sie die Sprache.

d) Würden Sie Timo Müller zu einem Bewerbungsgespräch einladen? Begründen Sie.

e) Überarbeiten Sie das Anschreiben gemeinsam mit einer Lernpartnerin / einem Lernpartner.

Das Anschreiben

2 Bereiten Sie ein eigenes Anschreiben vor.

a) Beurteilen Sie die folgenden Formulierungen für Einleitung und Schluss eines Anschreibens. Welche erscheinen Ihnen geeignet, welche nicht? Begründen Sie.

Einleitung	1. *Laut Ihrer Stellenanzeige vom 23.04.20XX suchen Sie eine einsatz- und kontaktfreudige …* 2. *Wie gestern telefonisch besprochen, sende ich Ihnen heute meine Unterlagen für …* 3. *Sie suchen genau jemanden wie mich, denn …*
Schluss	1. *Ich will zu Ihrer Firma, weil …* 2. *Es wäre schön, wenn Sie mir die Chance gäben, eventuell bei Ihnen …* 3. *Über die Einladung zu einem Vorstellungsgespräch würde ich mich sehr freuen.*

b) Formulieren Sie weitere Einleitungs- und Schlusssätze für ein Anschreiben.

3 Verfassen Sie Formulierungen, die sich für ein Anschreiben eignen.

a) Formulieren Sie Sätze zu den folgenden Fähigkeiten, die häufig als Anforderungen in Stellenanzeigen genannt werden: Erfahrung, Teamfähigkeit, Engagement, Zuverlässigkeit, Verantwortung, Selbstständigkeit.
Während des Praktikums konnte ich in den … Abteilungen bereits Erfahrung mit … sammeln. Bei einem Ferienjob in … konnte ich durch … meine Teamfähigkeit unter Beweis stellen.

b) Sammeln Sie weitere Fähigkeiten, die möglicherweise gefordert werden, und formulieren Sie passende Sätze für ein Anschreiben.

4 Verfassen Sie ein vollständiges Bewerbungsanschreiben. Beziehen Sie sich dabei auf die in Ihrer Stellenanzeige (» S. 20) geforderten Qualifikationen.

5 Überprüfen Sie mit einer Lernpartnerin / einem Lernpartner wechselseitig Ihre Anschreiben und überarbeiten Sie die Texte. Berücksichtigen Sie die Checkliste.

TIPP

Die formelle Anrede *Sie, Ihr, Ihnen* wird immer großgeschrieben.

GUT ZU WISSEN – Bewerbungsanschreiben

Inhalt

- ✓ Stimmt der inhaltliche Aufbau (Einleitung mit Bezugnahme, Begründung, Schluss)?
- ✓ Sind die in der Stellenanzeige geforderten Qualifikationen angesprochen?
- ✓ Ist das Interesse für das angeschriebene Unternehmen und für die Stelle deutlich formuliert und gut begründet?
- ✓ Sind die Stärken und Kompetenzen (anhand von Beispielen) aufgeführt?

Sprache

- ✓ Stimmen Rechtschreibung, Zeichensetzung und Grammatik?
- ✓ Ist das Schreiben stilistisch und sprachlich dem Anlass und der Situation angemessen formuliert?

Form

- ✓ Sind die eigene und die Empfänger-Adresse vollständig und in der richtigen Reihenfolge geschrieben (Firma, Ansprechpartner/-in, Straße/Postfach, Ort)?
- ✓ Informiert der Betreff eindeutig über den Inhalt des Briefes?
- ✓ Wird die Empfängerin / der Empfänger mit Namen angesprochen (statt „Sehr geehrte Damen und Herren“)?
- ✓ Ist das Anschreiben mit Vornamen und Nachnamen unterschrieben?

TIPP

Verfassen Sie für jede Bewerbung ein neues, passgenaues Anschreiben und vermeiden Sie Floskeln.

Das Vorstellungsgespräch

In einem Vorstellungsgespräch möchte Ihr Gegenüber aus dem Unternehmen Sie näher kennenlernen.

Auszug aus einem Vorstellungsgespräch

Personalchef: Guten Tag, Frau Aslan.

Bewerberin: Guten Tag, Herr Fischer.

Personalchef: Hatten Sie eine gute Anfahrt? Es war ja viel Verkehr heute Morgen.

Bewerberin: Das war kein Problem, Herr Fischer. Ich bin mit dem Bus gekommen.

Personalchef: Dann erzählen Sie doch mal ein bisschen über sich, Frau Aslan.

Bewerberin: Also, ich heiße Esra Aslan. Ich bin 17 Jahre alt und wohne in Weingarten. Ich lebe noch bei meinen Eltern und gehe zurzeit auf die Gemeinschaftsschule. Im nächsten Jahr werde ich meinen mittleren Abschluss machen.

Personalchef: Frau Aslan, was wissen Sie schon über unser Unternehmen?

Bewerberin: Meine Tante hat mir von Ihrer Firma erzählt. Ich habe auch im Internet recherchiert.

Personalchef: Warum genau haben Sie sich bei uns beworben?

Bewerberin: Die Aufgaben, die Sie in Ihrer Stellenausschreibung ansprechen, gefallen mir. Ich arbeite gerne mit Menschen. Deshalb ist mir direkter Kundenkontakt sehr wichtig. Außerdem hat meine Tante nur Positives über das Unternehmen und die Betriebsatmosphäre gesagt.

[…]

Personalchef: Frau Aslan, haben Sie noch Fragen an uns?

Bewerberin: Mich würde interessieren, wie die Ausbildung abläuft. Können Sie dazu etwas sagen?

Personalchef: Gerne! Sie werden während der Ausbildung alle Abteilungen durchlaufen. Und zweimal in der Woche werden Sie in die Berufsschule hier am Ort gehen.
Innerhalb der nächsten zwei Wochen erhalten Sie von uns eine schriftliche Nachricht.

Bewerberin: Vielen Dank, dass Sie sich Zeit für mich genommen haben. Auf Wiedersehen!

Personalchef: Auf Wiedersehen, Frau Aslan. Ich habe mich gefreut, Sie kennenzulernen.

1 Untersuchen Sie den Auszug aus einem Vorstellungsgespräch.

a) Gliedern Sie das Vorstellungsgespräch entsprechend den verschiedenen Gesprächsphasen. Notieren Sie die Zeilenangaben für Begrüßung, Hauptteil und Verabschiedung.

b) Was bezweckt der Personalchef mit seinen Fragen? Stellen Sie Vermutungen an.

c) Beurteilen Sie die Antworten der Bewerberin.

GUT ZU WISSEN – Ein Vorstellungsgespräch vorbereiten und durchführen

Informieren Sie sich vor einem Vorstellungsgespräch gründlich über den Betrieb. Informationen finden Sie z. B. im Internet oder in Firmenbroschüren. Die **äußere Erscheinung** (Kleidung, Frisur) sollte Ihrem zukünftigen Arbeitsplatz angemessen sein. Planen Sie Ihre **Anreise** sorgfältig, damit Sie pünktlich ankommen.

Stellen Sie sich bei der **Begrüßung** selbstbewusst und mit vollem Namen vor. Setzen Sie sich erst, wenn Sie dazu aufgefordert werden. Nehmen Sie **Blickkontakt** zu Ihrem Gegenüber auf, zeigen Sie Interesse und Offenheit. Zu Beginn des Gesprächs sollten Sie nur nachfragen und noch keine eigenen Fragen stellen. Tun Sie dies nur auf Aufforderung hin. Achten Sie darauf, dass Ihr **Verhalten** und Ihre **Sprache** der Situation angemessen sind. Themen wie Gehalt, Arbeitszeit- und Urlaubsregelung sollten in einem Vorstellungsgespräch geklärt werden. Überlegen Sie sich hierzu vorab **Fragen**, die Sie an passenden Stellen im Gespräch äußern.

Das Vorstellungsgespräch

2 Planen Sie ein Vorstellungsgespräch. Berücksichtigen Sie GUT ZU WISSEN auf S. 24.

a) Suchen Sie genaue Informationen zu einem von Ihnen ausgewählten Betrieb und machen Sie sich dazu Notizen.

b) Planen Sie die Anfahrt von Ihrem Wohnort aus und schätzen Sie die voraussichtliche Fahrtdauer.

c) Tauschen Sie sich in der Gruppe über angemessene Bekleidung aus.

d) Üben Sie die Begrüßung mit einer Lernpartnerin / einem Lernpartner.

3 Setzen Sie sich mit Aufforderungen und Fragen auseinander, die möglicherweise in einem Vorstellungsgespräch gestellt werden.

a) Ordnen Sie den Aufforderungen und Fragen die passenden Erläuterungen zu.

Aufforderungen/Fragen	Erläuterungen
1) „Bitte stellen Sie sich kurz vor."	A) Nennen Sie keine Freizeitaktivitäten, die extrem gefährlich oder zeitaufwendig sind. Zeigen Sie, dass Sie sich auf den jeweiligen Gebieten auskennen.
2) „Was sind Ihre größten Stärken?"	B) Führen Sie Ihr Wissen über das Unternehmen an. Äußern Sie, was Sie von der Ausbildungsstelle erwarten.
3) „Warum haben Sie sich ausgerechnet bei uns beworben?"	C) Berichten Sie über sich, ohne zu ausführlich zu werden.
4) „Welche Hobbys haben Sie?"	D) Stellen Sie dar, was Sie gut beherrschen und auf welchen Gebieten Sie besondere Fähigkeiten haben. Seien Sie selbstbewusst, aber bleiben Sie natürlich.

b) Formulieren Sie Antworten auf die Aufforderungen und Fragen. Denken Sie dabei an Ihre persönlichen Stärken und Erfahrungen.

4 Formulieren Sie mit Ihrer Lernpartnerin / Ihrem Lernpartner Fragen, die Sie selbst in einem Vorstellungsgespräch stellen können.

5 Führen Sie in 4er-Gruppen ein Vorstellungsgespräch als Rollenspiel (» GUT ZU WISSEN) durch.

a) Verteilen Sie die Rollen: Bewerber/-in, Ausbilder/-in, zwei Beobachter/-innen.

b) Bereiten Sie sich auf die Rollen mit weiteren Internetrecherchen zum Unternehmen vor.

c) Führen Sie das Vorstellungsgespräch mit verteilten Rollen durch. Nutzen Sie Ihre Ergebnisse aus den Aufgaben 2–4.

d) Die Beobachtenden machen sich während des Gesprächs Notizen. Besprechen Sie anschließend das Gespräch: Was war gut? Was kann noch verbessert werden? (» Feedbackregeln, Kapitel 15, S. 185)

GUT ZU WISSEN **Rollenspiel**

Mit Rollenspielen können Sie sich auf unterschiedliche Situationen aus dem Arbeits- und Berufsleben bzw. aus Schule oder Alltag vorbereiten. Ein Rollenspiel umfasst drei Phasen:

1. **Motivationsphase:** Die Teilnehmerinnen und Teilnehmer machen sich mit der Situation und ihrer Rolle vertraut.
2. **Aktionsphase:** Das Rollenspiel wird durchgeführt.
3. **Reflexionsphase:** Das Rollenspiel wird besprochen und Ergebnisse werden festgehalten.

Während eines Rollenspiels sollten die Rollen getauscht werden, sodass die Teilnehmenden die jeweilige Situation aus verschiedenen Perspektiven betrachten können.

Ein Protokoll schreiben

Mithilfe von Protokollen werden der Verlauf von Gesprächen und deren Ergebnisse festgehalten.

1 Tauschen Sie sich in der Gruppe darüber aus, in welchen privaten, schulischen oder beruflichen Situationen Protokolle erforderlich sein können.

Protokoll des Vorstellungsgesprächs zur Besetzung eines Ausbildungsplatzes

Datum: 7. Juni 20XX
Ort: Besprechungsraum der Firma Maier
Zeit: 14.30–15.15 Uhr
Anwesende: Herr Fischer (Personalchef der Firma Maier), Frau Aslan (Bewerberin)

Persönliche Angaben der Bewerberin
Die Bewerberin stellt sich kurz vor. Sie heiße Esra Aslan, sei 17 Jahre alt, wohne noch bei ihren Eltern und besuche zurzeit die Gemeinschaftsschule, die sie im nächsten Jahr mit dem mittleren Abschluss beenden werde.

Gründe für die Bewerbung

[…]

Ablauf der Ausbildung
Zum Ablauf der Ausbildung gibt Herr Fischer folgende Informationen: Frau Aslan werde alle Abteilungen durchlaufen. Während der Schulzeit werde sie an zwei Tagen pro Woche die kaufmännische Schule am Ort besuchen.

Datum	Protokollantin/Protokollant	Leiterin/Leiter

2 Untersuchen Sie das Protokoll. Berücksichtigen Sie GUT ZU WISSEN.

a) Bestimmen Sie, ob es sich um ein Verlaufsprotokoll oder um ein Ergebnisprotokoll handelt.

b) Überprüfen Sie das Protokoll im Hinblick auf äußere Form und Sprache. Sind die Vorgaben eingehalten?

3 Ergänzen Sie das Protokoll und formulieren Sie den Abschnitt „Gründe für die Bewerbung" aus. Nutzen Sie die Informationen aus dem Vorstellungsgespräch auf S. 24 .

GUT ZU WISSEN – Protokolle schreiben

Funktionen	• **Information**, vor allem für Personen, die bei der Besprechung nicht anwesend waren. • **Organisation**, d. h., es hält fest, wer welche Aufgaben übernimmt. • **Dokumentation**, d. h., es gilt als verbindliche Grundlage, z. B. für Beschlüsse. • **Kontrolle**, d. h., man kann später überprüfen, ob die Beschlüsse umgesetzt wurden.
Formen	• Ein **Verlaufsprotokoll** gibt den Verlauf einer Besprechung (Äußerungen) wieder. • Ein **Ergebnisprotokoll** hält die Ergebnisse und Beschlüsse einer Besprechung fest.
Äußere Form	• Das Protokoll hat einen **„Kopf"**, in dem der Anlass des Protokolls, Ort, Datum, Zeit, Anwesende, Leiter/-in, Protokollant/-in und ggf. die Tagesordnung genannt werden. • Das Protokoll wird abgeschlossen mit **Ort, Datum** und **Unterschriften**.
Sprache	• Ein Protokoll muss **sachlich, vollständig, neutral, präzise** und **übersichtlich** sein. • Ein Protokoll wird möglichst **knapp**, aber in vollständigen Sätzen geschrieben. • Redebeiträge werden in **indirekter Rede** (» Kapitel 8, S. 101) wiedergegeben.

Einen Tätigkeitsbericht verfassen

Ein Tätigkeitsbericht gibt Abläufe aus dem Berufsalltag wieder und dokumentiert ihre Dauer.

1 Tauschen Sie sich in der Gruppe darüber aus, welche Aufgaben und Tätigkeiten Sie in einem Tätigkeitsbericht festhalten könnten.

Muster: Tagesprotokoll (Auszug)

Datum	Uhrzeit	Tätigkeiten	Materialien und Hilfsmittel
24.10.20XX	*7.30–8.00 Uhr*	*Arbeitsbeginn; Zuteilung der Arbeitskleidung*	*Arbeitsplan, Arbeitskleidung*
	8.00–9.00 Uhr	*Betriebsführung, Besichtigung des Lagers*	–
	9.00–9.30 Uhr	*Anfertigung einer Skizze des Lebensmittellagers*	*Papierblock, Stift*
	9.30–10.00 Uhr	*Betriebliche Unterweisung: Arbeitssicherheit*	*Sicherheitsvorschriften*

Muster: Tätigkeitsbericht

Am 24.10.20XX absolvierte ich ein Tagespraktikum bei der Firma „Lebensmittellogistik Huber". Um 7.30 Uhr begrüßte der Ausbildungsleiter Herr Schneider alle anwesenden Auszubildenden und teilte ihnen die Arbeitskleidung zu. Daran schloss sich um 8.00 Uhr eine Betriebsführung durch die Lagerhallen an. […]

2 Vergleichen Sie den Tätigkeitsbericht mit dem Tagesprotokoll. Welche Gemeinsamkeiten und Unterschiede stellen Sie fest?

3 Ergänzen Sie den Tätigkeitsbericht auf der Grundlage des Tagesprotokolls. Berücksichtigen Sie die Checkliste und verwenden Sie passende Zeitangaben.

am Vormittag, zunächst, anschließend, daraufhin, zum Abschluss, kurze Zeit später, als Erstes, dann …

4 Verfassen Sie einen Tätigkeitsbericht.

a) Wählen Sie eine Situation aus Aufgabe 1 und planen Sie Ihren Bericht: Stellen Sie anhand des Beispiels für ein Tagesprotokoll und der Checkliste alle Informationen zusammen, die Sie benötigen.

b) Formulieren Sie Ihren Bericht aus. Verwenden Sie mindestens drei Zeitangaben aus Aufgabe 3.

c) Kontrollieren Sie den Bericht Ihrer Lernpartnerin / Ihres Lernpartners mithilfe der Checkliste.

d) Überarbeiten Sie anschließend Ihren Tätigkeitsbericht.

CHECKLISTE — Einen Tätigkeitsbericht verfassen

- ✓ Habe ich alle wichtigen W-Fragen beantwortet: Wer? Was? Wo? Wann? Wie?
- ✓ Habe ich Tag, Ort, Beginn und Ende der Tätigkeit notiert?
- ✓ Habe ich die Art der Tätigkeit und die beteiligten Personen genau erfasst?
- ✓ Habe ich Werkzeug, Materialien und Hilfsmittel der Tätigkeiten aufgenommen?
- ✓ Sind die einzelnen Abläufe in der richtigen Reihenfolge aufgeführt?
- ✓ Wird das Arbeitsergebnis genannt?
- ✓ Ist der Text sachlich, ohne eigene Wertung?
- ✓ Werden Fachbegriffe verwendet?
- ✓ Habe ich passende Zeitangaben verwendet?

Fazit, vertiefen, überprüfen

Das haben Sie in diesem Kapitel gelernt:

FAZIT

2.1 Sich bewerben

- sich eigener Erwartungen bewusst werden
- ein Persönlichkeitsprofil erstellen
- Informationen auswerten
- Sprechsituationen gestalten: Vorstellungsgespräch

2.2 Ein Protokoll schreiben

- berichten und protokollieren

2.3 Einen Tätigkeitsbericht verfassen

- schriftliche Ausdrucksfähigkeit stärken

Wenden Sie Ihr Wissen an:

1 Verfassen Sie ein Ergebnisprotokoll zu einer Stunde im Deutschunterricht.

a) Machen Sie sich während der Unterrichtsstunde Notizen.

b) Planen Sie Ihr Protokoll: Fassen Sie nach der Stunde die Unterrichtsschritte und Unterrichtsergebnisse mithilfe Ihrer Notizen zusammen.

c) Formulieren Sie das Ergebnisprotokoll aus. Beachten Sie die Vorgaben für die äußere Form und die Sprache.

TIPP

Bitten Sie Ihre Lehrerin / Ihren Lehrer, die Unterrichtschritte an die Tafel zu schreiben (=TOPs).

2 Überprüfen und überarbeiten Sie das Protokoll gemeinsam mit einer Lernpartnerin / einem Lernpartner. Berücksichtigen Sie GUT ZU WISSEN auf S. 26.

3 Notieren Sie Ihre individuellen Fehlerschwerpunkte im Bereich Rechtschreibung, Zeichensetzung und Grammatik. Bearbeiten Sie die entsprechenden Abschnitte in Kapitel 8, „Richtig schreiben".

Kapitel 3

Argumentieren und Stellung nehmen

3.1
Pro- und Kontra-Argumente formulieren

3.2
Einen Erörterungsaufsatz gliedern und schreiben

3.3
Eine dialektische Erörterung verfassen

Stellung zu einem Sachverhalt oder einer Aussage zu nehmen bedeutet, seine Meinung zu äußern und diese zu begründen. Dies wird häufig von Ihnen gefordert – sowohl in privaten Gesprächen als auch in der Schule oder der Ausbildung. Aber wie formuliert man ein Argument und wie begründet man es überzeugend?

In diesem Kapitel lernen Sie, Themen aus unterschiedlichen Perspektiven zu betrachten und Pro- und Kontra-Argumente aufzubauen. Dies wiederum ist die Grundlage für das Verfassen eines Erörterungsaufsatzes, in dem das Für und Wider einzelner Aspekte eines Themas gegeneinander abgewogen werden.

Kompetenzen

- ✓ Argumentationen nachvollziehen
- ✓ Pro- und Kontra-Argumente formulieren
- ✓ eine lineare Erörterung schreiben
- ✓ Argumente nach dem Blockprinzip und nach dem Reißverschlussprinzip anordnen
- ✓ eine dialektische Erörterung schreiben

Methoden und Arbeitstechniken

- ✓ Metaplanmethode
- ✓ Argumentationstreppe
- ✓ Schreibkonferenz

Pro- und Kontra-Argumente formulieren

Argumentationen nachvollziehen

Wo lebt es sich besser – in der Stadt oder auf dem Land? Dazu haben Menschen unterschiedliche Ansichten und für jede Position gibt es gute Gründe.

Positionen zum Thema „Stadt oder Land – wo lebt es sich besser?“

Lea: Ich persönlich mag das Landleben mehr. Okay, die Stadt bietet mehr Arbeit, man ist näher am Geschehen, hat mehr Möglichkeiten. Aber meiner Meinung nach hat das Dorf auch seine Vorteile: mehr Ruhe, bessere Luft zum Beispiel. Die absolut perfekte Lösung ist für mich: in einem Dorf leben, das in der Nähe einer Stadt liegt.

Aaron: Natürlich mag man als junger Mensch die Stadt. Aber ich kann mir für meine Zukunft nichts Schöneres vorstellen als ein Familienleben mit Kindern auf dem Land. Dort können die Kinder gefahrlos draußen spielen und in schöner Umgebung aufwachsen.

Eric: Am liebsten möchte ich in einer Kleinstadt oder auf dem Land leben. Für mich ist das Thema Sicherheit sehr wichtig. Ich möchte, dass meine Kinder in einer kleineren Gemeinde behütet aufwachsen. So wie ich früher.

Mariam: Die Stadt ist doch grandios. Dort gibt es alles, was das Herz begehrt: Läden, Klubs, Sportevents, tolle Restaurants und vieles mehr. Lärm und Stress sind für mich keine Gegenargumente, das gibt's auf dem Dorf doch genauso.

1 Lesen Sie die Äußerungen der Jugendlichen und geben Sie die unterschiedlichen Positionen zur Frage „Stadt oder Land – wo lebt es sich besser?“ in eigenen Worten wieder.

2 Prüfen Sie, wie die Jugendlichen ihre Position zum Leben auf dem Land begründen.

a) Legen Sie hierzu eine Tabelle an und tragen Sie ein, welche Gründe für (pro) und welche Gründe gegen (kontra) das Landleben angeführt werden.

Pro Land	Kontra Land
Ruhe und bessere Luft (Lea)	*mehr Arbeit in der Stadt (Lea)*
...	...

b) Welche Position überzeugt Sie am meisten? Begründen Sie.

Argumente aufbauen

Andere von der eigenen Position zu überzeugen gelingt nur, wenn man Argumente nennen kann. Um Pro- und Kontra-Argumente zu finden, muss man sich zunächst genauer mit dem jeweiligen Thema auseinandersetzen.

1 Setzen Sie sich mit dem Thema „Stadt oder Land – wo lebt es sich besser?" auseinander.

a) Tragen Sie Ihr Vorwissen zum Thema zusammen und recherchieren Sie im Internet nach unterschiedlichen Positionen.

b) Tauschen Sie sich in der Gruppe über Ihre Ergebnisse aus.

2 Formulieren Sie Thesen (Behauptungen), die entweder für ein Leben in der Stadt oder für ein Leben auf dem Land sprechen. Berücksichtigen Sie GUT ZU WISSEN und orientieren Sie sich an den folgenden Beispielen:

These (Behauptung) zum Leben auf dem Land: *Das Leben auf dem Land ist gesünder.*

These (Behauptung) zum Leben in der Stadt: *Das Leben in der Stadt erweitert den Wissens- und Erfahrungshorizont.*

3 Begründen Sie Ihre Thesen durch Argumente. Beachten Sie GUT ZU WISSEN und orientieren Sie sich am folgenden Beispiel:

These (Behauptung) zum Leben auf dem Land: *Das Leben auf dem Land ist gesünder, …*

Argument (Begründung): *… weil die Luft sauberer ist.*

4 Welche der folgenden Formulierungen eignen sich als Argumentationsstütze (Beispiel oder Erläuterung), bezogen auf die These „Das Leben in der Stadt erweitert den Wissens- und Erfahrungshorizont"? Begründen Sie. Berücksichtigen Sie GUT ZU WISSEN.

1. *Das Leben in der Stadt ist einfach super.*
2. *In der Stadt gibt es Theater, Opernhäuser, öffentliche Büchereien, Klubs und Diskotheken.*
3. *77 % der Deutschen leben zwar in der Stadt, aber 44 % träumen von einem Leben auf dem Land. Als Gründe nennen sie die niedrigeren Mieten und das Fehlen von Stress.*

GUT ZU WISSEN – Der Aufbau eines Arguments

Auf eine These (Behauptung) sollte in der Regel ein Argument (Begründung) folgen, damit die These überzeugend und nachvollziehbar wird. Mit einer Argumentationsstütze gibt man der These noch mehr Beweiskraft.

Bestandteile eines Arguments	Bedeutung	Beispiel
These (Behauptung)	Hier wird eine Behauptung aufgestellt.	*Das Leben auf dem Land ist gesünder, …*
Argument (Begründung)	Damit begründet man die Behauptung.	*… weil die Luft sauberer ist.*
Argumentationsstütze	Wenn die Argumente überzeugen sollen, müssen sie durch Beispiele, Zahlen, Fakten usw. gestützt und entfaltet werden.	*Studien belegen, dass die Feinstaubbelastung durch den Autoverkehr in Städten höher ist als auf dem Land.*

Einen Erörterungsaufsatz gliedern und schreiben

Den Hauptteil ausarbeiten

Der Hauptteil ist das Kernstück eines Erörterungsaufsatzes. Hier werden die gesammelten Argumente „entfaltet".

1 Bereiten Sie einen Erörterungsaufsatz zu folgender These vor: „Das Leben auf dem Land ist dem Leben in der Stadt vorzuziehen."
Sammeln Sie Argumente und ordnen Sie diese nach der Metaplanmethode (» GUT ZU WISSEN).

GUT ZU WISSEN | Argumente nach der Metaplanmethode ordnen

Mit der **Metaplanmethode** lassen sich gesammelte Argumente ordnen. Sie ist daher hilfreich bei der Planung und Vorbereitung der Erörterung. Man geht dabei in folgenden Schritten vor:

- Das **Thema** wird notiert.
- Die **Argumente** werden ebenfalls aufgeschrieben.
- **Oberbegriffe** werden gesucht.
- Die **Argumente** werden geordnet.

2 Finden Sie geeignete Argumentationsstützen, mit denen Sie Ihre Argumente begründen können.

3 Ordnen Sie Ihre Argumente steigernd an (» GUT ZU WISSEN unten).

4 Argumente müssen sinnvoll und sprachlich korrekt miteinander verknüpft werden. Formulieren Sie passende Verknüpfungen.

a) Ergänzen Sie mit Ihrer Lernpartnerin / Ihrem Lernpartner die folgenden Formulierungen um drei weitere Verknüpfungen von Argumenten.
Abgesehen von … ist auch von Bedeutung, dass …; Außerdem sollte bedacht werden …; Neben dem Argument zu … spielt vor allem … eine Rolle …

b) Erstellen Sie in Ihrer Lerngruppe aus allen Formulierungen eine Übersicht, auf die Sie zurückgreifen können, wenn Sie Argumente formulieren wollen.

5 Verfassen Sie den Hauptteil auf der Grundlage Ihrer Argumente und Argumentationsstützen. Achten Sie auf deren Entfaltung und Verknüpfung.
Sie können auch die in GUT ZU WISSEN unten genannten Argumente verwenden.

GUT ZU WISSEN | Argumente im Hauptteil anordnen

Argumente sollten **steigernd**, entsprechend dem Prinzip einer **Argumentationstreppe** angeordnet werden. Man fängt mit einem schwächeren Argument an und nennt dann immer stärkere. Zum Schluss formuliert man das überzeugendste Argument.

Ich bin der Meinung, dass … Argument 1, stärkeres Argument 2, stärkstes Argument 3

Pro

Argument 1: *Eine ländliche Umgebung wirkt entspannend.*

Argument 2: *Der niedrigere Lärmpegel auf dem Land reduziert erwiesenermaßen Stress.*

Argument 3: *Ruhe, saubere Luft und der soziale Zusammenhalt auf dem Land wirken sich positiv auf die Gesundheit aus.*

Eine Einleitung verfassen

Dem Hauptteil eines Erörterungsaufsatzes muss immer eine Einleitung vorangestellt sein.

1 Wozu dient die Einleitung? Wählen Sie die drei zutreffenden Funktionen aus.

Pro- und Kontra-Argumente einander gegenüberstellen	den eigenen Standpunkt klarmachen	zum Hauptteil überleiten
das Thema benennen	durch gute Argumente überzeugen	Interesse bei den Leserinnen und Lesern wecken

Muster 1: Einleitung zu einem Erörterungsaufsatz

Der Großteil der deutschen Bevölkerung lebt in Städten. Und es ziehen noch immer mehr Menschen in Städte. Dennoch wünscht sich fast die Hälfte der Deutschen, auf dem Land zu wohnen. Liegt diesem Wunsch eine falsche Vorstellung vom Landleben zugrunde?

Muster 2: Einleitung zu einem Erörterungsaufsatz

Seit meiner Geburt wohne und lebe ich in einem Dorf. Alle meine nächsten Verwandten wohnen hier. Und noch nie hatte ich das Bedürfnis, von hier wegzuziehen. Die Stadt hat mich noch nie gereizt. Ich kenne das Landleben also genau und will im Folgenden darstellen, welche Vorteile es bietet.

2 Bereiten Sie eine Einleitung zu einem Erörterungsaufsatz vor.

a) Erläutern Sie, auf welche Weise in den beiden Beispielen für eine Einleitung jeweils zum Thema hingeführt wird.

b) Welche der folgenden Thesen liegt den Einleitungen zugrunde?

1. *Der Trend zum Landleben wird weiter zunehmen – aus guten Gründen.*
2. *Das Landleben ist „in", aber viele Menschen wissen nicht, wie der Alltag auf dem Land tatsächlich aussieht.*
3. *Das Landleben hat viele Vorteile gegenüber dem Leben in der Stadt.*

c) Vergleichen Sie die beiden Beispiele. Welche Einleitung überzeugt Sie mehr? Begründen Sie Ihre Wahl unter Berücksichtigung von GUT ZU WISSEN.

3 Verfassen Sie selbst eine Einleitung zu der folgenden These: „Das Leben auf dem Land ist dem Leben in der Stadt vorzuziehen."

4 Tauschen Sie Ihre Einleitung mit der Ihrer Lernpartnerin / Ihres Lernpartners aus und prüfen Sie wechselseitig Ihre Texte. Berücksichtigen Sie GUT ZU WISSEN.

GUT ZU WISSEN — Eine Einleitung verfassen

Eine Einleitung soll **zum Thema hinführen** und **Interesse wecken**. Sie können auf ein aktuelles Beispiel, eine persönliche Erfahrung bzw. Medienberichte Bezug nehmen oder mit einem geschichtlichen Rückblick beginnen. Entscheidend ist, dass Sie **kurz und genau formulieren**. Dabei können Sie am Schluss der Einleitung die zu erörternde **These** nennen. Achten Sie darauf, dass Ihre Einleitung noch keine Argumente enthält. Auch Ihren eigenen Standpunkt entfalten Sie noch nicht in der Einleitung, sondern erst im Schlussteil.

Den Schluss verfassen

Im Schlussteil runden Sie Ihren Erörterungsaufsatz ab, z. B. indem Sie ein Fazit aus der vorangegangenen Argumentation ziehen oder Ihre eigene Position bekräftigen.

Muster 1: Schluss eines Erörterungsaufsatzes

Ich glaube, der jetzige Trend, dass immer mehr Menschen in die Städte ziehen, wird sich umkehren. Je mehr Menschen unsere Städte bevölkern, desto hektischer und lauter wird es dort zugehen. Und umso mehr werden sie sich im Lauf der Zeit das ruhige Landleben zurückwünschen.

Muster 2: Schluss eines Erörterungsaufsatzes

Ich bin ganz klar für das Leben auf dem Land. Betrachtet man die gesundheitlichen Aspekte, aber auch die finanziellen Vorteile des Landlebens, so kann keine Rede davon sein, dass es sich in der Stadt besser lebt. Ich kann deshalb auch nicht nachvollziehen, warum immer mehr Menschen das Land Richtung Stadt verlassen.

1 Untersuchen Sie die Beispiele. Welchen Schluss finden Sie überzeugender? Begründen Sie.

2 Formulieren Sie einen eigenen Schlussteil zu dem von Ihnen verfassten Hauptteil (» S. 32).

GUT ZU WISSEN | Einen Schlussteil verfassen

Der Schlussteil kann eine kurze **Zusammenfassung**, ein **Ausblick** in die Zukunft oder ein **Appell** an die Leserinnen und Leser sein. Zur Abrundung können Sie auch noch einmal auf die Einleitung Bezug nehmen.
Haupt- und Schlussteil einer Stellungnahme müssen durch einen **Überleitungssatz** miteinander verknüpft sein. Dafür eignen sich beispielsweise folgende Formulierungen: *Die genannten Argumente zeigen ganz klar, dass …; Zum Schluss möchte ich noch einmal unterstreichen: …; Zusammenfassend lässt sich sagen, dass …*

3 Verfassen Sie eine lineare Erörterung zu der folgenden These: „Das Leben auf dem Land ist für junge Menschen nicht attraktiv genug."

a) Sammeln und ordnen Sie Argumente, mit denen Sie Ihre Position stützen.
b) Formulieren Sie Einleitung, Hauptteil und Schluss. Verbinden Sie die drei Teile durch Überleitungssätze.

4 Überprüfen und überarbeiten Sie wechselseitig mit einer Lernpartnerin / einem Lernpartner Ihre Erörterungsaufsätze. Beachten Sie die Checkliste.

CHECKLISTE | Eine lineare Erörterung schreiben

- ✓ Führt meine Einleitung zum Thema hin?
- ✓ Habe ich im Hauptteil genügend Argumente angeführt?
- ✓ Stütze ich meine Argumente durch Beispiele oder Erläuterungen?
- ✓ Habe ich die Argumente sinnvoll angeordnet?
- ✓ Wird das stärkste Argument zuletzt angeführt?
- ✓ Rundet der Schlussteil die vorangegangene Argumentation ab?
- ✓ Sind Einleitung, Hauptteil und Schluss durch Absätze gegliedert?
- ✓ Habe ich die drei Teile durch geeignete Überleitungssätze verbunden?

Eine dialektische Erörterung verfassen

Sowohl für das Leben in der Stadt als auch für das Landleben lassen sich Pro- und Kontra-Argumente finden. Eine dialektische Erörterung bietet die Möglichkeit, das Thema aus unterschiedlichen Blickwinkeln zu behandeln.

Muster: Pro- und Kontra-Argumentation

Das Leben auf dem Land hat gegenüber dem Großstadtleben viele Vorteile: Es geht weniger anonym zu, man kennt sich und pflegt seine sozialen Kontakte. Dies wird jeder bestätigen, der sich beispielsweise in einem Dorfverein, in der Kirche oder bei der freiwilligen Feuerwehr engagiert. Auch Veranstaltungen und Feste fördern den Gemeinschaftssinn und die Geselligkeit.
Darüber hinaus bietet das Land viele Möglichkeiten zur Erholung und zum Entspannen. Fern von Autoverkehr und Fluglärm ist der Geräuschpegel erheblich niedriger als in der Stadt. Wald und Wiesen sind für viele Landbewohner nicht weit entfernt und locken zum Spazierengehen und Wandern.
Mehr und mehr Großstadtbewohner zieht es aus diesen und anderen Gründen aufs Land. Doch auch das Landleben hält oft nicht, was es für viele zunächst zu versprechen scheint. Für neue Dorfbewohner ist es manchmal nicht einfach, in eine Dorfgemeinschaft aufgenommen zu werden. Neubaugebiete bleiben oft isolierte Wohnsiedlungen, Hinzugezogene werden mitunter als Eindringlinge wahrgenommen. Einsamkeit ist daher auch auf dem Land kein unbekanntes Phänomen.
Und auch dem Stress entkommt man auf dem Land nicht unbedingt. Viele Landbewohner arbeiten in der Stadt und sind daher Pendler. Die tägliche Fahrt zur Arbeit, egal ob mit dem Privatauto oder den öffentlichen Verkehrsmitteln, kostet Zeit und kann aufreibend sein. Schließlich sind Staus in den städtischen Ballungsräumen und Verspätungen von Bus oder Bahn an der Tagesordnung.

1 Untersuchen Sie Inhalt und Aufbau des Textes. Berücksichtigen Sie GUT ZU WISSEN.

a) Welche Argumente für bzw. gegen das Leben auf dem Land werden im Text angeführt?
b) Nach welchem Prinzip sind die Argumente angeordnet?

GUT ZU WISSEN — Aufbau einer Pro- und Kontra-Argumentation

Während Sie in einer linearen Erörterung Ihre eigene Position durch passende Argumente stützen, betrachten Sie in einer **dialektischen Erörterung** ein Thema von zwei Seiten. Diese Form der Erörterung eignet sich vor allem für strittige Themen, bei denen das Pro und Kontra sorgfältig **gegeneinander abgewogen** werden müssen. Der Hauptteil einer dialektischen Erörterung kann auf zwei verschiedene Weisen aufgebaut sein:

Blockprinzip	**Reißverschlussprinzip**
Pro-These	1. Pro-Argument
1. Pro-Argument	1. Kontra-Argument
2. Pro-Argument	2. Pro-Argument
…	2. Kontra-Argument
Kontra-These	3. Pro-Argument
1. Kontra-Argument	3. Kontra-Argument
2. Kontra-Argument	
…	…

Sie sollten mit der These beginnen, die nicht oder am wenigsten Ihrem Standpunkt entspricht. Die Argumente ordnen Sie steigernd an: Das stärkste Argument wird zum Schluss genannt. Am Ende der Argumentation formulieren Sie Ihren **eigenen Standpunkt** zu der behandelten Themenfrage.

Eine dialektische Erörterung verfassen

2 Bereiten Sie eine dialektische Erörterung zu der folgenden Themenfrage vor: „Immer mehr junge Menschen ziehen in die Stadt. Bietet die Stadt tatsächlich ein geeignetes Umfeld für ein gutes und erfülltes Leben?"

a) Sammeln und notieren Sie möglichst viele Pro- und Kontra-Argumente, bezogen auf die Themenfrage.
b) Überlegen Sie, welche Position Sie zu der Themenfrage einnehmen. Stimmen Sie eher den Pro- oder den Kontra-Argumenten zu? Machen Sie sich Notizen.
c) Sammeln und notieren Sie geeignete Argumentationsstützen (» S. 31), mit denen Sie Ihre Position begründen können.
d) Übertragen Sie die folgende Tabelle in Ihr Heft und stellen Sie den aufgeführten Pro-Argumenten passende Kontra-Argumente gegenüber.
e) Ergänzen Sie in der Tabelle eigene Pro- und Kontra-Argumente.

Vorteile der Stadt (= Pro-Argumente)	Stärke der Argumente	Nachteile der Stadt (= Kontra-Argumente)	Stärke der Argumente
Shoppingmöglichkeiten	…	*Online-Einkäufe überall möglich*	…
Freizeitangebote	…	…	…
gute Verkehrsverbindungen	…	…	…
mehr Ausbildungsmöglichkeiten	…	…	…
kulturelle Angebote	…	…	…
…	…	…	…

f) Nummerieren Sie die Argumente entsprechend ihrer Stärke: 1 für das stärkste Argument, 2 für das zweitstärkste …

3 Finden Sie gemeinsam mit Ihrer Lernpartnerin / Ihrem Lernpartner Formulierungen, um Pro- und Kontra-Argumente miteinander zu verknüpfen.

auf der einen Seite – auf der anderen Seite; zwar – aber …

4 Erstellen Sie eine Gliederung für den Hauptteil Ihres Erörterungsaufsatzes. Berücksichtigen Sie GUT ZU WISSEN.

a) Wählen Sie aus den in Aufgabe 2 gesammelten Argumenten drei Pro- und drei Kontra-Argumente aus.
b) Ordnen Sie Ihre Argumente nach dem Reißverschlussprinzip (» S. 35) an. Machen Sie sich Notizen.
c) Machen Sie sich Notizen zur Anordnung der Argumente nach dem Blockprinzip (» S. 35).

GUT ZU WISSEN — Eine dialektische Erörterung gliedern

Eine **dialektische Erörterung** besteht wie die lineare Erörterung aus den Teilen Einleitung, Hauptteil und Schluss.
Die **Einleitung** führt zum Thema hin. Hier wird die Themenfrage formuliert.
Im **Hauptteil** findet die eigentliche Auseinandersetzung mit dem Thema statt. Hier werden Pro- und Kontra-Argumente mit Argumentationsstützen einander gegenübergestellt. Die Argumentation kann nach dem Blockprinzip oder nach dem Reißverschlussprinzip (» S. 35) aufgebaut sein.
Im **Schlussteil** ziehen Sie ein Fazit und formulieren Ihren eigenen Standpunkt.
Einleitung, Hauptteil und Schluss werden durch **Absätze** gegliedert, jedoch ohne Überschriften.
Die einzelnen Argumente müssen durch **geeignete Formulierungen verknüpft** werden. Haupt- und Schlussteil verbindet jeweils ein **Überleitungssatz**.

Eine dialektische Erörterung verfassen

5 **Verfassen Sie eine Einleitung zu Ihrem Erörterungsaufsatz. Berücksichtigen Sie dafür GUT ZU WISSEN, S. 33.**

6 **Formulieren Sie einen Schlussteil für Ihren Erörterungsaufsatz. Nutzen Sie dazu GUT ZU WISSEN, S. 34.**

7 **Verfassen Sie eine zusammenhängende dialektische Erörterung zur Themenfrage „Immer mehr junge Menschen ziehen in die Stadt. Bietet die Stadt tatsächlich ein geeignetes Umfeld für ein gutes und erfülltes Leben?". Entscheiden Sie sich im Hauptteil entweder für eine Anordnung der Argumente im Blockprinzip oder im Reißverschlussprinzip. Orientieren Sie sich an Ihrer Gliederung aus Aufgabe 4.**

TIPP

Bei Erörterungen, die nach dem Blockprinzip aufgebaut sind, eignen sich beispielsweise folgende Formulierungen für die Überleitung:
Bei all diesen positiven (negativen) Argumenten muss aber auch bedacht werden, dass …
Allerdings gibt es auch schwerwiegende Argumente, die für (gegen) … sprechen …

8 **Überarbeiten Sie Ihren Erörterungsaufsatz.**

a) Führen Sie in 3er-Teams eine Schreibkonferenz (» GUT ZU WISSEN) durch.

b) Verbessern Sie Ihren Erörterungsaufsatz mithilfe der Anmerkungen aus der Schreibkonferenz. Schreiben Sie ihn neu auf.

c) Tauschen Sie sich darüber aus, welche Hinweise aus der Schreibkonferenz hilfreich waren.

GUT ZU WISSEN — Eine Schreibkonferenz abhalten

In einer **Schreibkonferenz** findet die Überarbeitung von Texten in **Kleingruppen** statt und wird in **schriftlicher Form** durchgeführt. Jeder Text wird so auf ein DIN-A3-Blatt geklebt/gedruckt, dass rechts ein breiter Rand entsteht. Alle Gruppenmitglieder halten Stifte in unterschiedlichen Farben bereit, lesen zunächst einen Text und notieren den **ersten Eindruck** sowie **konkrete Beispiele** oder **Verbesserungsvorschläge** in der eigenen Farbe. Auch die **sprachliche Richtigkeit** wird dabei überprüft. Nach Ablauf einer vereinbarten Lesezeit werden die Texte im Uhrzeigersinn innerhalb der Gruppe weitergegeben. Dann wird am nächsten Text gearbeitet. Zusätzlich können auch Anmerkungen, die die anderen Gruppenmitglieder zu den jeweiligen Texten notiert haben, kommentiert werden (etwa mit Symbolen wie Fragezeichen).

Die Schreibkonferenz endet, wenn jedes Gruppenmitglied wieder seinen eigenen Text vor sich liegen hat.

Fazit, vertiefen, überprüfen

Das haben Sie in diesem Kapitel gelernt:

FAZIT

3.1
Pro- und Kontra-Argumente formulieren

- Argumentationen nachvollziehen
- ein Argument aufbauen

3.2
Einen Erörterungsaufsatz gliedern und schreiben

- eine lineare Erörterung schreiben

3.3
Eine dialektische Erörterung verfassen

- Argumente nach dem Blockprinzip und nach dem Reißverschlussprinzip anordnen
- eine dialektische Erörterung schreiben

Wenden Sie Ihr Wissen an:

1 Verfassen Sie eine lineare Erörterung zu der folgenden These: „Das Leben in der Stadt ist dem Landleben vorzuziehen."

a) Sammeln Sie Argumente und Argumentationsstützen, die zu der These passen.
z. B. kulturelle Angebote, Einkaufsmöglichkeiten, gute Verkehrsverbindungen …

b) Verfassen Sie den Hauptteil auf der Grundlage Ihrer Argumente und Argumentationsstützen.
Ordnen Sie Ihre Argumente steigernd an.

c) Schreiben Sie eine zusammenhängende lineare Erörterung mit Einleitung und Schlussteil.

2 Überprüfen und überarbeiten Sie Ihre Ergebnisse gemeinsam mit einer Lernpartnerin / einem Lernpartner. Berücksichtigen Sie die Checkliste auf S. 34.

3 Notieren Sie Ihre individuellen Fehlerschwerpunkte im Bereich Rechtschreibung, Zeichensetzung und Grammatik. Bearbeiten Sie die entsprechenden Abschnitte in Kapitel 8, „Richtig schreiben".

Projekt
Eine Debatte durchführen

Sie bereiten in der Gruppe eine Debatte zu einem von Ihnen gewählten Thema vor und führen sie entsprechend dem vorgegebenen Ablauf durch. Unter einer Debatte versteht man ein Streitgespräch, das eine Entscheidungsfrage beantworten soll und im Unterschied zu einer Diskussion bestimmten Regeln folgt. Das Ziel für Sie als Teilnehmerin/Teilnehmer an einer Debatte ist, andere von Ihrer Meinung mithilfe von Argumenten zu überzeugen.

Die folgenden Informationen helfen Ihnen bei der Umsetzung des Projekts:

Ablauf einer Debatte

Eine Debatte umfasst drei Phasen:

- **Eröffnungsrunde:** Alle Teilnehmenden stellen ihren Standpunkt zur Streitfrage dar. Jede Person hat dafür ca. zwei Minuten Zeit.
- **Freie Aussprache:** Die Teilnehmenden führen im Wechsel ihre Argumente weiter aus und bringen neue Argumente ein. Diese Phase dauert insgesamt ca. zwölf Minuten.
- **Schlussrunde:** Die Teilnehmenden formulieren noch einmal ihren Standpunkt zur Streitfrage. Dabei berücksichtigen sie den vorangegangenen Austausch von Argumenten. Es ist erlaubt, die zuvor geäußerte Meinung zu ändern, aber es dürfen keine neuen Argumente eingebracht werden. Jede Person hat ca. eine Minute Zeit zum Sprechen.

An der Debatte selbst nehmen vier Personen teil: Zwei vertreten die Pro-Seite und zwei die Kontra-Seite. Eine Zeitwächterin / ein Zeitwächter achtet darauf, dass die festgelegten Redezeiten eingehalten werden. Eine Protokollantin / ein Protokollant hält den Gesprächsverlauf fest. Eine Jury, die sich aus mehreren Personen zusammensetzen kann, bewertet die Stärken und Schwächen der einzelnen Rednerinnen und Redner.

1 Bereiten Sie die Debatte vor, indem Sie sich auf ein Thema einigen, sich darüber informieren und dazu positionieren.

a) Finden Sie ein Debattenthema für Ihre Projektgruppe. Überlegen Sie, welche Themen sich für eine Debatte eignen, und sammeln Sie verschiedene Vorschläge. Formulieren Sie das Thema in Form einer Streitfrage (Soll-Frage).
Wählen Sie ein Themengebiet, das Sie bereits in einem der vorangehenden Kapitel bearbeitet haben, z. B.:
   - Sollen Schülerinnen und Schüler neben dem Schulbesuch ein Ehrenamt ausüben?
   - Soll man als junger Mensch besser in einer Stadt oder auf dem Land nach Arbeit suchen?

> **TIPP**
> Ein Thema eignet sich für eine Debatte, wenn es …
> - … dazu zahlreiche Informationen in Form von Fakten, Statistiken, wissenschaftlichen Untersuchungen oder Expertenaussagen gibt.
> - … dazu viele Pro- und Kontra-Argumente gibt.
> - … genügend Vertreter/-innen sowohl für die Pro- als auch für die Kontra-Seite gibt.

b) Recherchieren Sie im Internet (» Kapitel 6, S. 64 f.) oder in einer Bibliothek zu dem von Ihnen gewählten Thema.

c) Legen Sie eine Tabelle an und sammeln Sie Pro- und Kontra-Argumente, bezogen auf die Streitfrage.

d) Positionieren Sie sich jeweils zur Streitfrage. Nehmen Sie die Pro- oder die Kontra-Seite ein?

e) Formulieren Sie Argumente und geeignete Argumentationsstützen (» Kapitel 3, S. 31), bezogen auf Ihren Standpunkt. Nutzen Sie die folgenden Formulierungshilfen:
Ich bin der Meinung, dass … Meiner Meinung nach … Ich sehe das so … und möchte meine Position kurz ausführen … Ich kann die Position verstehen, aber …

Eine Debatte durchführen

2 **Erstellen Sie einen Beobachtungsbogen, mithilfe dessen die Jury die Stärken und Schwächen der Debattierenden bewerten kann, z. B.:**

Kriterien	☺	😐	☹
Ist die Teilnehmerin / der Teilnehmer mit dem Thema gut vertraut?			
Kann die Teilnehmerin / der Teilnehmer den eigenen Standpunkt überzeugend formulieren?			
Hat die Teilnehmerin / der Teilnehmer geeignete Argumente und Argumentationsstützen vorgebracht?			
Hat die Teilnehmerin / der Teilnehmer auf die Vorredner Bezug genommen?			
Hat sich die Teilnehmerin / der Teilnehmer respektvoll gegenüber der Gegenseite verhalten?			
...			

3 **Führen Sie die Debatte durch.**

a) Legen Sie die Rollen fest:
- vier Debattierende (zwei für die Pro-Seite und zwei für die Kontra-Seite)
- eine Zeitwächterin / ein Zeitwächter
- eine Protokollantin / ein Protokollant
- Jury

b) Debattieren Sie. Beachten Sie dabei den vorgegebenen Ablauf (» S. 39).

4 **Beurteilen Sie den Verlauf der Debatte und die Stärken bzw. Schwächen der Teilnehmenden.**

a) Stellen Sie das Protokoll im Plenum vor und bewerten Sie gemeinsam den Verlauf der Debatte. Wurden die Vorgaben für den Ablauf eingehalten?

b) Stellen Sie die Beobachtungsbögen im Plenum vor und geben Sie den Teilnehmerinnen und Teilnehmern Feedback. Beachten Sie die Feedbackregeln (» Kapitel 15, S. 185) und machen Sie den Teilnehmenden Verbesserungsvorschläge.

Kapitel 4

Literarische Texte verstehen

4.1
Literarische Texte unterscheiden

4.2
Eine Inhaltsangabe zu einem literarischen Text verfassen

Lesen Sie gern literarische Texte? Vielleicht erscheinen sie Ihnen manchmal schwer verständlich. Literatur an sich ist jedoch gar nicht schwierig, man muss nur einen passenden Weg finden, auf dem man sich ihr annähern kann.

Eine Voraussetzung für das Verstehen und Interpretieren literarischer Texte ist die Kenntnis verschiedener Textgattungen und ihrer Merkmale. Um eine Interpretation zu schreiben, müssen Sie außerdem den Inhalt eines Textes zusammenfassen können. In diesem Kapitel erwerben Sie dieses Grundwissen und lernen unterschiedliche Zugänge zu Literatur kennen.

Kompetenzen

- ✓ Textgattungen unterscheiden
- ✓ Endreimvarianten bestimmen
- ✓ den Inhalt literarischer Texte zusammenfassen
- ✓ eine Inhaltsangabe verfassen

Methoden und Arbeitstechniken

- ✓ Gallery-Walk
- ✓ Standbild
- ✓ Feedbackregeln

Literarische Texte unterscheiden

Märchen spielen in einer lang zurückliegenden Zeit. Manchmal hören sich aber auch Geschichten aus der Gegenwart bzw. der jüngeren Vergangenheit geradezu märchenhaft an.

Erich Kästner: Modernes Märchen (1936)

Sie waren so sehr ineinander verliebt,
wie es das nur noch in Büchern gibt.
Sie hatte kein Geld. Und er hatte keins.
Da machten sie Hochzeit und lachten sich eins.

Er war ohne Amt. So blieben sie arm.
Und speisten zweimal in der Woche warm.
Er nannte sie trotzdem: „Mein Schmetterling."
Sie schenkte ihm Kinder, so oft es nur ging.

Sie wohnten möbliert und waren nie krank.
Die Kinder schliefen im Kleiderschrank.
Zu Weihnachten malten sie kurzerhand
Geschenke mit Buntstiften an die Wand.

Und aßen Brot, als wär's Konfekt,
und spielten: Wie Gänsebraten schmeckt.
Dergleichen stärkt wohl die Fantasie.
Drum wurde der Mann, blitzblatz! ein Genie.

Schrieb schöne Romane. Verdiente viel Geld
und wurde der reichste Mann auf der Welt.
Erst waren sie stolz. Doch dann tat's ihnen leid,
denn der Reichtum schadet der Heiterkeit.

Sie schenkten das Geld einem Waisenkind.
Und wenn sie nicht gestorben sind …

Erich Kästner (1899–1974)

6 Erarbeiten Sie ein Standbild (» GUT ZU WISSEN) zu dem Text. Versuchen Sie dabei auszudrücken, was Sie über das Paar und dessen Lebensumstände erfahren.

a) Bilden Sie 3er-Gruppen und sammeln Sie Ideen zu Körperhaltung, Gestik und Mimik.
Wählen Sie eine Situation aus dem Text aus, z. B.: Wie fühlt sich das Paar am Anfang? Wie geht es der Familie zum Schluss? Wie äußert sich die Armut? Wie geht die Familie damit um?

b) Verteilen Sie die Rollen und probieren Sie Ihr Standbild aus.

c) Präsentieren Sie Ihre Standbilder und geben Sie sich im Plenum gegenseitig Feedback (» Kapitel 15, S. 185).

GUT ZU WISSEN – Ein Standbild bauen

Mithilfe eines **Standbildes** kann man sich einem literarischen Text annähern. Das Ziel ist, eine Situation als **stumme Momentaufnahme** darzustellen, z. B. die Beziehungen zwischen Figuren. Dabei versucht man, die Körperhaltung, Gestik und Mimik der Figuren nachzuempfinden.

Um ein Standbild zu bauen, gehen Sie folgendermaßen vor:

1. **Ideen** zu Körperhaltung, Gestik und Mimik sammeln
2. **Rollen** verteilen: Wer übernimmt welche Rolle? Wer übernimmt die Regie?
3. **Standbild ausprobieren:** das Bild formen, bis die Haltung der Darstellenden der Situation entspricht
4. **Standbild präsentieren:** Thema nennen – Positionen einnehmen – Lerngruppe beschreibt, was sie sieht – Standbildgruppe beenden
5. **Feedback** durch die Lerngruppe

Literarische Texte unterscheiden

7 Setzen Sie sich mit Sprache und Inhalt des Textes auseinander.

a) Erläutern Sie in eigenen Worten die Bedeutung der folgenden Formulierungen:
- „Da machten sie Hochzeit" (Z. 4)
- „Er war ohne Amt" (Z. 5)
- „der Reichtum schadet der Heiterkeit" (Z. 20)

b) Beantworten Sie die folgenden Fragen und begründen Sie Ihre Antworten durch Textbelege.
- Welche Folgen hat die Armut für die Familie?
- Wieso wird die Familie auf einmal reich?
- Warum verschenkt die Familie am Ende das Geld?

c) Erläutern Sie den Titel „Modernes Märchen".

8 Untersuchen Sie die Merkmale des Textes „Modernes Märchen". Berücksichtigen Sie GUT ZU WISSEN (» S. 43).

a) Benennen Sie formale Unterschiede zu den Texten „Das letzte Buch" (» S. 42) und „Feierabend" (» S. 43).

b) Ordnen Sie den Text einer literarischen Gattung zu.

c) Wie viele Strophen gibt es? Wie viele Verse umfasst eine Strophe? Gibt es Ausnahmen?

d) Bestimmen Sie die Endreime (» GUT ZU WISSEN). Welches Reimschema liegt vor?

GUT ZU WISSEN — Endreimvarianten

Ein häufiges Merkmal von Gedichten sind Reime. Wörter reimen sich, wenn sie ähnlich ausgesprochen werden, z. B: *Haus – Maus, Geld – Welt, Tier – hier*. Manchmal klingen auch nur die letzten Silben ähnlich, z. B.: *Straßenrand – Förderband, Sonnenschein – klein*. Verse in Gedichten sind oft durch **Reime am Versende** verbunden. Die regelmäßige Abfolge von Endreimen ergibt ein System, das **Reimschema**. Die wichtigsten Endreimvarianten in Gedichten sind:

Paarreim	Zwei aufeinanderfolgende Verse reimen sich im Klang der letzten Silben. (a-a)	*Sofort nun wende dich nach innen,* *Das Zentrum findest du da drinnen, [...]* (Johann Wolfgang Goethe, Vermächtnis, 1829)
Kreuzreim	Der jeweils erste und dritte bzw. zweite und vierte Vers reimen sich im Klang der letzten Silben. (a-b-a-b)	*Es schlug mein Herz, geschwind zu Pferde!* *Es war getan fast eh gedacht.* *Der Abend wiegte schon die Erde,* *Und an den Bergen hing die Nacht; [...]* (Johann Wolfgang Goethe, Willkommen und Abschied, 1775)
Umarmender Reim	Die Verse eins und vier und die Verse zwei und drei reimen sich im Klang der letzten Silben. (a-b-b-a)	*Dem Bürger fliegt vom spitzen Kopf der Hut,* *In allen Lüften hallt es wie Geschrei,* *Dachdecker stürzen ab und gehen entzwei* *Und an den Küsten – liest man – steigt die Flut.* (Jakob van Hoddis, Weltende, 1911)
Schweifreim	Eine Kombination aus einem Paarreim in den Versen eins und zwei und einem umarmenden Reim in den Versen drei bis sechs. (a-a-b-c-c-b)	*Das Haupt, die Füß und Hände* *Sind froh, dass nun zum Ende* *Die Arbeit kommen sei.* *Herz, freu dich: Du sollst werden* *Vom Elend dieser Erden* *Und von der Sünden Arbeit frei.* (Paul Gerhardt, Nun ruhen alle Wälder, 1667)

Eine Inhaltsangabe zu einem literarischen Text verfassen

Im folgenden Text erlebt eine Schülerin eine Überraschung – und zwar eine der unangenehmen Art.

Monika Pelz: Eine Sucht

Ferdi Waldmüller, genannt Waldo (der Name ist aus Gründen der Anonymität geändert), war dafür berüchtigt, dass er Insekten aß, wenn man ihm Geld dafür gab. Man durfte dann zusehen, wie Waldo eine Fliege oder einen Käfer in den Mund steckte, zerbiss, zerkaute und hinunterschluckte. Bei kleinen Insekten kostete es weniger, bei großen Brummern verlangte Waldo mehr für die Vorführung. Und immer fand sich einer, der zahlte. Um gratis in den Genuss dieses haarsträubenden Schauspiels zu kommen, machten wir für ihn Schlepperdienste und priesen ihn an: Du, ich kenne einen, der frisst den dicksten Käfer, wenn man ihm dafür fünfzig Schilling[1] zahlt. Waldo überwand sich dazu nur, weil er ständig Geld brauchte. Von seinen Eltern bekam er nämlich keinen Schilling. Dass die Geldnot ihn zwang, etwas derart Ekliges zu tun, machte ihn beinahe zum Helden und Märtyrer. Keiner von uns anderen hätte das Zeug dazu gehabt. Kam Waldo dann mit irgendeiner neuen Erwerbung daher, einer Baseballmütze oder einer teuren Doppel-CD, so fingen wir unwillkürlich an nachzurechnen, wie viele Insekten er dafür wohl hatte hinunterwürgen müssen.

Ich vermute, die Kids heutzutage machen sich keinen Begriff davon, wie abartig uns Waldos Nummer vorkam. Heute gibt es ja Fliegen in den Lollis und Spinnen in der Limonade. Alles, was ich dazu sage, ist: Diese Fliegen und Spinnen sind mausetot, während Waldos Krabbeltiere noch lebten. Ich habe es mit eigenen Augen gesehen.

Bis eines Tages die unerhörte Meldung kam und sich wie ein Lauffeuer verbreitete, dass Waldo von seinen Alten ausreichend Taschengeld kriegte und dass alles, was er darüber erzählte, erstunken und erlogen war. Dass er mit anderen Worten nicht den geringsten Grund hatte, sich zur Insektenfresserei zu zwingen. Sie schmeckten ihm, das war alles. Seine kleine Schwester hatte es ausgeplaudert: Selbst wenn Waldo allein war und garantiert keiner ihm zusah, geschweige denn bezahlte, fraß er Käfer, kleine und große, gepunktete und grün schillernde. Er war in Wahrheit ganz süchtig nach ihnen. Unsere mit Grauen gemischte Bewunderung für Waldo erlosch schlagartig. Wir kamen uns total reingelegt vor. Über Nacht hatte Waldo sich vom Helden zum hinterhältigen Ekelmonster verwandelt. Später soll er übrigens ganz normal geworden sein und sich auf Gummibärlis, Kaugummis und Schokoriegel verlegt haben. Wir verloren ihn aus den Augen, weil seine Eltern in eine andere Stadt zogen. Dann kam diese Maturafeier[2]. So ziemlich die Hälfte der Klasse war damals in Sissy Kratky verliebt, die andere Hälfte bestand aus uns Mädchen. Die Knaben standen andachtsvoll um Sissy herum und Sissy flirtete mit ihnen. Aus purer Freundlichkeit, wie ich wusste, denn in Wirklichkeit hielt sie alle für ziemlich kindisch. Und dann tauchte auf einmal ein Junge auf, der exakt so aussah wie Brad Pitt, nur hübscher, und naturgemäß waren auf einmal alle anderen Luft für Sissy Kratky. Es war Liebe auf den ersten Blick. Und das sei, als ob der Blitz einschlüge. Sissy und der fremde Junge – ich hielt ihn übrigens aus irgendeinem Grund für den Sohn von Direktor Schillhammer – klebten förmlich aneinander. Sie lächelte geheimnisvoll, sie flüsterten, sie schwiegen. Es sah ganz so aus, als wollten sie den Rest des Lebens miteinander verbringen. Wie sie da so zusammensaßen und auch schon unauffällig Händchen hielten, verbreiteten sie eine Aura der Vollkommenheit und des Glücks, sodass man sich neben ihnen irgendwie ganz misslungen vorkam. Bis Professor Hirsch, unsere Zeichenlehrerin, den jungen Mann als Einzige wiedererkannte: „Du bist der Waldmüller!"

Aus war es und vorbei. Wer die alte Geschichte nicht kannte, dem wurde sie erzählt. Sissy schloss sich auf dem Klo ein und kam erst nach langem Zureden wieder heraus. Mit dem Ekelmonster Waldo wollte sie kein Wort mehr reden, nicht ein einziges klitzekleines Wort! Obwohl er angeblich schon seit Jahren keine Käfer mehr aß.

„Stellt euch vor", pflegte Sissy schaudernd zu sagen, „ich hätte ihn damals schon beinahe geküsst!"

1 Schilling: österreichische Währung, bevor 1999 der Euro eingeführt wurde; 2 Maturafeier: österreichische Bezeichnung für Abiturfeier

Eine Inhaltsangabe zu einem literarischen Text verfassen

1 Geben Sie den Inhalt der Kurzgeschichte wieder.

a) Fertigen Sie eine Kopie des Textes an. Markieren Sie darauf in unterschiedlichen Farben Textstellen, die Antworten auf die folgenden W-Fragen geben:
- Wo findet die Handlung statt?
- Wann spielt die Handlung?
- Wer ist beteiligt?
- Was geschieht? (wichtige Handlungsschritte in chronologischer Reihenfolge)

b) Erzählen Sie Ihrer Lernpartnerin / Ihrem Lernpartner den Inhalt der Kurzgeschichte.

c) Formulieren Sie in einem Satz das Thema der Kurzgeschichte.

Muster: Inhaltsangabe

Die von Monika Pelz verfasste Kurzgeschichte „Eine Sucht" handelt von einem Jungen mit einer merkwürdigen Vorliebe.

Der Protagonist Waldo, der mit vollem Namen Ferdi Waldmüller heißt, verspeist gegen Bezahlung lebende Insekten. Alle nehmen an, dass er das tut, weil er wenig Geld hat. Seine Mitschülerinnen und Mitschüler bewundern Waldo für seinen Mut und bezeichnen ihn als Helden.

Das Blatt wendet sich jedoch, als Waldos kleine Schwester erzählt, dass ihr Bruder ausreichend Taschengeld von seinen Eltern bekomme. Er esse die Käfer aus purem Vergnügen und sei regelrecht süchtig nach ihnen. Diese Information löst Enttäuschung in Waldos Umfeld aus und die Bewunderung für ihn schlägt in Ekel um. Der Kontakt der Jugendlichen zu Waldo bricht dann ab, als dieser mit seiner Familie wegzieht.

Jahre später findet die Abschlussfeier der Klasse statt. Alles dreht sich bei dem Fest um Sissy, in die nahezu alle Jungen verliebt sind. Sissy interessiert sich jedoch für keinen von ihnen, sondern flirtet mit einem gut aussehenden Jungen, der auch bei der Feier anwesend ist und den niemand kennt. Sie scheint sehr verliebt in ihn zu sein. Da bemerkt die Zeichenlehrerin, dass es sich um Ferdi Waldmüller handelt. Sissy schockiert das so sehr, dass sie sich auf der Toilette einschließt. Für Waldo hat sie nichts als Abscheu übrig und sie will nie wieder etwas mit ihm zu tun haben. Später erzählt sie noch mit Entsetzen, dass sie ihn damals beinahe geküsst habe.

Waldo widerfährt somit zweimal das Gleiche: Zunächst wird er bewundert bzw. angehimmelt. Als jemand seine tatsächlichen Motive bzw. seine wahre Identität aufdeckt, finden seine Mitmenschen ihn nur noch abstoßend.

2 Vergleichen Sie das Muster einer Inhaltsangabe mit den Anforderungen in der Checkliste (» S. 49). Belegen Sie Ihre Antworten am Text.

- Wurden alle W-Fragen beantwortet, wurde ein Thema formuliert?
- Wie wurde die Inhaltsangabe gegliedert?
- Wurden die Vorgaben zur sprachlichen Form beachtet?

3 Setzen Sie sich mit der sprachlichen Form von Inhaltsangaben auseinander.

a) Beurteilen Sie, ob die folgenden Formulierungen den Anforderungen entsprechen. Begründen Sie unter Berücksichtigung der Checkliste (» S. 49).

1. *Der Schüler Ferdi Waldmüller, genannt Waldo, verspeiste Insekten gegen Bezahlung.*
2. *Bedauerlicherweise verlieren die Jugendlichen Waldo aus den Augen, als dieser mit seiner Familie wegzieht.*
3. *Plötzlich taucht bei der Feier ein wahnsinnig gut aussehender Junge auf.*
4. *Noch heute erzählt Sissy voller Entsetzen: „Ich hätte ihn damals beinahe geküsst."*

Achtung, Fehler!

b) Überarbeiten Sie die Sätze so, dass sie den Vorgaben zur sprachlichen Form entsprechen.

Eine Inhaltsangabe zu einem literarischen Text verfassen

Auch in der folgenden Kurzgeschichte entpuppt sich jemand als wenig sympathisch – in diesem Fall eine ganze Familie samt ihren Freunden. Ihre wahre Einstellung gegenüber Menschen aus der Türkei lernt man erst nach und nach kennen.

Rafik Schami: Mehmet (1997)

Es war alles vorbereitet: das Bier kalt gestellt, die Wurst- und Käseplatten hübsch mit Salzstangen und Zwiebelringen garniert – der Diaprojektor im Wohnzimmer schon seit Stunden aufgebaut, die Urlaubsbilder schon lange nach Reisestationen geordnet; es sollte ein gemütlicher Abend werden. Obwohl Heinz den Ablauf der Diashow schon x-mal geprobt hatte, war er sehr unsicher. Viertel nach acht war es so weit, die ersten Gäste kamen. Um neun Uhr hielt Heinz die Spannung nicht mehr aus, und er versuchte geschickt, auf seine Urlaubsdias aufmerksam zu machen – und wie das immer so ist, konnte er auch gleich beginnen.

Das erste Bild zeigte die ganze Familie auf dem Frankfurter Flughafen, das zweite, „über den Wolken", war auf den Kopf gestellt; Heinz entschuldigte sich sofort. Das dritte, „Ankunft Flughafen Istanbul", Tochter Ramona und Sohn Jens in Großaufnahme.

Die Gastgeberin erklärte, dass Ramona ausgerechnet heute bei einem Architekten eingeladen sei, sie ließe sich entschuldigen.

Die weitere Reihenfolge der Bilder war wie bei jeder Urlaubsvorführung. Überbelichtet, angeblich lustige Szenen, die auch mit vielen Erklärungen die Gäste langweilten.

Spannend waren allerdings die Erzählungen über die „einfachen, gastfreundlichen Menschen" in der Türkei, die sie überall getroffen hatten. Müllers, die auch schon mal in der Türkei waren, konnten dies immer wieder bestätigen. Es war ein fast gelungener Abend.

„Guten Abend", sagte Ramona, „Entschuldigung, dass wir so spät kommen, aber ich musste noch auf Mehmet warten, sein Chef ließ ihn mal wieder das ganze Lager alleine aufräumen."

Mehmet zog verlegen die Schultern hoch, lächelte und sagte: „Ich Chef sagen, heute ich Bilder von Türkei gucken, er nix wollen, er sagen, viel Arbeit, Bilder egal."

In dem halbdunklen Zimmer konnte niemand sehen, wie Heinz und seine Frau die Gesichtsfarbe wechselten und die Luft anhielten. Es herrschte eine grauenhafte Stille.

„Aber du wolltest doch zu Herrn Schneider gehen, Ramona???", sagte die Mutter.

„Ich? Zu Herrn Schneider? – Ach ja, stimmt. Aber die Feier ist verschoben worden. Habe ich euch doch gesagt. Oder nicht???"

Nun versuchten die Gäste, die peinliche Situation zu überbrücken.

„Das ist aber schön, dass du noch gekommen bist. Setz dich doch, Ramona."

Mehmet merkte sofort, dass er übersehen wurde, setzte sich aber trotzdem.

Heinz versuchte sich zu beherrschen und ging in die Küche. Ganz plötzlich fiel Herrn Müller ein, dass die Kinder nicht zu Hause waren und der arme Hund bestimmt dringend rausmusste; auch die anderen Gäste hatten plötzlich einen armen Hund und eine kranke Großmutter.

Ramona ahnte, was nun kommen würde, nahm den verdutzten Mehmet an die Hand, zog ihn zur Tür und sagte: „Bitte, bitte geh jetzt ganz schnell, ich werde dir morgen alles erklären."

„Was los? Warum morgen, nix heute??"

Aus der Küche wurde die Stimme des Vaters immer lauter, verzweifelt drehte Ramona sich um und sagte ganz leise: „Bitte geh jetzt, bitte geh!"

Nun könnte man diese Begebenheit unseres langweiligen Alltags mit einem traurigen Ende erwürgen, dann würde diese erbärmliche Geschichte so enden: Mehmet starrte wie betäubt die geschlossene Tür an. Obwohl es draußen

Eine Inhaltsangabe zu einem literarischen Text verfassen

warm war, durchlief ihn eine eisige Kälte, er zitterte am ganzen Körper. Anatolien war plötzlich ganz nah. In seinem Dorf hatten die Leute noch nie einen Gast vor die Tür gesetzt.
Oder, um dem Leser endlich meine Version zu erzählen:
Mehmet geht hinaus, pinkelt durch den Briefkastenschlitz von Heinz' Haustür, atmet erleichtert auf und beschließt für sein Leben, nie eine Frau zur Freundin zu nehmen, die sich seiner schämt und mit ihm am ersten Abend Dias anschauen will.

4 Verfassen Sie eine Einleitung zu einer Inhaltsangabe.

a) Entscheiden Sie, welche Formulierung die Kernaussage der Kurzgeschichte „Mehmet" treffender wiedergibt:
1. In der Kurzgeschichte geht es um Leute, die sich weltoffen und interessiert an anderen Kulturen geben, jedoch tatsächlich ausländerfeindlich sind.
2. Die Kurzgeschichte handelt vom Unterschied zwischen der Gastfreundschaft in der Türkei und in Deutschland.

b) Formulieren Sie eine vollständige Einleitung zu der Inhaltsangabe.
Übernehmen Sie die treffendere Formulierung aus Aufgabe 4 a und ergänzen Sie die Informationen, die in einer Einleitung enthalten sein müssen (» Checkliste).

5 Verfassen Sie den Hauptteil der Inhaltsangabe.

Denken Sie daran, auf die W-Fragen einzugehen: Wo findet die Handlung statt? Wann spielt die Handlung? Wer ist beteiligt? Was geschieht?

6 Überarbeiten Sie den Hauptteil Ihrer Inhaltsangabe.

a) Tauschen Sie Ihren Hauptteil mit dem Ihrer Lernpartnerin / Ihres Lernpartners aus und prüfen Sie wechselseitig Ihre Texte. Berücksichtigen Sie die Checkliste.

b) Tauschen Sie die Texte erneut und überarbeiten Sie Ihren Hauptteil.

7 Schreiben Sie den Schluss Ihrer Inhaltsangabe mithilfe der Checkliste.

CHECKLISTE – Eine Inhaltsangabe schreiben

Einleitung
- ✓ Habe ich in der Einleitung Textsorte, Titel, Autorin/Autor und Erscheinungsjahr (soweit angegeben) genannt?
- ✓ Ist die Kernaussage treffend formuliert?

Hauptteil
- ✓ Enthält die Inhaltsangabe Angaben zu Ort, Zeit und Figuren?
- ✓ Sind die Handlungsschritte vollständig? Habe ich mich auf das Wesentliche beschränkt?
- ✓ Habe ich die Zusammenhänge klargemacht, auch durch passende Verknüpfungen der Sätze?

Schluss
- ✓ Bin ich im Schlussteil kurz auf die Aussageabsicht des Textes eingegangen?

Sprache
- ✓ Habe ich die Inhaltsangabe im Präsens geschrieben?
- ✓ Ist die Sprache sachlich und ohne eigene Wertung?
- ✓ Sind die Sätze klar und verständlich? Werden die Zusammenhänge deutlich?
- ✓ Habe ich direkte Aussagen in indirekter Rede wiedergegeben bzw. Gespräche zusammengefasst?
- ✓ Habe ich auf spannungssteigernde Elemente (z. B. Begriffe wie *plötzlich* oder *auf einmal*) verzichtet?

Fazit, vertiefen, überprüfen

Das haben Sie in diesem Kapitel gelernt:

FAZIT

4.1
Literarische Texte unterscheiden

- Textgattungen kennen – Epik, Dramatik, Lyrik
- Endreimvarianten bestimmen

4.2
Eine Inhaltsangabe zu einem literarischen Text verfassen

- den Inhalt literarischer Texte zusammenfassen
- eine Inhaltsangabe verfassen

Wenden Sie Ihr Wissen an:

1 Setzen Sie sich mit Textgattungen und ihren Merkmalen auseinander.

a) Einige der folgenden Sätze sind inhaltlich fehlerhaft. Bestimmen Sie, welche Aussagen zutreffend sind und welche nicht.

Achtung, Fehler!

1. *Kurzgeschichten bestehen aus Strophen und Versen.*
2. *Eine Strophe besteht aus mehreren Versen.*
3. *Ein lyrisches Ich führt durch die Erzählung eines Dramentextes.*
4. *Bei einem Paarreim reimen sich die letzten Silben von zwei aufeinanderfolgenden Versen.*
5. *In fiktionalen Texten sind Handlung und Figuren erfunden.*
6. *Wichtige Textsorten der Dramatik sind Ballade, Lied und Sonett.*

b) Verbessern Sie die inhaltlich falschen Sätze und notieren Sie sie in Ihrem Heft.

2 Verfassen Sie eine Inhaltsangabe zu dem Gedicht „Modernes Märchen" (»S. 44).

a) Formulieren Sie eine Einleitung zu Ihrer Inhaltsangabe.
Denken Sie daran, Textsorte, Titel, Autorin/Autor und Erscheinungsjahr zu nennen und die Kernaussage treffend wiederzugeben.

b) Notieren Sie stichpunktartig Antworten auf die W-Fragen: Wann spielt die Handlung? Wer ist beteiligt? Was geschieht?

c) Formulieren Sie auf der Grundlage Ihrer Notizen einen zusammenhängenden Hauptteil.

d) Verfassen Sie den Schlussteil Ihrer Inhaltsangabe.

3 Überprüfen und überarbeiten Sie Ihre Ergebnisse gemeinsam mit einer Lernpartnerin / einem Lernpartner. Berücksichtigen Sie die Checkliste auf S. 49.

4 Notieren Sie Ihre individuellen Fehlerschwerpunkte im Bereich Rechtschreibung, Zeichensetzung und Grammatik. Bearbeiten Sie die entsprechenden Abschnitte in Kapitel 8, „Richtig schreiben".

Kapitel 5

Literarische Texte untersuchen

5.1
Merkmale von Erzähltexten kennen

5.2
Sprachliche Mittel unterscheiden

5.3
Figuren charakterisieren

Damit Sie sich mit einem literarischen Text intensiver auseinandersetzen können, z. B. um ihn zu interpretieren, benötigen Sie ein gewisses Handwerkszeug. Es dient dazu, den Text genau zu beschreiben: Aus welcher Perspektive wird er erzählt? Wie sind die zeitlichen Abläufe dargestellt? Wie ist die Sprache gestaltet und wie werden die Figuren beschrieben?

In diesem Kapitel vertiefen Sie Ihr Wissen über die Merkmale von Erzähltexten, die Sie kennen müssen, um eine Textinterpretation zu verfassen.

Kompetenzen

- ✓ die Erzählperspektive bestimmen
- ✓ Zeitstrukturen analysieren
- ✓ sprachliche Mittel untersuchen
- ✓ Figuren charakterisieren

Methoden und Arbeitstechniken

- ✓ Arbeit mit dem Wörterbuch
- ✓ Visualisierung der Figurenkonstellation

Merkmale von Erzähltexten kennen

Erzählperspektive

Wer bin ich? Auf den ersten Blick scheint diese Frage leicht zu beantworten zu sein – schließlich kennt man sich selbst doch am besten. Aber ist das tatsächlich so?

Karin Bolte: Ich sehe mich (1991)

Es regnete und stürmte draußen. Obwohl noch früher Nachmittag, war es bereits so dunkel, dass die Lampen brennen mussten. Monika stand im Flur vor dem großen Spiegel. Sie drehte sich hin und her, schnitt Grimassen und war ernst. Sie setzte Vaters Hut auf und sagte mit tiefer Stimme: „Meine sehr verehrten Damen und Herren …“ und später mit Klaus' Pudelmütze auf dem Kopf:
„Aaaaaaaale, Aaaaaaaaale …“
Plötzlich wurde es für eine Weile ganz still. Schließlich rief sie ihrer Mutter zu: „Mutti, wer bin ich nun eigentlich wirklich?“ Die Mutter hatte ihr Bügelbrett bei Monika im Zimmer aufgestellt und bügelte Hemden. Monika hatte es gern, wenn die Mutter bei ihr im Zimmer bügelte. Sie spielten dann Wortspiele zusammen und Mutter hatte viel Zeit, Dinge zu erklären. Die Mutter sah sich nach Monika um. Sie stand immer noch vor dem Spiegel. Ohne Hut und sehr ernst. Mutter sagte: „Wer du wirklich bist? Das kommt darauf an.“ „Worauf?“ „Na, auf den Standpunkt, von dem aus du betrachtet wirst.“ „Das versteh' ich nicht. Ich kann doch niemand anders sein als ich. Aber wer bin ich denn?“
Mutter überlegte einen Augenblick. „Na, komm her und leg dich hier auf den Fußboden“, sagte sie zu Monika. „Wo bügele ich denn jetzt: über oder unter dir?“ „Über mir natürlich.“ „Siehste“, sagte Mutter. „Und wo bügele ich denn nun wirklich?“ Monika dachte nach. Schließlich sagte sie: „Na gut, das versteh' ich. Aber wie komm' ich da jetzt rein?“ „Ganz einfach, was meinst du, sagt dein Bruder Jürgen von dir?“ „Dass ich eine dumme, blöde Gans bin, die immer alles kaputt macht.“ „Und was wird deine Lehrerin sagen?“ „Sie sagt, dass ich eine Stütze der Klasse bin.“ Mutter seufzte und nickte. „Das sagt sie, weil sie achtunddreißig von euch in einer Klasse hat und für jedes Kind dankbar ist, das ruhig und leise und fleißig ist. Sieht dich denn die Klasse auch als Stütze?“ „Bestimmt nicht!“, sagte Monika düster. „Ich soll Klassenkeile haben, weil ich als Einzige die Strafarbeit gemacht habe.“ Man sah, dass Mutter sich eine Bemerkung zu dem Thema verbiss. Schnell sagte sie: „Und was meinst du, sagt dein Trainer im Sportverein?“ „Dass ich feige bin und mich nichts traue.“ „Und was sagt Frau Kienast?“ „Ach, die!“ Monika schnitt eine Grimasse. Mit künstlicher, hoher Stimme flötete sie: „Mein Kind, du gibst mir den Glauben an die heutige Jugend wieder.“
Mutter setzte ihr Bügeleisen ab und kam zu Monika auf den Flur. Beide standen nun vor dem Spiegel. „Siehst du“, sagte Mutter leise, „das alles bist du: die dumme Gans und der Glaube an die heutige Jugend, feige und eine Stütze der Klasse. Na?“ „Aber wer bin ich nun wirklich? Was du erzählt hast, sind Sachen, wie die anderen mich sehen. Ich finde mich aber nicht feige, zum Beispiel. Wie bin ich denn ohne die andern?“
„Das“, sagte Mutter langsam, „ist ziemlich schwer. Weißt du, genau wie die anderen Menschen ein Bild von dir haben, das nicht stimmen muss, so hast du auch ein Bild von dir selber. Und das muss auch nicht stimmen, denn genauso wenig wie die andern ganz ehrlich mit dir sind, bist du es auch nicht mit dir selbst. Wer macht sich selber schon ein Bild von sich als faul, feige und dumm, zum Beispiel? Dann sagt man schon lieber: Ich bin nicht dumm, die andern sehen meine Intelligenz bloß nicht. Verstehst du das?“ Monika nickte. „Das ist wie mit dem Feige-Sein. Der Trainer sagt, ich bin feige, weil ich nicht vom Zehnmeter-Brett springe. Aber ich finde es nicht feige, dass ich nicht springen will.“ „Darüber kann man sich ja auch streiten“, sagte Mutter, „aber schlimmer ist, dass man meistens eine sehr gute Meinung von sich hat. Ich meine, dass man von sich selber sagen würde, man klaut nicht oder betrügt oder mordet nicht. Und man ist immer ganz entrüstet, wenn andere das tun. Aber manchmal ist man auch sehr erschrocken, zu was man selbst fähig ist. Auch der Bravste kann unter Umständen was ganz Schlimmes tun. Das muss man wissen. Für das eigene Bild sozusagen und für die Beurteilung von anderen.“

Erzählperspektive

Monika sagte mit merkwürdig trockener Stimme: „Wie neulich. Da war ich so wütend auf Klaus, da hab' ich gewünscht, er soll sterben. – Und abends war er dann krank. Da hab' ich fürchterlich geheult." Mutter streichelte sie sanft. „Ich kann verstehen, dass du dich da erschreckt hast. Aber der Klaus hatte sich erkältet. Ich bin froh, dass du es mir erzählt hast. Mir ging das früher mit meinen Geschwistern nicht anders. Und manchmal hab' ich auch meine Eltern gehasst. Weil sie nicht verstanden, was ich wollte. Aber jetzt werde ich uns mal ein paar Waffeln zum Kaffee machen. Einverstanden?"

Monika winkte sich selbst im Spiegel zu und schnitt eine Grimasse. „Weißt du", sagte sie zu ihrer Mutter, „wenn ich so daran denke, was ich alles bin. Eigentlich bin ich doch ziemlich vielseitig. Oder?" „Na, Gott sei Dank, das will ich meinen!", sagte Mutter.

1 Lesen Sie den Text und fassen Sie in zwei bis drei Sätzen zusammen, wovon er handelt.

Die Handlung spielt … Die handelnden Figuren sind … Es geht um …

2 Untersuchen Sie Inhalt und Form des Textes.

a) Was erfahren Sie über Monika? Fertigen Sie eine Kopie des Textes an und markieren Sie relevante Textstellen.

b) Beurteilen Sie die Wirkung der Erzählweise.
Können Sie sich ein eigenes Bild des Geschehens machen? Gibt Ihnen der Erzähler Wertungen vor?

c) Bestimmen Sie die Erzählperspektive (» GUT ZU WISSEN).

d) Wie würde sich die Wirkung des Textes verändern, wenn er in der Ich-Form erzählt werden würde? Probieren Sie das im Abschnitt von Zeile 2 bis 12 aus. Nutzen Sie dazu GUT ZU WISSEN.
Ich stand im Flur vor dem großen Spiegel …

3 Bestimmen Sie die Erzählperspektive (» GUT ZU WISSEN) in den folgenden Textbeispielen.

1. *Verena wachte schweißgebadet auf und nahm einen Schrei wahr.*
2. *Ich wachte plötzlich auf und hörte einen furchtbaren Schrei.*
3. *Verena wachte schweißgebadet auf und nahm einen furchtbaren Schrei wahr. Sie begann sich zu fürchten.*
4. *Verena wachte schweißgebadet auf und nahm einen furchtbaren Schrei wahr. Sie wäre noch ängstlicher gewesen, wenn sie gewusst hätte, was gleich auf sie zukommen würde.*

GUT ZU WISSEN – Die Erzählperspektive

Jeder Text aus der Gattung Epik hat einen Erzähler, der durch die Handlung führt. Seine Sicht auf die Handlung kann unterschiedlich gestaltet sein:

Der **Ich-Erzähler** stellt in der Ich-Form dar, was aus seiner Sicht geschieht (äußere Handlung), was er denkt und fühlt (innere Handlung). Als Leserin/Leser fühlt man sich dem Erzähler sehr nahe.

Der **personale Erzähler** erzählt in der Er- oder Sie-Form aus der Sicht einer Figur (äußere Handlung sowie Gedanken und Gefühle der Figur). Er ist selbst nicht an der Handlung beteiligt und weiß nicht mehr über das Geschehen als die Figur. Als Leserin/Leser fühlt man sich der Figur sehr nahe.

Der **neutrale Erzähler** gibt keine ausführlichen Informationen über das innere Erleben einer Figur, er wertet und kommentiert das Geschehen nicht. Diese Erzählperspektive kommt vor allem bei Dialogen vor. Als Leserin/Leser muss man sich ein eigenes Bild machen und das Geschehen selbst bewerten.

Der **auktoriale Erzähler** nimmt eine allwissende Perspektive ein, kennt das gesamte Geschehen, kommentiert und wertet es. Er kann sowohl in die Vergangenheit als auch in die Zukunft schauen. Als Leserin/Leser erhält man ein vollständiges Bild der Handlung und wird in der Meinungsbildung durch den Erzähler beeinflusst.

Zeitstruktur

1 Setzen Sie sich mit Erzählperspektiven und Zeitstrukturen auseinander. Berücksichtigen Sie GUT ZU WISSEN (» S. 53 und unten).

a) Einige der folgenden Sätze sind inhaltlich fehlerhaft. Erkennen Sie, welche Aussagen zutreffend sind und welche nicht.

Achtung, Fehler!

1. *Wenn die Erzählzeit genauso lange dauert wie die erzählte Zeit, wird von einer Zeitdehnung gesprochen.*
2. *Der personale Erzähler steht über den Figuren eines Textes. Er kann in die Vergangenheit und in die Zukunft schauen.*
3. *Wenn die Erzählzeit kürzer ist als die erzählte Zeit, wird von einer Zeitraffung gesprochen.*
4. *Die Zeitstruktur in Erzähltexten ist meistens durchgängig gleich gestaltet.*

b) Verbessern Sie die fehlerhaften Sätze und notieren Sie sie in Ihrem Heft.

2 Die Gestaltung der Zeit in einem Erzähltext kann u. a. die unten genannten Funktionen haben. Tauschen Sie sich in der Gruppe darüber aus, mit welchen Mitteln sie sich erzeugen lassen. Berücksichtigen Sie GUT ZU WISSEN.

- dem erzählten Geschehen einen Rhythmus geben
- Spannung erzeugen

3 Untersuchen Sie die Zeitstruktur in dem Text „Ich sehe mich". Nutzen Sie GUT ZU WISSEN.

a) Bestimmen Sie die Gestaltung der Zeitstruktur im Textabschnitt von Zeile 10 bis 48.
In welchem Verhältnis steht die Erzählzeit zur erzählten Zeit?

b) Im ersten Abschnitt (Z. 1–9) wird das Geschehen zusammengefasst. Tauschen Sie sich mit Ihrer Lernpartnerin / Ihrem Lernpartner darüber aus, woran Sie dies erkennen.

GUT ZU WISSEN – Die Zeitstruktur von Erzähltexten

Bei literarischen Texten wird zwischen Erzählzeit und erzählter Zeit unterschieden:
Die **Erzählzeit** ist die Zeit, in der die Geschichte erzählt oder gelesen werden kann.
Die **erzählte Zeit** ist die Zeit, in der sich die Handlung der Geschichte ereignet.
Erzählzeit und erzählte Zeit sind nicht immer deckungsgleich. Es gibt unterschiedliche Möglichkeiten, die Zeitstruktur in Erzähltexten zu gestalten:

- **Zeitraffung:** Ereignisse werden zusammengefasst, Zeiträume, in denen wenig passiert, werden übersprungen. So lässt sich beispielsweise in einem Roman eine Zeitspanne von mehreren Jahren in einigen wenigen Sätzen wiedergeben. In der Folge ist die Erzählzeit kürzer als die erzählte Zeit.
- **Zeitdeckung:** Die Erzählzeit deckt sich mit der erzählten Zeit. Man benötigt zum Lesen ebenso viel Zeit, wie das erzählte Geschehen dauert. Das kann z. B. bei wörtlicher Rede der Fall sein, da sich diese nicht zusammenfassen lässt.
- **Zeitdehnung:** Die Erzählzeit ist länger als das erzählte Geschehen. Zum Beispiel kann das innere Erleben einer Figur, also Gedanken und Gefühle, die oft nur kurz andauern, sehr ausführlich beschrieben werden. Oder das Geschehen wird durch eingefügte Kommentare des Erzählers in die Länge gezogen.

Innerhalb eines Erzähltextes können sich unterschiedliche Zeitstrukturen abwechseln.
Ereignisse, die der Erzählhandlung vorausgingen, werden in **Rückblenden** erzählt. Manchmal enthalten Texte auch eine **Vorausschau**, die kommende Ereignisse vorwegnimmt.

Sprachliche Mittel unterscheiden

Literatur arbeitet oft mit sprachlichen Mitteln, die zur anschaulichen Darstellung beitragen und im Kopf der Leserinnen und Leser Bilder entstehen lassen.

Ludwig Uhland: Frühlingsglaube (1812)

Die linden Lüfte sind erwacht,
Sie säuseln und weben Tag und Nacht,
Sie schaffen an allen Enden.
O frischer Duft, o neuer Klang!
Nun, armes Herze, sei nicht bang!
Nun muss sich alles, alles wenden.

Die Welt wird schöner mit jedem Tag,
Man weiß nicht, was noch werden mag,
Das Blühen will nicht enden.
Es blüht das fernste, tiefste Tal:
Nun, armes Herz, vergiss die Qual!
Nun muss sich alles, alles wenden.

Ludwig Uhland (1787–1862)

1 **Setzen Sie sich mit dem Inhalt des Textes auseinander.**

a) Lesen Sie den Text und schlagen Sie Wörter, die Sie nicht kennen, in einem Wörterbuch (» Kapitel 17, S. 200) nach.

b) Welche der folgenden Aussagen gibt die Kernaussage des Textes am treffendsten wieder? Begründen Sie Ihre Wahl anhand des Textes.

1. *In dem Text geht es um jemanden, der Liebeskummer hat und sich gegen Ende des Winters ganz besonders traurig fühlt.*
2. *Der Text beschreibt den Übergang vom Winter zum Frühling und stellt die Auswirkungen des Jahreszeitenwechsels dar.*
3. *Der Text handelt vom Frühlingsbeginn und von der damit verbundenen Hoffnung auf Veränderung und bessere Zeiten.*

c) Beschreiben Sie, wie Sie selbst den Frühling erleben, und vergleichen Sie Ihre Wahrnehmung mit der Darstellung im Text.

2 **Setzen Sie sich mit den formalen Merkmalen des Textes auseinander.**

a) Ordnen Sie den Text einer Gattung zu. Begründen Sie Ihre Zuordnung durch mindestens zwei Merkmale (» Kapitel 4, S. 43).

b) Ermitteln Sie die Anzahl der Strophen und der Verse, die die einzelnen Strophen enthalten.

c) Bestimmen Sie das Reimschema (» Kapitel 4, S. 45).

In jeder Strophe gibt es zwei unterschiedliche Endreimvarianten.

Sprachliche Mittel unterscheiden

3 Untersuchen Sie die sprachlichen Mittel in dem Gedicht.

a) Geben Sie in eigenen Worten wieder, was in den Zeilen 1–3 beschrieben wird.

b) Bestimmen Sie die sprachlichen Mittel in den Zeilen 1–3. Berücksichtigen Sie GUT ZU WISSEN.

c) Finden Sie im übrigen Text (Z. 4–12) Beispiele für die folgenden sprachlichen Mittel: Alliteration, Anapher, Assonanz, Metapher, Parallelismus, Personifikation.

4 Untersuchen Sie die Wirkung, die durch den Einsatz der sprachlichen Mittel in dem Gedicht erzeugt wird.

a) Suchen Sie Textstellen, die sich auf den Frühling beziehen.

b) Bestimmen Sie, welche sprachlichen Mittel der Autor an diesen Textstellen verwendet.

c) Tauschen Sie sich mit Ihrer Lernpartnerin / Ihrem Lernpartner darüber aus, welches Bild vom Frühling beim Lesen des Gedichts in Ihrem Kopf entsteht und auf welche Weise die sprachlichen Mittel dazu beitragen.

d) Bestimmen Sie sprachliche Mittel, die die Hoffnung auf Veränderung und Neubeginn unterstreichen.

5 Setzen Sie sich mit sprachlichen Mitteln in der Alltagssprache auseinander.

a) Bestimmen Sie die sprachlichen Mittel in den folgenden Redewendungen. Nutzen Sie GUT ZU WISSEN.

1. *Was jetzt?*
2. *etwas durch die rosarote Brille sehen*
3. *Wer ist schon perfekt?*
4. *stark wie ein Bär*
5. *Die Zeit rennt mir davon.*

b) Erläutern Sie in eigenen Worten, was jeweils gemeint ist.

c) Tauschen Sie sich in der Gruppe darüber aus, in welchen Bereichen Ihres Alltags Ihnen sprachliche Mittel vor allem begegnen und welche Funktion sie in diesen Zusammenhängen haben können.

GUT ZU WISSEN – Sprachliche Mittel untersuchen

Sprachliche Mittel unterstützen die Aussagen von Texten und dienen einer anschaulichen, eindringlichen Darstellung. Zu den sprachlichen Mitteln zählen unter anderem:

- **Alliteration:** Wörter mit dem gleichen Anlaut, z. B.: ***M**ilch **m**acht **m**üde **M**änner **m**unter.*
- **Anapher:** Wiederholung von Wörtern oder Wortgruppen, z. B.: *Ich **will dich** sehen, **will dich** umarmen, **will dich** küssen.*
- **Assonanz:** Gleichklang von Vokalen in zwei oder mehreren aufeinanderfolgenden Wörtern, z. B.: *J**a**hr und T**a**g*
- **Ellipse:** Auslassen eines Satzteils, z. B.: *Je eher, desto besser!*
- **Metapher:** verkürzter Vergleich ohne das Wort *wie*; verknüpft zwei Bedeutungsbereiche, die sonst nicht verbunden sind, und erzeugt so ein neues Bild, z. B.: *Max ist ein Fuchs.*
- **Parallelismus:** Wiederholen einer Wortreihenfolge mit identischem Satzbau in aufeinanderfolgenden Sätzen oder Satzgliedern, z. B.: *Reden ist Silber, Schweigen ist Gold.*
- **Personifikation:** Vermenschlichung von Begriffen, Gegenständen, Tieren oder Pflanzen, z. B.: *Die Sonne lacht.*
- **rhetorische Frage:** Frage, die die Antwort bereits enthält, z. B.: *Seid ihr von allen guten Geistern verlassen?*
- **Vergleich:** Verknüpfung zweier Bedeutungsbereiche durch das Wort *wie* zur Hervorhebung von Gemeinsamkeiten, z. B.: *Der Innenverteidiger spielte wie ein Turm in der Abwehr.*
- **Wiederholung:** von Wörtern, Satzteilen oder Sätzen, z. B.: ***Mein Gott, mein Gott**, warum hast du mich verlassen?*

Figuren charakterisieren

Was andere über einen denken, stimmt nicht immer mit der eigenen Einschätzung überein.

Die Ärzte / Farin Urlaub: Junge (2007)

Junge, warum hast du nichts gelernt?
Guck dir den Dieter an, der hat sogar ein Auto
Warum gehst du nicht zu Onkel Werner in die
Werkstatt?
Der gibt dir 'ne Festanstellung – wenn du ihn darum
bittest
Junge …

Und wie du wieder aussiehst – Löcher in der Hose,
und ständig dieser Lärm
(Was sollen die Nachbarn sagen?)
Und dann noch deine Haare, da fehlen mir die
Worte – musst du die denn färben?
(Was sollen die Nachbarn sagen?)
Nie kommst du nach Hause, wir wissen nicht mehr
weiter …

Junge, brich deiner Mutter nicht das Herz
Es ist noch nicht zu spät, dich an der Uni
einzuschreiben
Du hast dich doch früher so für Tiere interessiert,
wäre das nichts für dich
Eine eigene Praxis?
Junge …

Und wie du wieder aussiehst – Löcher in der Nase,
und ständig dieser Lärm
(Was sollen die Nachbarn sagen?)
Elektrische Gitarren, und immer diese Texte – das
will doch keiner hör'n
(Was sollen die Nachbarn sagen?)
Nie kommst du nach Hause, so viel schlechter
Umgang – wir werden dich enterben
(Was soll das Finanzamt sagen?)
Wo soll das alles enden? Wir machen uns doch
Sorgen …

Und du warst so ein süßes Kind
Du warst so süß

Und immer deine Freunde, ihr nehmt doch alle
Drogen – und ständig dieser Lärm
(Was sollen die Nachbarn sagen?)
Denk an deine Zukunft, denk an deine Eltern – willst
du, dass wir sterben?

1 Untersuchen Sie, wie die Figur des Jungen in dem Liedtext dargestellt wird.

a) Geben Sie mithilfe der Tabelle wieder, was Sie über den Jungen erfahren.

Wie sieht er aus? Wie kleidet er sich?	Wie verhält er sich?	Wie sehen seine Lebensumstände aus?	Was sind seine Interessen und Hobbys?
Hose mit Löchern (Z. 8)	…	…	…

b) Bestimmen Sie, ob es sich um eine Selbst- oder Fremdcharakterisierung (» GUT ZU WISSEN) handelt.

c) Beschreiben Sie, was für einen Sohn die Eltern sich wünschen.

d) Stellen Sie mit Ihrer Lernpartnerin / Ihrem Lernpartner Vermutungen an, wie der Junge sich selbst sieht.

GUT ZU WISSEN **Selbst- und Fremdcharakterisierung unterscheiden**

Äußert sich eine Figur im Gespräch oder in Gedanken über sich selbst, liegt eine **Selbstcharakterisierung** vor. Wenn andere Figuren etwas über eine Figur sagen oder denken bzw. wenn der Erzähler Informationen über eine Figur mitteilt, wird von einer **Fremdcharakterisierung** gesprochen.

Figuren charakterisieren

Manche Menschen sind besonders, weil sie irgendwie „anders" sind.

Saša Stanišić: Im Ferienlager im Wald (Auszug, 2016)

Alle aus der Klasse wollen zum Ferienlager in den Wald.
Ich sage: „Ich will nicht zum Ferienlager in den Wald."
Ich sage: „Der Affe ist vom Baum runtergeklettert und Mensch geworden, und jetzt soll ich wieder auf Bäume klettern?"
Ich sage: „Und Lagerfeuer? Es gibt doch kein traurigeres Feuer auf der Welt als eines, in dem Kartoffeln in der Folie braten."
Ich sage: „Ich finde Bäume nur als Schrank super."
Außerdem: „Ich hasse die Farbe Grün, ich hasse die Regeln von jedem Spiel. Und dann ist der Wald auch noch voller Mücken. Und Mücken, Mücken sind das Letzte. Es wurden mal tausend Leute statistisch befragt, was sie gern aussterben lassen würden, wenn sie es könnten, und jetzt rate mal, auf welchem Platz die Mücke am Ende gelandet ist."
Alles vergebens. Mutter hat schon Pläne gemacht. Pläne ohne mich. Mutter kann ohne mich um sich jünger sein als mit mir um sich. Endlich wieder mit Freunden trinken und spät wegbleiben. Ich finde das okay. Mütter sind okay. Ist auch nicht einfach mit mir. Neulich hab ich versucht, ein T-Shirt im Toaster zu trocknen.
Mutter winkt zum Abschied. Ihre Hand sieht glücklich aus.

Fünf Waldhütten stehen auf einer Lichtung. Meine Waldhütte riecht wie Baum und Rauch und summt wie eine Mücke. Ich mache von Anfang an klar, dass ich hier unfreiwillig bin. Ich sage: „Nur, damit es keine Missverständnisse gibt: Ich lehne die Natur ab. Ich lehne das Basteln von Wanderstöcken ab. Ich lehne Folienkartoffeln ab."
Folgerichtig will sich niemand mit mir ein Zimmer teilen. Und weil sich auch mit Jörg niemand ein Zimmer teilen will, werden Jörg und ich zusammengetan.
Mit Jörg will niemand etwas zu tun haben. Das ist halt so einer, kennt jeder. Einer, der anders ist. Weil doof oder fett oder arm oder einfach zufällig am falschen Ort was Falsches gesagt, und schon ist es vorbei mit glücklicher Schulzeit. Einer, der duldet und schluckt und zu Hause unter dem Bett weint und Schulpsychologe und Schulwechsel und irgendwie dann doch versuchen, den ganzen Bockmist zu Ende zu bringen, um danach etwas Faszinierendes zu studieren und neue, gute Freunde zu haben und Familie und zwei Töchter. Lisa und Lena oder irgendwas anderes mit „L" und zwei Silben, und ein Haus bauen am Rand von Münster und mit 55 Frührente und ab nach Spanien, Orangenbäume pflanzen und im Kreise der Familie Eis lutschend sterben.
Bei Jörg sind es vor allem die Ohren. Und eine allgemeine Schüchternheit vor den Dingen, vor der Welt. Aber vor allem die Ohren. Wenn ich Jörgs Ohren sehe, fällt mir kein Wort ein, das sie beschreiben könnte, es müsste noch erfunden werden. Ich erfinde immer wieder mal eins, und es ist dann aber so lang, dass ich mir nicht sicher bin, wie man es überhaupt ausspricht.
Jörg hat die stolzesten Ohren des Universums.
Mir macht Jörg nichts aus, Jörg quatscht nicht blöd rum und riecht nicht nach Haarspray, und bevor er in einen Apfel beißt, schaut er sich ihn lange an, summt leise, spielt mit dem Stiel, riecht an der Haut, irgendwie ist das super.
Jörg sagt, er möchte im Hochbett unten schlafen. Ich starre auf sein linkes Ohr, während er spricht. Hinter Jörgs linkem Ohr ist wenig zu sehen von der Welt des Waldes, und das finde ich richtig gut. […]

2 **Untersuchen Sie, wie die Figur Jörg dargestellt wird. Markieren Sie dazu auf einer Kopie des Textes die Informationen, die Sie über die Figur erhalten.**

Figuren charakterisieren

3 Analysieren Sie die Beziehungen zwischen den Figuren.

a) Lesen Sie den Text noch einmal und markieren Sie auf der Kopie die Textstellen, an denen Sie etwas erfahren über die Beziehungen des Ich-Erzählers
- zu seiner Mutter,
- zu den Mitschülerinnen und Mitschülern,
- zu Jörg.

b) Übertragen Sie die Grafik aus GUT ZU WISSEN in Ihr Heft. Ergänzen Sie die Darstellung durch Symbole oder Beschriftungen, um die Beziehungen zwischen den Figuren zu veranschaulichen.

Ich-Erzähler ——☺—— *Jörg*

c) Beschreiben Sie in zwei bis drei Sätzen die Beziehung zwischen dem Ich-Erzähler und Jörg. Wählen Sie hierzu aus den folgenden Adjektiven passende Begriffe aus:
freundschaftlich, ablehnend, überlegen, wertschätzend, gleichgültig, wohlgesonnen, gleichgesinnt

d) Begründen Sie, warum sich die Mitschüler kein Zimmer mit dem Ich-Erzähler teilen möchten. Belegen Sie Ihre Begründung am Text.

GUT ZU WISSEN **Figurenkonstellationen grafisch darstellen**

Um **Beziehungen zwischen Figuren** in einem literarischen Text zu untersuchen, ist es hilfreich, sie grafisch zu veranschaulichen. Hierzu notiert man die Namen und und veranschaulicht ihre Beziehungen durch Linien, Pfeile oder Symbole wie Herz (= Liebe), Ring (= miteinander verheiratet), Fragezeichen (= unklare Beziehung), Blitz (= Streit), Smiley (= Sympathie) usw.

Mutter —— **Ich-Erzähler** —— **Jörg**
Klasse

4 Verfassen Sie eine Figurencharakterisierung.

a) Beschreiben Sie die Figur Jörg. Nutzen Sie hierzu Ihre Ergebnisse aus Aufgabe 2.

b) Stellen Sie die Beziehungen zwischen den Figuren dar. Nutzen Sie hierfür Ihre Ergebnisse aus Aufgabe 3.

c) Überprüfen und überarbeiten Sie wechselseitig mit einer Lernpartnerin / einem Lernpartner Ihre Charakterisierungen. Beachten Sie die Checkliste.

CHECKLISTE **Figuren charakterisieren**

- ✓ Habe ich zunächst die äußeren Merkmale der Figur beschrieben? Zum Beispiel Geschlecht, Alter, Kleidung, Körperbau, Verhalten, Sprechweise, Mimik, Gestik, Beruf, Lebensumstände.
- ✓ Habe ich innere Merkmale aufgeführt? Zum Beispiel Gefühle, Gedanken, Einstellungen, Wünsche.
- ✓ Bin ich auf die Entwicklung der Figur eingegangen, sofern diese im Textverlauf deutlich wird?
- ✓ Habe ich die Beziehung zu anderen Figuren untersucht und gedeutet?
- ✓ Habe ich den Gesprächsverlauf analysiert und gedeutet?
- ✓ Habe ich die Figur anschaulich und umfassend beschrieben?
- ✓ Habe ich die Informationen in eine sinnvolle Reihenfolge gebracht?
- ✓ Habe ich die Charakterisierung im Präsens geschrieben?
- ✓ Habe ich korrekt zitiert und Textbelege genannt?

Fazit, vertiefen, überprüfen

Das haben Sie in diesem Kapitel gelernt:

FAZIT

5.1
Merkmale von Erzähltexten kennen

- die Erzählperspektive bestimmen
- Zeitstrukturen analysieren

5.2
Sprachliche Mittel unterscheiden

- literarische Stilmittel

5.3
Figuren charakterisieren

- Selbst- und Fremdcharakterisierung
- Figurenkonstellationen grafisch darstellen
- eine Figurencharakterisierung schreiben

Wenden Sie Ihr Wissen an:

1 Verfassen Sie eine Figurencharakterisierung zum Text „Ich sehe mich“ (»S. 52 f.).

a) Unterscheiden Sie zwischen Selbst- oder Fremdcharakterisierung. Übertragen Sie die Tabelle in Ihr Heft und ordnen Sie zu, wie Monika sich selbst sieht und wie andere Menschen sie sehen.

Fremdcharakterisierung: Wie andere Monika sehen	Selbstcharakterisierung: Wie Monika sich selbst sieht
dumme, blöde Gans (Bruder Jürgen, Z. 16)	...
...	...

b) Beschreiben Sie die Figur Monika.
Wie alt ist sie ungefähr? Wie verhält sie sich? Welche besonderen Eigenschaften hat sie?

c) Stellen Sie die Beziehungen zwischen Monika und den anderen Figuren grafisch dar. Berücksichtigen Sie die Beziehung zu:

- ihrer Mutter
- ihrem Bruder Jürgen
- der Lehrerin
- den Mitschülerinnen und Mitschülern
- dem Trainer
- Frau Kienast
- Klaus

d) Schreiben Sie eine zusammenhängende Figurencharakterisierung in Ihr Heft.

2 Überprüfen und überarbeiten Sie Ihre Ergebnisse gemeinsam mit einer Lernpartnerin / einem Lernpartner. Berücksichtigen Sie die Checkliste auf S. 59.

3 Notieren Sie Ihre individuellen Fehlerschwerpunkte im Bereich Rechtschreibung, Zeichensetzung und Grammatik. Bearbeiten Sie die entsprechenden Abschnitte in Kapitel 8, „Richtig schreiben“.

Projekt
Eine Kurzgeschichte verfilmen

Sie bilden Projektgruppen und verfilmen die Kurzgeschichte „Sonntag" von Max Bolliger. Das Drehbuch mit den Dialogen zwischen den Figuren verfassen Sie selbst. Darüber hinaus fertigen Sie Hintergrundbilder an, die als Filmkulisse dienen. Als Darsteller in Ihrem Film treten Spielzeugfiguren oder Knetmännchen auf. Ein Smartphone oder ein Tablet sind als technische Ausstattung ausreichend.

Max Bolliger: Sonntag (1985, Auszug)

„Was möchtest du?", fragte der Vater.

Daniela studierte die Karte und entschied sich für Riz colonial.

„Gern!", sagte der Kellner. […]

„Wie geht es in der Schule?", fragte der Vater.

„Wie immer", antwortete Daniela.

„Wird es fürs Gymnasium reichen?"

„Ja, ich hoffe es."

Daniela wusste genau, dass ihre Noten weder in Mathematik noch in Französisch genügten. Dann eben eine kaufmännische Lehre … oder Arztgehilfin … Sie wollte jetzt nicht daran denken.

„Für mich waren Prüfungen nie ein Problem", sagte der Vater.

Daniela war froh, als der Kellner das Essen brachte.

Der Reis mit Fleisch und Früchten schmeckte ihr.

„Deine Mutter konnte nie richtig kochen", sagte der Vater.

Daniela gab darauf keine Antwort.

„Ich brauche einen neuen Wintermantel", sagte sie.

„Schon wieder?"

„Ich bin seit dem letzten Jahr zehn Zentimeter gewachsen."

„Wofür bezahl ich eigentlich Alimente?"

„Mutter sagt, das Geld reiche nur für das Nötigste."

„Gut! Aber ich will die Rechnung sehen."

[…]

„Ach, du bist schon wieder da?", sagte die Mutter.

Sie war noch immer im Morgenrock. Während der Woche arbeitete sie halbtags in einer Modeboutique. „Sonntags lasse ich mich gehen", sagte sie zu ihren Freunden, „sonntags bin ich nicht zu sprechen."

„Er hatte eine Verabredung", erzählte Daniela.

Die Mutter lachte. „Ich möchte wissen, warum er eigentlich darauf besteht, dich zu sehen.

Im Grunde liegt ihm doch nichts daran. Nur weil es das Gericht so entschieden hat und um mich zu ärgern."

Daniela wurde wütend.

[…]

Als Daniela die Tür des Lokals öffnete, schlug ihr eine Welle von Rauch und Kaffeegeruch entgegen. An den niederen Tischen saßen junge Leute, die meisten in Gespräche vertieft. Die Wände waren mit Posters tapeziert.

Danielas Augen gewöhnten sich allmählich an das Halbdunkel.

Suchend schaute sie sich um.

Der Disc-Jockey nickte Daniela zu.

„Well, I left my happy home to see what I could find out", sang Cat Stevens.

Ja, er hatte Recht. Um herauszufinden, wie die Welt wirklich war, musste man sein Zuhause verlassen.

Eine Kurzgeschichte verfilmen

Heinz hatte Daniela den Text übersetzt. Heinz war schon sechzehn Jahre alt. Sie war stolz darauf.
Er saß in einer Ecke und winkte.
Aufatmend setzte sich Daniela neben ihn. Er legte einen Arm um ihre Schultern.
„Hast du Sonntag überstanden?", fragte er.
„Ja, Gott sei Dank!"
„War es schlimm?"
„Es geht … wie immer."
„Mach dir nichts draus."
Daniela kuschelte sich an ihn.
„Was meinst du, werden wir es besser machen?", fragte sie. „Wenn wir einmal erwachsen sind?"
In ihrer Stimme klangen Zweifel.
„Natürlich", sagte Heinz, „natürlich werden wir es besser machen."

1 Erschließen Sie die Kurzgeschichte.

a) Fassen Sie die Handlung stichpunktartig zusammen.

b) Gliedern Sie die Kurzgeschichte in Abschnitte und formulieren Sie zu jedem Abschnitt eine Überschrift. Orientieren Sie sich dabei an den Handlungsorten.
Gespräch zwischen Vater und Tochter im Restaurant (Handlungsort 1) …

c) Untersuchen Sie die Darstellung der Figuren und analysieren Sie deren Beziehungen zueinander (» Kapitel 5, S. 59). Notieren Sie äußere und innere Merkmale der Figuren.

2 Verfassen Sie ein Drehbuch für Ihren Film.

a) Planen Sie die Szenen Ihres Films, indem Sie Angaben zu Ort und Tageszeit notieren.
INNEN – RESTAURANT – MITTAGS …

b) Schreiben Sie zu jeder Szene Ihres Films einen Dialog zwischen den Figuren. Verfassen Sie auch Regieanweisungen und ggf. einen Text für einen Erzähler, der die Überleitungen zwischen den einzelnen Szenen spricht.
VATER studiert die Speisekarte. Er ist ungefähr Mitte vierzig.
(gleichgültig)
Was möchtest du? …

3 Fertigen Sie die Ausstattung für Ihren Film an.

a) Suchen Sie geeignete Spielzeugfiguren aus oder fertigen Sie Figuren an, z. B. aus Knete.

b) Gestalten Sie zu jeder Szene ein passendes Hintergrundbild.

4 Erstellen Sie Ihren Film.

a) Verteilen Sie die Aufgaben: Wer spricht die Dialoge und wer die Texte des Erzählers? Wer bewegt die Figuren? Wer wechselt die Hintergrundbilder aus? Wer filmt? Wer schneidet und bearbeitet den Film?

b) Nehmen Sie den Film auf.

c) Bearbeiten Sie den Film mithilfe geeigneter Apps (z. B. Schnitt, Musik, eingeblendete Schrift). Denken Sie auch an einen Vorspann und Nachspann mit den Namen aller Beteiligten.

5 Präsentieren Sie Ihre Ergebnisse im Plenum.

a) Führen Sie Ihre Filme vor.

b) Geben Sie sich gegenseitig Feedback (» Kapitel 15, S. 185). Entsprechen Handlung und Figurendarstellung der Textgrundlage? Ist die Ausstattung gelungen? Sind Musik und Effekte passend gewählt?

Kapitel 6

Medien nutzen – Eine Präsentation halten

6.1
Im Internet recherchieren

6.2
Medien beurteilen – Geeignete Informationen auswählen

6.3
Eine Präsentation gestalten und durchführen

Digitale Medien sind aus unserem Alltag nicht mehr wegzudenken. Sie dienen u. a. der Unterhaltung und erleichtern die Informationsbeschaffung. Waren Recherchen früher fast immer mit einem Besuch in der Bibliothek verbunden, so lässt sich heutzutage innerhalb kurzer Zeit eine Fülle an Informationen im Internet finden. Aber oft ist es gar nicht einfach, brauchbare Suchergebnisse von weniger geeigneten zu unterscheiden.

In diesem Kapitel lernen Sie, wie Sie bei Internetrecherchen zielgerichtet vorgehen, geeignete Informationen auswählen und diese für eine Präsentation aufbereiten.

Kompetenzen

- ✓ im Internet recherchieren
- ✓ Informationen aus dem Internet kritisch prüfen
- ✓ unterschiedliche Medienarten kennen
- ✓ eine Präsentation planen und gliedern
- ✓ Redeskripte klar strukturieren
- ✓ Medien situativ angemessen einsetzen
- ✓ Folien gestalten

Methoden und Arbeitstechniken

- ✓ Arbeit mit dem Wörterbuch
- ✓ Placemat
- ✓ Notizen für die Präsentation
- ✓ Feedbackregeln

Im Internet recherchieren

Angesichts der Informationsflut im Internet ist es manchmal nicht einfach, geeignete Suchergebnisse von weniger geeigneten zu unterscheiden.

1 Sie bereiten ein Referat zum Thema Medien im Unterricht vor. Um Informationen zu sammeln, recherchieren Sie im Internet und stoßen auf die unten abgebildeten Ergebnisse. Prüfen Sie, welche Internetseiten zuverlässige und weiterführende Informationen vermuten lassen.

a) Lesen Sie die Überschriften und Web-Adressen und bestimmen Sie den jeweiligen Zweck der Internetseiten (z. B. sachliche Informationen, Werbung, Meinungsäußerung etc.).

b) Bestimmen Sie, wer die aufgeführten Internetseiten vermutlich betreibt. Handelt es sich z. B. um Unternehmen, Organisationen oder Institutionen?

c) Lesen Sie die Vorschautexte und beurteilen Sie, ob es sich im Hinblick auf das Referatsthema jeweils um eine brauchbare Seite handelt.

Ergebnis einer Internetrecherche

Digitale Medien für Schule und Lehrerjob
http://www.digitalemedienverlag.ger/
Ideen und Anregungen aus sozialen Medien für Lehrerinnen und Lehrer – Buch → Jetzt bestellen!

Digitale Medien – ihr Einfluss auf den Unterricht
http://www.uni-medien.ger/
15.03.2017 Von: Prof. Oliver Hansen. Mit dem richtigen Medieneinsatz lässt sich der Unterricht spannend und abwechslungsreich gestalten. In diesem Artikel werden drei Möglichkeiten für die Gestaltung des Unterrichts mit Medieneinsatz vorgestellt.

Dein Job in der Medienbranche
http://www.karriere-machen-mit-pfiff.ger/
Berufsoptionen und Ausbildungsmöglichkeiten.
Was möchte ich von Beruf werden? Berufe entdecken. Wir helfen dir, Ausbildungsmöglichkeiten oder einen Studienplatz zu finden. Entdecke deine Fähigkeiten und gestalte eine sichere berufliche Zukunft.

Einsatz von Medien im Unterricht
http://www.lehrerforum.ger
Dieses Forum wendet sich an Lehrerinnen und Lehrer. Es versteht sich als Plattform für den Austausch über Themen aus der Unterrichtspraxis. Hier finden Sie Unterrichtsentwürfe und Arbeitsmaterialien, Ideen für den Einsatz von Medien im Unterricht …

Im Internet recherchieren

2 Setzen Sie sich mit der Reihenfolge in der Ergebnisliste auf S. 64 auseinander. Berücksichtigen Sie GUT ZU WISSEN.

a) Stellen Sie Vermutungen an, wie die Reihenfolge der Suchergebnisse zustande gekommen ist.

b) Erstellen Sie eine eigene Reihenfolge (Ranking) mit Blick auf Ihr Ergebnis aus Aufgabe 1.

GUT ZU WISSEN – Suchmaschinen richtig nutzen

Die **Ergebnisreihenfolge** der Suchmaschinentreffer sagt nicht unbedingt etwas über die Bedeutung für die eigene Recherche aus. Suchmaschinenbetreiber sind Wirtschaftsunternehmen. Unternehmen wiederum versuchen, gezielt ihre Werbung zu platzieren.

Man muss die **Einträge** stets selbst **kritisch beurteilen**.

Die Prüfung erfolgt bereits bei der Auswahl der Websites, die man öffnen will. Hilfreich für die Recherche ist es, vorab zu überlegen, welche **Organisation oder Institution** Spezialwissen zum Thema haben könnte, etwa Verbände, Organisationen, Interessengruppen, Ministerien, Krankenkassen, Innungen, Gewerkschaften, Handwerkskammern etc.

Expertenwissen findet sich auch in Foren oder Communitys.

3 Recherchieren Sie weiter im Internet nach Informationen zum Thema Medien im Unterricht. Berücksichtigen Sie die Checkliste.

a) Tauschen Sie sich mit Ihrer Lernpartnerin / Ihrem Lernpartner darüber aus, wie sich das Thema enger eingrenzen lässt.

Chancen und Probleme beim Einsatz digitaler Medien im Unterricht; Erfahrungen und Meinungen von Lehrerinnen/Lehrern und Schülerinnen/Schülern; digitaler Unterricht – pro und kontra …

b) Notieren Sie Suchbegriffe, mit denen sich im Hinblick auf die Themenstellung möglichst passende Ergebnisse erzielen lassen.

c) Tauschen Sie sich darüber aus, welche Suchmaschinen Sie kennen.

d) Suchen Sie im Internet. Verwenden Sie dabei unterschiedliche Suchmaschinen und nutzen Sie verschiedene Verknüpfungen der Suchbegriffe (AND, NOT, Anführungszeichen etc.).

4 Werten Sie Ihre Recherche-Ergebnisse unter Berücksichtigung der Checkliste aus.

a) Prüfen Sie diese im Hinblick auf den Informationsgehalt: Welche Quellen sind geeignet?

b) Tauschen Sie sich in der Gruppe darüber aus, wie Sie die brauchbaren Informationen gefunden haben.

CHECKLISTE – Im Internet recherchieren

- ✓ Wurde die Themenstellung eingegrenzt und sind Suchbegriffe überlegt ausgewählt worden?
- ✓ Sind verschiedene Quellen und Suchmaschinen genutzt worden?
- ✓ Wurde ein eigenes Ergebnis-Ranking passend zum Thema erstellt?
- ✓ Sind die Web-Adresse und der Vortext sorgfältig geprüft?
- ✓ Wurden versteckte Werbung, mögliche Virenfallen oder kostenpflichtige Angebote vermieden?
- ✓ Werden die Seiten offizieller, einschlägiger, seriöser Institutionen oder Organisationen bevorzugt?
- ✓ Werden Informationen stets kritisch bewertet?

Medien beurteilen – Geeignete Informationen auswählen

Medien sind Vermittler von Inhalten, das können Sprache, Schrift, Bilder und Töne sein. Man spricht von Massenmedien, wenn sich die Inhalte an eine breite Öffentlichkeit richten.

Von Buchdruck bis Browser

Eine kleine Geschichte der Massenmedien in Stichworten

von Götz Hamann

Bücher: Nachdem Johannes Gutenberg zwischen 1440 und 1450 den Buchdruck mit beweglichen Lettern und damit eine Technik zur massenhaften Vervielfältigung von Schriften erfunden hatte, wurden sie das erste Massenmedium der Neuzeit. [...]

Zeitungen: Politische Nachrichten wurden zunächst auf einseitigen Flugblättern verbreitet. Im Jahr 1605 begann dann das Zeitalter der modernen Zeitung. [...] Im 18. und 19. Jahrhundert wurden Zeitungen zum Wesensmerkmal gut informierter bürgerlicher Gesellschaften und zum Ort der politischen Debatte. [...]

Radio: [...] Mit dem Radio bekamen Nachrichten eine neue Dimension: Hörer konnten einem Ereignis beiwohnen, obwohl sie weit entfernt waren. Auch Gefühle wurden in einer bis dahin unbekannt intensiven und unmittelbaren Weise transportiert. Deshalb machten die Nazis das Radio zum zentralen Propaganda-Medium. [...]

Wirkung: Die suggestive Kraft des Mediums in der damaligen Zeit belegt eine nach dem Roman *Krieg der Welten* von H. G. Wells entstandene fiktive Reportage von Orson Welles. Als sie 1938 an der Westküste der USA ausgestrahlt wurde, löste sie eine Massenpanik aus – das Hörspiel über eine Invasion vom Mars hielten viele Zuhörer für realistisch. [...]

Fernsehen: Aus Sorge um das ihm anvertraute neue Massenmedium mahnte Hanns Hartmann, der erste Intendant des WDR, eindringlich: Das Fernsehen sei eine „Massenstanze[1], ein Instrument von grenzenloser Überredungsmacht, ein Mittel der Narkose und der Suggestion. Ich glaube, man sollte an die Schalthebel dieses Instruments nur Leute heranlassen, die das nie vergessen." Richtig ist, dass Fernsehen das erfolgreichste aller Massenmedien geworden ist. Die durchschnittliche tägliche Sehdauer liegt heute bei knapp 200 Minuten.

Erlebnisgemeinschaften: Das Fernsehen wurde immer wieder als „Lagerfeuer der Nation" bezeichnet, weil es über Jahrzehnte gelang, große Teile der Bevölkerung zur selben Zeit für eine Sendung vor dem Bildschirm zu versammeln. [...]

Das Internet: [...] Mit dem ersten Browser namens Mosaic bekam das Netz Mitte der 1990er Jahre seine grafische Oberfläche und wurde für das breite Publikum interessant. Seither nimmt die Nutzung mit dem Ausbau der Datennetze und der wachsenden Leistung von Computern zu. Heute surfen zwei Drittel der deutschen Bevölkerung im Internet. Es dient vor allem der Kommunikation, der Informationssuche und der Unterhaltung.

(DIE ZEIT, 25.09.2008)

1 Massenstanze: Maschine zum Ausschneiden gleichförmiger Stücke in großen Mengen

1 Setzen Sie sich mit dem Inhalt des Textes auseinander.

a) Erläutern Sie gemeinsam mit Ihrer Lernpartnerin / Ihrem Lernpartner, welche Bedeutung die folgenden Begriffe im Textzusammenhang haben: Lettern (Z. 3), Dimension (Z. 15), suggestiv (Z. 21), fiktiv (Z. 23), Überredungsmacht (Z. 32).
Nutzen Sie das Wörterbuch (» Kapitel 17, S. 200).

b) Geben Sie mündlich den Inhalt jedes Absatzes in einem Satz wieder.

c) Stellen Sie die Entwicklungsgeschichte der Medien auf einer Zeitleiste dar.

Medien beurteilen – Geeignete Informationen auswählen

2 **Sie recherchieren im Internet über die Geschichte der Medien und sind auf den Text „Von Buchdruck bis Browser" gestoßen. Beurteilen Sie die Informationsqualität des Textes. Berücksichtigen Sie die Checkliste.**

CHECKLISTE – Informationsqualität prüfen

- ✓ Beantwortet die Information das Suchanliegen?
- ✓ Ist das Ziel der Veröffentlichung erkennbar (z. B. Information, Diskussion, Verkauf)?
- ✓ Ist die Information aktuell?
- ✓ Ist eine Autorin / ein Autor genannt und gibt es ggf. weitere Informationen über sie/ihn?
- ✓ Gibt es ein Impressum (Herkunftsangabe in einem Buch oder auf einer Internetseite) bzw. eine Quellenangabe?
- ✓ Lässt sich der Inhalt durch Quellen- oder Literaturangaben überprüfen?
- ✓ Wird die Information durch andere zuverlässige Quellen bestätigt (z. B. Zeitungsartikel, aktuelle Bücher)?
- ✓ Führen die eingearbeiteten Links (falls vorhanden) zu weiteren seriösen Informationen?
- ✓ Ist die Webseite bzw. der Text klar und übersichtlich aufgebaut?
- ✓ Wird der Inhalt verständlich und sprachlich richtig vermittelt?

3 **Bereiten Sie in Lerngruppen jeweils eine Präsentation zu einem der folgenden Themen vor:**

- der Wandel des Zeitungswesens im 20. und 21. Jahrhundert
  Leitfragen: Welche unterschiedlichen Arten von Zeitungen gibt es heutzutage? Wie haben sich die Abonnentenzahlen verändert? Welche Auswirkungen hat die Digitalisierung auf das Zeitungswesen?
- die Entwicklung der deutschen Fernsehlandschaft
  Leitfragen: Wie viele und welche Arten von TV-Sendern gibt es heutzutage? Welche neuen Programmformate wurden mit dem Aufkommen des Privatfernsehens eingeführt? Worin bestehen die Unterschiede zwischen öffentlich-rechtlichen Sendern, Privatfernsehen und Streaming-Diensten?
- die Entwicklung und Nutzung des Internets seit Mitte der 1990er-Jahre
  Leitfragen: Welche Veränderungen gab es bei der Nutzung? Wie hat sich die Gruppe der Nutzer verändert? Welche positiven und negativen Folgen lassen sich feststellen?
- die Entwicklung und Nutzung von E-Books
  Leitfragen: Welche Arten von E-Books und Lesegeräten gibt es? Wer liest vor allem E-Books? Welche Vor- und Nachteile besitzen E-Books im Vergleich mit dem gedruckten Buch?

a) Recherchieren Sie im Internet nach Informationen zu einem der genannten Themen.
b) Prüfen Sie die Suchergebnisse im Hinblick auf den Informationsgehalt: Welche Quellen sind geeignet?
c) Bewerten Sie die Informationsqualität (» Checkliste) der ausgewählten Internetseiten und Texte.

4 **Nutzen Sie die Placemat-Methode (» GUT ZU WISSEN), um Ideen für Ihre Präsentation zu sammeln. Halten Sie auf dem Placemat fest, welche Ergebnisse aus Ihren Recherchen für die Präsentation übernommen werden sollen.**

GUT ZU WISSEN – Mit der Placemat-Methode Ideen sammeln

Jede Gruppe erhält ein DIN-A3-Blatt mit fünf Feldern, das sogenannte **Placemat**. Jedes Gruppenmitglied schreibt die eigenen **Ideen zu einem Thema** in eines der äußeren Felder. Die Mitte bleibt zunächst frei. Die Ideen werden vorgelesen und die Gruppe entscheidet, welche Ideen ausgewählt und in die Mitte des Placemats geschrieben werden.

Eine Präsentation gestalten und durchführen

Präsentation und Vortrag planen und gliedern

Aufbauend auf den Ergebnissen aus dem Rechercheauftrag sollen Sie eine Präsentation vorbereiten. Die Zuhörerinnen und Zuhörer werden Ihrem Vortrag besser folgen können, wenn er klar strukturiert ist.

1 Bereiten Sie in Ihrer Lerngruppe Ihre Präsentation zu dem von Ihnen gewählten Thema (» S. 67) vor. Beachten Sie dabei GUT ZU WISSEN.

- Sie können außer Ihren Recherche-Ergebnissen auch eigene Erfahrungen oder Erfahrungen aus dem Freundeskreis einbringen.
- Konzipieren Sie den Vortrag zu Ihrer Präsentation in Stichworten.
- Achten Sie auf eine klare Struktur: Der Hauptteil sollte mindestens so lang sein wie Einleitung, Hinführung und Schluss zusammen.

GUT ZU WISSEN – Vorträge strukturieren

Einleitung Sie nehmen höflich Kontakt zum Publikum auf und nennen Ihr Thema. Die Anrede hängt davon ab, wer Ihnen zuhört. Falls nötig, nennen Sie Ihren Namen.
Tipp: Der erste Eindruck zählt! Überlegen Sie sich genau, was Sie sagen wollen, und üben Sie den Einleitungssatz.

Hinführung Sie bereiten Ihre Zuhörerinnen und Zuhörer kurz auf die Themenstellung vor. Dafür können Sie z. B. eine Situation schildern, eine passende Abbildung einsetzen, mit einem Zitat beginnen oder sich auf eine aktuelle Diskussion in den Medien beziehen.

Hauptteil Sie präsentieren die Informationen und Überlegungen, die Sie zum Thema zusammengetragen haben. Achten Sie darauf, dass alles, was Sie sagen, zum Thema gehört. Fassen Sie Einzelheiten zu Oberbegriffen zusammen. Bringen Sie den Inhalt auf den Punkt, indem Sie weniger Wichtiges weglassen.

Schluss Zum Schluss fassen Sie die wichtigsten Aspekte knapp zusammen und machen deutlich, was Sie mit Ihrem Vortrag erreichen wollen (z. B. über ein Thema informieren, zum Handeln auffordern). Wählen Sie Abschlusssätze, die die Zuhörerinnen und Zuhörer verstehen und behalten.
Tipp: Der letzte Eindruck bleibt haften! Üben Sie daher besonders die letzten Sätze.

2 Erstellen Sie Karteikarten für den Vortrag zu Ihrer Präsentation. Berücksichtigen Sie dabei GUT ZU WISSEN (unten).

a) Üben Sie mit Ihrer Lernpartnerin / Ihrem Lernpartner den Vortrag mithilfe Ihrer Karteikarten.
b) Korrigieren Sie, falls nötig, Ihre Karteikarten so lange, bis Sie gut damit zurechtkommen.

3 Sammeln Sie Formulierungen, mit denen Sie die Gliederungspunkte verknüpfen können.

zunächst, außerdem, ein weiterer wichtiger Punkt ist auch …

GUT ZU WISSEN – Notizen für die Präsentation

Wenn Sie bei Ihrer Präsentation frei vortragen, wirkt dies lebendiger als ein abgelesener Vortrag. Als Gedächtnisstütze können Sie **Notizen auf Karteikarten** festhalten.

- Verwenden Sie eine eigene Karteikarte (maximal DIN-A5-Format) für jeden Gliederungspunkt. **Nummerieren** Sie die Karten.
- Schreiben Sie Ihre Notizen nur **in Stichworten** auf die Karten.
- Verwenden Sie **Farben und Symbole**, um wichtige Begriffe hervorzuheben. **Schreiben Sie groß genug**, damit Ihre Notizen gut lesbar sind. Beschriften Sie die Karten nur **einseitig**.

Inhalte visualisieren – Medien nutzen

Gerade bei längeren Vorträgen ermüden die Anwesenden. Deswegen ist es wichtig, die Aufmerksamkeit zu erhöhen und nicht nur die Ohren, sondern auch die Augen anzusprechen. Das gelingt Ihnen durch den Einsatz geeigneter Medien.

1 **„Ein Bild sagt mehr als 1 000 Worte." Das ist bekannt. Aber auch beschriebene Folien, Moderationskarten, Flipcharts und Tafeln erleichtern es, einem Vortrag zu folgen. Erläutern Sie, warum das so ist.**

2 **Erörtern Sie, welches Medium Ihrer Ansicht nach für die folgenden Situationen geeignet ist.**

- *Situation 1:* Ein Referat vor der Klasse halten
- *Situation 2:* Das Ergebnis einer Gruppenarbeit präsentieren
- *Situation 3:* Zahlenmaterial darstellen
- *Situation 4:* Eine Klassenfahrt am Elternabend präsentieren
- *Situation 5:* Ergebnisse eines Brainstormings in der Klasse festhalten

a) Stellen Sie Ihr Ergebnis Ihrer Lernpartnerin / Ihrem Lernpartner vor und begründen Sie Ihre Entscheidung.

b) Erörtern Sie die Ergebnisse in der Lerngruppe: Gibt es verschiedene gleichwertige Möglichkeiten?

3 **Erstellen Sie eine Übersicht über die verschiedenen Medien nach dem folgenden Muster.**

a) Übertragen Sie die Tabelle im Querformat auf ein DIN-A4-Blatt oder in eine Datei. Bilden Sie fünf Kleingruppen. Jede Gruppe füllt eine Spalte für ein Medium detailliert aus.

b) In der Lerngruppe werden die Ergebnisse zusammengetragen und die Übersicht ergänzt.

	Overheadfolie	**Moderationskarte**	**Flipchart**	**Plakat**	**Tafel**
Handhabung während der Präsentation			*erfordert Übung beim Beschreiben*		
Zeitlicher Aufwand vor und während der Präsentation				*muss vorher vorbereitet, kann aber noch ergänzt werden*	
Korrekturmöglichkeiten		*Reihenfolge kann verändert werden*			
(Technische) Voraussetzungen		*keine*			
Räumlichkeiten	*ggf. Abdunklung notwendig*				
Kosten				*für Karton, Stifte, kopierte Abbildungen*	
Besonderheiten					*keine Ergebnissicherung*

Digitale Präsentationsfolien gestalten

Eine Lerngruppe hält eine Präsentation zum Thema „Welche Vor- und Nachteile besitzen E-Books im Vergleich mit gedruckten Büchern?". Sie hat am Computer die folgende Folie entworfen.

Achtung, Fehler!

DIE FRAGE IST:
WELCHE VOR- UND NACHTEILE BESITZEN E-BOOKS IM VERGLEICH MIT GEDRUCKTEN BÜCHERN?

Das fragt man sich oft, bevor man ein Buch kauft. Natürlich haben gedruckte Bücher Vorteile: Man kann sie in die Hand nehmen und darin blättern. Dabei merkt man oft recht schnell, ob einem das Buch gefällt. Wenn man es gekauft hat, kann man das Buch zu Hause ins Regal stellen. Das macht schon was her, so eine Büchersammlung! Aber die vielen Bücher nehmen auch Platz weg, den man gut für was anderes brauchen kann. DAS SOLLTE MAN NICHT VERGESSEN.

E-Books haben natürlich auch Vorteile: Man kann sie sich bequem von zu Hause aus auf das Lesegerät herunterladen und muss nicht extra in eine Buchhandlung gehen, wenn man neuen Lesestoff kaufen will. Auf so ein Lesegerät passen jede Menge E-Books. Wenn man damit in den Urlaub fährt, hat man gleich EINE GANZE BÜCHEREI dabei, ohne dass man einen schweren Koffer voller Bücher schleppen muss. Aber was ist nun besser – E-Books oder gedruckte Bücher?

FAZIT: DAS MUSS JEDER FÜR SICH SELBST ENTSCHEIDEN!

1 **Beschreiben Sie Ihren ersten Eindruck von der Präsentationsfolie.**

2 **Prüfen Sie anhand der Checkliste, inwieweit die Regeln zur Gestaltung von Texten bei Präsentationen eingehalten wurden.**

3 **Überarbeiten Sie die Präsentationsfolie sowohl inhaltlich als auch grafisch. Berücksichtigen Sie dabei die Vorgaben der Checkliste.**

4 **Gestalten Sie in Ihrer Lerngruppe eine Präsentationsfolie zu dem von Ihnen gewählten Thema** (» S. 67).

CHECKLISTE | **Visualisierung von Texten für eine Präsentation**

- ✓ Habe ich an die Überschrift gedacht?
- ✓ Habe ich höchstens sieben Inhaltspunkte pro Plakat, Folie usw. verwendet?
- ✓ Habe ich nur Stichworte und Halbsätze verwendet und an Absätze gedacht?
- ✓ Ist die Schriftgröße auch aus größerer Entfernung gut lesbar?
- ✓ Habe ich mich im Text auf drei Farben beschränkt und diese sinnvoll eingesetzt?
- ✓ Stimmen Grammatik und Rechtschreibung?
- ✓ Unterstützt die Abbildung den Text und lenkt nicht ab?
- ✓ Ist die Gestaltung einheitlich und ist die Anordnung übersichtlich?

Mit einem Präsentationsprogramm arbeiten

Häufig kommen bei Vorträgen Präsentationsprogramme zum Einsatz. Neben kostenpflichtigen gibt es auch kostenlose Versionen solcher Programme. Damit stehen Ihnen attraktive zusätzliche Möglichkeiten zur Verfügung, um Ihre Präsentation visuell aufzubereiten.

1 Setzen Sie sich mit den Vorzügen von Präsentationsprogrammen auseinander. Welche Möglichkeiten bieten sie?

viele Schriftarten, Musik möglich, verschiedene Layouts …

2 Bereiten Sie in Ihrer Lerngruppe eine Präsentation vor, die durch ein geeignetes Computerprogramm unterstützt wird. Die Präsentation sollte maximal 15 Folien umfassen.

a) Entwickeln Sie ein inhaltliches Konzept für Ihre Präsentation auf der Grundlage Ihres Vortrags, den Sie auf S. 68 vorbereitet haben.

Teilen Sie die Folien entsprechend der Struktur des Vortrags auf. Formulieren Sie Texte für die Folien.

b) Wählen Sie die optische Gestaltung der Folien passend zu Ihrem Thema aus, bevor Sie Übergänge, Musik oder Ähnliches bearbeiten. Berücksichtigen Sie die Checkliste auf S. 70.

c) Bereiten Sie die Präsentation vor. Notieren Sie auf einer Checkliste, woran Sie bei den Vorbereitungen denken müssen. Planen Sie auch für den Fall, dass die Technik nicht funktioniert.

- Datei auch im PDF-Format speichern
- Presenter/Funkmaus mitbringen

3 Üben Sie den Vortrag mit den vorbereiteten Folien. Berücksichtigen Sie GUT ZU WISSEN.

a) Sprechen Sie ab, wer bei der Präsentation welchen Part übernimmt.

b) Tragen Sie Ihre Präsentation in der Lerngruppe vor. Achten Sie dabei auf die Empfehlungen zum freien Sprechen vor Gruppen (» Kapitel 7, S. 79).

c) Geben Sie sich gegenseitig Feedback (» Kapitel 15, S. 185).

4 Beurteilen Sie die Arbeit mit den Präsentationsprogrammen.

a) Erläutern Sie, welche positiven und welche negativen Erfahrungen Sie gemacht haben.

b) Ergänzen Sie die tabellarische Übersicht auf S. 69 um eine Spalte mit dem Medium „Präsentationsprogramme".

GUT ZU WISSEN — Medieneinsatz während eines Vortrags

Das Medium soll den **Vortrag unterstützen** und nicht vom Inhalt ablenken. Diese Gefahr ist besonders groß, wenn Präsentationsprogramme eingesetzt werden.

Die Folien enthalten **ausgewählte Informationen** und werden während des Vortrags erläutert.

Beim **Wechsel der Folien** gibt man den Zuhörerinnen und Zuhörern kurz Zeit, um die Folie zu lesen, und spricht erst dann.

Die **Visualisierungen** bleiben dem Publikum am besten im Gedächtnis, wenn sie **während des Vortrags weiterentwickelt** werden (z. B. durch nachträglich ergänzte Pfeile).

Sprachliche Überleitungen helfen, den Vortrag besser zu verfolgen (z. B. „Allerdings bringt dieses neue Verfahren auch einige Nachteile mit sich" – erst jetzt wird die Folie mit den Nachteilen gezeigt).

Fazit, vertiefen, überprüfen

Das haben Sie in diesem Kapitel gelernt:

FAZIT

6.1
Im Internet recherchieren

- Suchmaschinen richtig nutzen
- Suchergebnisse bewerten

6.2
Medien beurteilen – Geeignete Informationen auswählen

- Informationen aus dem Internet kritisch prüfen
- unterschiedliche Medienarten kennen

6.3
Eine Präsentation gestalten und durchführen

- eine Präsentation planen und gliedern
- verschiedene Präsentationsmedien kennen
- Vorträge mit Präsentationsprogrammen gestalten

Wenden Sie Ihr Wissen an:

1 Bereiten Sie eine Präsentation über die Geschichte des Radios vor.

a) Recherchieren Sie im Internet nach Informationen über die Geschichte des Radios.

b) Werten Sie die Recherche-Ergebnisse aus, indem Sie den Informationsgehalt und die Informationsqualität prüfen.

c) Planen und gliedern Sie den Vortrag zu Ihrer Präsentation. Notieren Sie die Gliederungspunkte in Stichworten auf Karteikarten.

d) Gestalten Sie drei digitale Präsentationsfolien.

2 Überprüfen und überarbeiten Sie die Präsentationsfolien gemeinsam mit einer Lernpartnerin / einem Lernpartner. Berücksichtigen Sie die Checkliste auf S. 70.

3 Notieren Sie Ihre individuellen Fehlerschwerpunkte im Bereich Rechtschreibung, Zeichensetzung und Grammatik. Bearbeiten Sie die entsprechenden Abschnitte in Kapitel 8, „Richtig schreiben".

Projekt
Ein Buch präsentieren

Sie begeben sich auf die Suche nach einem Buch, das Sie spannend, lustig, informativ oder auf sonstige Weise bereichernd finden. Dann bereiten Sie eine Buchkritik in Form eines kurzen Vortrags vor, in dem Sie erzählen, worum es in dem Buch geht und was Ihnen gut daran gefällt. Der Vortrag sollte höchstens acht Minuten dauern und eine kurze Leseprobe aus dem Buch beinhalten. Das Ziel ist dabei, andere neugierig zu machen und zum Lesen anzuregen. Zur Visualisierung Ihres Vortrags wählen Sie ein geeignetes Präsentationsmedium aus. Schließlich präsentieren Sie das Buch vor der Klasse.

Die folgenden Informationen helfen Ihnen bei der Umsetzung des Projekts:

Was ist eine Buchkritik?

Eine Buchkritik informiert zum einen über den Inhalt und die Besonderheiten eines Buchs, zum anderen enthält sie auch eine Wertung. Diese kann positiv ausfallen und eine Leseempfehlung darstellen. In der Kritik können aber auch negative Aspekte eines Buchs genannt werden. In jedem Fall sollte das Ziel der Kritik sein, zum Lesen und zu einer Auseinandersetzung mit dem behandelten Buch anzuregen.

Der folgende Text ist ein Beispiel für eine Buchkritik zu einem Jugendroman.

Buchkritik: „Wer morgens lacht" von Mirjam Pressler

In Mirjam Presslers Jugendroman „Wer morgens lacht", der 2013 im Verlag Beltz & Gelberg erschienen ist, geht es um die Beziehung zwischen zwei ungleichen Schwestern und um die Aufdeckung von Familiengeheimnissen. Die Biologiestudentin Anne wird immer wieder von Erinnerungen an ihre vor Jahren spurlos verschwundene Schwester Marie eingeholt. Anne und die drei Jahre ältere Marie sind bis zu ihrem zehnten Lebensjahr bei ihrer Großmutter aufgewachsen. Als die Großmutter stirbt, bricht für Anne eine Welt zusammen und sie zieht sich immer mehr in sich zurück. Marie dagegen entwickelt sich zu einer starken, selbstbewussten jungen Frau. Anne leidet sehr darunter, immer im Schatten ihrer Schwester zu stehen, und sie kann die Eifersucht auf ihre Schwester auch nicht ablegen, als diese mit 18 Jahren von zu Hause wegläuft und den Kontakt zur Familie abbricht. Marie und die spannungsgeladene Beziehung zu ihr prägen weiterhin Annes Leben, was sie sehr belastet. Daher beschließt Anne, die gemeinsame Vergangenheit aufzuarbeiten, indem sie die Geschichte ihrer Familie aufschreibt. Doch dabei stößt sie an die Grenzen ihrer Erinnerungsfähigkeit und wird unsicher, wie weit sie den eigenen Erinnerungen trauen kann. Durch das Schreiben gelingt es ihr dennoch, den Ursachen für ihre Wut und ihren Neid auf die ältere Schwester auf den Grund zu gehen. Schließlich findet sie einen Weg, wie sie mit den negativen Gefühlen umgehen und mit den Erinnerungen an die Vergangenheit leben kann.
Mirjam Pressler behandelt in ihrem Roman ein problembeladenes Thema, erzählt aber so spannend und intensiv, dass man das Buch gar nicht mehr aus der Hand legen möchte. Wie schwierig die Suche nach der eigenen Identität und wie belastend Konkurrenz zwischen Geschwistern sein kann, wissen sicherlich viele junge Leserinnen und Leser aus der eigenen Erfahrung. Doch Presslers Buch macht auch Mut, denn es zeigt, dass man die Vergangenheit und schwierige Gefühle loslassen kann, indem man sie zulässt und akzeptiert. Aus diesem Grund ist die Lektüre des Romans sehr zu empfehlen.

Ein Buch präsentieren

1 Tauschen Sie sich in der Gruppe über Bücher aus.

- Welche Genres gefallen Ihnen besonders gut?
  Zum Beispiel Krimis, Liebesromane, Familiengeschichten, Fantasyromane, historische Romane, Horrorgeschichten, Biografien …
- Welche Bücher haben Sie in der letzten Zeit gelesen?
- Welche Bücher haben Ihnen besonders gut gefallen?
- Wo suchen Sie nach neuen Büchern bzw. Buchempfehlungen?
- Wie gehen Sie vor, um herauszufinden, ob Ihnen ein neues Buch gefallen könnte?

2 Planen Sie Ihre Buchpräsentation.

a) Wählen Sie ein Buch aus und lesen Sie es, falls Sie es noch nicht kennen.

b) Verfassen Sie eine Einleitung.
Nennen Sie den Namen der Autorin / des Autors, den Titel, das Erscheinungsjahr und den Verlag.

c) Schreiben Sie den Hauptteil Ihrer Buchpräsentation.
Erzählen Sie am Anfang kurz, worum es in dem Buch geht. Geben Sie dann den Inhalt in groben Zügen wieder. Verraten Sie nicht den Schluss der Geschichte, schließlich wollen Sie Ihr Publikum neugierig machen.

d) Wählen Sie eine Textstelle aus, die sich als Leseprobe eignet.
Das Vorlesen sollte nicht länger als zwei bis drei Minuten dauern. Denken Sie daran, vorher zu üben.

e) Verfassen Sie als Schluss Ihrer Buchpräsentation eine kurze Stellungnahme.
Wie hat Ihnen das Buch gefallen? Was finden Sie gut bzw. schlecht daran? Warum würden Sie das Buch empfehlen bzw. nicht empfehlen?

3 Erstellen Sie Karteikarten (» Kapitel 6, S. 68) mit Notizen zu Ihrer Buchpräsentation.

4 Bereiten Sie eine Visualisierung Ihrer Buchpräsentation vor.

a) Wählen Sie ein geeignetes Medium aus, z. B. Präsentationsfolien, Plakat (» Kapitel 6, S. 69 f.).

b) Verfassen Sie Texte für die Folien bzw. das Plakat und gestalten Sie diese optisch.
Zum Beispiel mit der Abbildung des Buchcovers, einem Foto der Autorin / des Autors, einer grafischen Darstellung der Figurenkonstellation …

5 Präsentieren Sie Ihren Mitschülerinnen und Mitschülern das Buch.

a) Tragen Sie Ihre Buchpräsentation vor der Klasse vor. Achten Sie dabei auch auf Ihre Körpersprache (» Kapitel 7, S. 79).

b) Geben Sie sich gegenseitig Feedback (» Kapitel 15, S. 185).
- Sind alle wichtigen Informationen und der Inhalt des Buches verständlich wiedergegeben?
- Ist die Leseprobe geeignet?
- Ist die Stellungnahme nachvollziehbar?
- Ist die Visualisierung der Präsentation gelungen?
- Macht die Präsentation neugierig auf das Buch?

Kapitel 7

Wie Kommunikation funktioniert

7.1
Kommunikation verstehen

7.2
Die vier Seiten einer Äußerung

7.3
Sprechen und zuhören

Wenn wir mit anderen Menschen zusammen sind, kommunizieren wir ständig – in der Schule, im Alltag, in Ausbildung oder Beruf. Dabei drücken wir uns zum einen sprachlich aus: beim Sprechen oder Schreiben. Wir kommunizieren zum anderen aber auch nicht sprachlich: über unsere Körpersprache, d. h. unsere Gestik und Mimik.

In diesem Kapitel setzen Sie sich mit den Grundlagen der Kommunikation auseinander und lernen Modelle kennen, die Kommunikationsprozesse erklären. Das Wissen über den Ablauf von Empfangsvorgängen trägt ebenso zu einer erfolgreichen Gesprächsführung bei wie Gesprächsregeln und aktives Zuhören.

Kompetenzen

- ✓ Kommunikationsmodelle anwenden
- ✓ verbale und nonverbale Kommunikation unterscheiden
- ✓ Körpersprache angemessen einsetzen
- ✓ frei vor Gruppen sprechen
- ✓ Empfangsvorgänge aufschlüsseln
- ✓ Gesprächsregeln beachten
- ✓ Ich-Botschaften formulieren

Methoden und Arbeitstechniken

- ✓ Standbild
- ✓ Feedbackregeln
- ✓ Rollenspiel
- ✓ aktives Zuhören
- ✓ kontrollierter Dialog

Kommunikation verstehen
Nachrichten senden und empfangen

Wie funktioniert Kommunikation eigentlich? Kommunikationsmodelle liefern anschauliche Erklärungen und können auch dazu beitragen, Missverständnisse zu erkennen und zu klären.

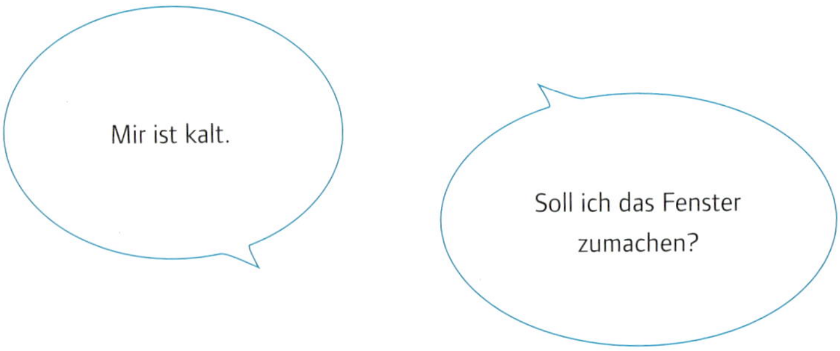

1 Erläutern Sie das Sender-Empfänger-Modell anhand des Dialogs in den Sprechblasen. Berücksichtigen Sie GUT ZU WISSEN.

Was ist die Nachricht? Wer ist in der Situation Sender und wer ist Empfänger? Wo wird jeweils kodiert und wo dekodiert?

Gespräch im Klassenzimmer

Nach dem Pausenklingeln, während alle anderen Schülerinnen und Schüler schon einpacken, sagt ein Schüler zur Lehrerin: „Sie geben immer so viele Hausaufgaben auf, Frau Müller." Die Lehrerin schüttelt nur den Kopf.

2 Analysieren Sie die Kommunikationssituation.

a) Wenden Sie das Sender-Empfänger-Modell (» GUT ZU WISSEN) auf die Situation an. Erläutern Sie den Ablauf des Gesprächs im Klassenzimmer.

b) Interpretieren Sie gemeinsam mit einer Lernpartnerin / einem Lernpartner die Aussage des Schülers und die Reaktion der Lehrerin.

Was könnte der Schüler mit seiner Aussage bezwecken wollen? Was bedeutet das Kopfschütteln der Lehrerin?

GUT ZU WISSEN | **Das Sender-Empfänger-Modell**

Das **Sender-Empfänger-Modell** beschreibt Kommunikation als Austausch von **Nachrichten** zwischen einem **Sender** und einem **Empfänger**. Dabei verschlüsselt (kodiert) der Sender die Nachricht und der Empfänger entschlüsselt (dekodiert) sie. Antwortet der Empfänger auf die Nachricht, wird er selbst zum Sender.

Verbale und nonverbale Kommunikation

Jedes Verhalten, das einem anderen Menschen Informationen vermittelt, ist Kommunikation. Neben sprachlichen Äußerungen sind auch nicht sprachliche Signale und Verhaltensweisen der Kommunikation zuzurechnen.

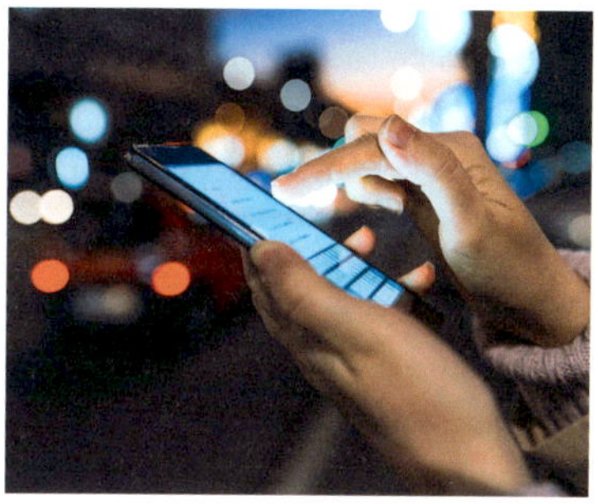

1 Beschreiben Sie die Bilder.

a) Auf welche Art und Weise kommunizieren die abgebildeten Personen? Vergleichen Sie. Berücksichtigen Sie GUT ZU WISSEN.

b) Stellen Sie Vermutungen darüber an, was die Personen ihren Mitmenschen mitteilen möchten.

2 Kommunizieren Sie auf nonverbale Weise miteinander.

a) Stellen Sie folgende Gefühle dar, ohne dabei zu sprechen: Freude, Trauer, Wut, Scham, Erleichterung, Ungeduld, Angst, Enttäuschung. Die Mitglieder aus Ihrer Gruppe raten, um welches Gefühl es sich jeweils handelt. Wechseln Sie sich ab.

b) Tauschen Sie sich in der Gruppe darüber aus, an welchen körpersprachlichen Signalen die jeweils dargestellten Gefühle zu erkennen und zu unterscheiden sind.

c) Diskutieren Sie in der Gruppe, warum manche Gefühle schwieriger zu erraten sind als andere.

3 Interpretieren Sie die Körpersprache: Fassen Sie die mögliche Bedeutung jeweils in Worte.

- Ihr Gegenüber runzelt die Stirn. – Ihr Gegenüber verschränkt die Arme vor der Brust.
- Ihr Gegenüber sieht verstohlen auf sein Handy-Display. – Ihr Gegenüber sieht Ihnen in die Augen und lächelt.
- Ihr Gegenüber sitzt breitbeinig und weit zurückgelehnt auf seinem Stuhl. – Ihr Gegenüber sitzt nach vorne geneigt auf dem Stuhl.

GUT ZU WISSEN Verbale und nonverbale Kommunikation

Kommunikation beinhaltet verbale (sprachliche) und nonverbale (nicht sprachliche) Anteile:

- **Verbale Kommunikation** findet im direkten Gespräch statt, wenn Menschen sich mündlich äußern. Aber auch **schriftliche Äußerungen** gehören dazu, z. B. in Briefen, E-Mails, elektronischen Kurznachrichten, Zeitungen, Büchern etc.
- **Nonverbale Kommunikation** vollzieht sich über **Mimik, Gestik** und **Körperhaltung**. Manchmal setzen wir körpersprachliche Signale bewusst ein, z. B. wenn wir jemandem zuwinken oder zuzwinkern. Häufig kommunizieren wir jedoch auch unbewusst nonverbal, z. B. wenn wir erbleichen, erröten, schwitzen etc. Auf diese Weise verrät unsere Körpersprache oft, was wir denken und fühlen, auch wenn wir es nicht verbal äußern.

Körpersprache ist oft mehrdeutig. Ein gebeugt stehender Gesprächspartner kann unsicher sein, aber auch Rückenschmerzen haben. Daher ist es wichtig, immer mehrere körpersprachliche Signale zu berücksichtigen, um ihre Bedeutung richtig einzuschätzen. Manchmal stimmen verbale und nonverbale Signale nicht überein, z. B. wenn wir etwas anderes sagen, als wir denken oder fühlen. Dies bezeichnet man als **Inkongruenz**.

Verbale und nonverbale Kommunikation

4 Setzen Sie sich gemeinsam mit Ihrer Lernpartnerin / Ihrem Lernpartner mit Missverständnissen auseinander, die auftreten können, wenn nonverbale Signale nicht eindeutig sind.

a) Finden Sie Beispiele für Situationen, in denen nonverbale Signale mehrdeutig sind.

b) Tauschen Sie sich darüber aus, welche Missverständnisse es aufgrund der Mehrdeutigkeit geben kann.

c) Wie kann man als Empfänger mit mehrdeutigen Situationen umgehen? Beschreiben Sie Handlungsoptionen und Reaktionsmöglichkeiten.

5 Sie begrüßen zwei Personen mit Händedruck. Bewerten Sie die Begrüßungen.

a) Eine Person hat einen sehr festen Händedruck. Beurteilen Sie, welchen Eindruck diese Art der Begrüßung auf Sie macht.

b) Die andere Person errötet etwas und reicht Ihnen eine leicht verschwitzte Hand. Bewerten Sie diese Form der Begrüßung.

6 Welche körpersprachlichen Signale können Sie bewusst einsetzen, um einen guten Eindruck bei Ihrem Gegenüber zu hinterlassen? Finden Sie Beispiele für positive körpersprachliche Signale. Berücksichtigen Sie GUT ZU WISSEN.

7 Entwickeln Sie in 4er-Gruppen Standbilder (» Kapitel 4, S. 44) für jeweils zwei der folgenden Situationen.

- *Situation 1:* Ein Praktikant spricht mit dem Ausbildungsleiter.
- *Situation 2:* Eine Schülerin spricht mit ihrer Lehrerin.
- *Situation 3:* Ein Schüler spricht mit seinem Vater.

a) Stellen Sie jeweils eine nicht angemessene Haltung und eine zur Situation passende Körperhaltung in Form eines Standbildes dar. Dazu übernehmen zwei Gruppenmitglieder die Rolle der Akteure, die anderen beiden führen Regie.

b) Präsentieren Sie Ihre Standbilder vor der Lerngruppe. Die Zuschauerinnen und Zuschauer geben Feedback (» Kapitel 15, S. 185) zu den Präsentationsergebnissen unter Berücksichtigung von GUT ZU WISSEN.

c) Tauschen Sie sich darüber aus, inwiefern sich die Regeln für Körpersprache im privaten, schulischen und beruflichen Umfeld unterscheiden.

GUT ZU WISSEN | Angemessene Körpersprache in Schule und Beruf

Anhand körpersprachlicher Signale wie Mimik, Gestik, Blickkontakt und Körperhaltung bilden wir uns ein erstes Urteil über unsere Gesprächspartner. Dabei achten wir besonders darauf, was wir sehen, und weniger darauf, was wir hören. Um in Schule, Ausbildung und Beruf einen guten Eindruck zu hinterlassen und eine gute Gesprächsatmosphäre zu erzeugen, ist daher eine **angemessene Körpersprache** wichtig.

- Halten Sie **Blickkontakt** (Vorsicht: Das Gegenüber nicht anstarren!).
- Zeigen Sie einen **freundlichen** und **aufmerksamen Gesichtsausdruck**.
- Verwenden Sie eine **ruhige** und **überzeugende Gestik**, die weder hektisch noch versteinert wirkt.
- Achten Sie darauf, dass Ihre **Körpersprache positiv, offen** und **zugewandt** ist.
- Halten Sie einen **angemessenen Abstand** zu Ihrem Gegenüber ein.

Frei vor Gruppen sprechen

Es gibt vielfältige Anlässe, bei denen Sie frei vor Gruppen sprechen müssen. Um dabei überzeugend und kompetent zu wirken, genügt es nicht, die richtigen Worte zu wählen – auch die Körpersprache spielt eine wichtige Rolle.

1 In welchen Situationen müssen Sie frei vor Gruppen sprechen? Stellen Sie private und schulische Situationen zusammen.

2 Bewerten Sie die Bilder der Vortragenden.

a) Beschreiben Sie die unterschiedliche Körpersprache der Personen.
b) Wie wirken die Vortragenden auf Sie? Wem würde Sie gern zuhören, wem weniger gern? Begründen Sie.

3 Sie möchten sich für das Amt der Klassensprecherin / des Klassensprechers bewerben. Entwickeln Sie hierfür eine Kurzvorstellung, mit der Sie sich vor der Klasse präsentieren.

a) Überlegen Sie, was Sie über sich erzählen möchten und was Ihre Zuhörerinnen und Zuhörer interessieren könnte. Notieren Sie fünf Stichpunkte.
b) Unterscheiden Sie geeignete und ungeeignete Formulierungen für die Begrüßung:
„Hey, ich bin Giovanni ..." – „Mein Name ist Julia. Ich möchte gerne Klassensprecherin werden, weil ..." – „Leute, wählt mich, denn ..." – „Liebe Klasse, zuerst ein paar Worte über mich ..." – „Ich will euch jetzt mal was über mich erzählen ..."
c) Formulieren Sie Ihre eigene Kurzvorstellung und machen Sie sich Notizen auf einer Karteikarte.

4 Üben Sie eine deutliche Aussprache.

a) Stellen Sie einzelne Wörter zusammen, deren Aussprache Ihnen schwerfällt.
fünfhundertfünfundfünfzig, Schlittschuhlaufen, Streichholzschächtelchen ...
b) Sammeln Sie Fremdwörter, bei denen Sie nicht sicher sind, wie sie ausgesprochen werden. Informieren Sie sich über die korrekte Aussprache und üben Sie diese Wörter.

5 Präsentieren Sie Ihre Kurzvorstellung aus Aufgabe 3.

a) Stellen Sie sich der Klasse vor. Achten Sie dabei auf Ihre Körpersprache und eine deutliche Aussprache.
b) Geben Sie sich gegenseitig Feedback (» Kapitel 15, S. 185). Beachten Sie die Checkliste.

CHECKLISTE | Frei vor Gruppen sprechen

- ✓ Habe ich mich **sorgfältig vorbereitet** (lautes Sprechen vor Freunden geübt, Vortrag mit dem Handy gefilmt)?
- ✓ Ist meine **Körperhaltung** offen und aufrecht?
- ✓ Wirkt meine **Gestik** ruhig, aber nicht zu steif?
- ✓ Ist mein **Gesichtsausdruck** freundlich und aufmerksam?
- ✓ Halte ich **Blickkontakt** zu den Zuhörerinnen und Zuhörern?
- ✓ Ist meine **Aussprache** deutlich und verständlich?

7.2

Die vier Seiten einer Äußerung

Wenn Sie mit anderen sprechen, vermitteln Sie vieles nebenbei, manchmal ohne es zu merken.

GUT ZU WISSEN – Vier Seiten einer Äußerung

Eine Lehrerin spricht einen Schüler auf dem Schulflur mit folgenden Worten an: „Der Unterricht beginnt in zwei Minuten." In dieser Äußerung können vier verschiedene Botschaften enthalten sein:

Sachinhalt: Der Unterricht beginnt in zwei Minuten.

Selbstkundgabe: Ich bin verärgert.

Lehrerin: „Der Unterricht beginnt in zwei Minuten."

Appell: Beeilen Sie sich! Kommen Sie mit!

Beziehungsaussage: Ich bin für Sie verantwortlich.

Jede Äußerung enthält gleichzeitig **mehrere Botschaften** an den Empfänger. Der Kommunikationswissenschaftler Friedemann Schulz von Thun hat ein Modell entwickelt, bei dem jede Äußerung auf vier für die Kommunikation wesentliche Seiten hin untersucht wird. Der Empfänger kann entscheiden, welche Seite der gesendeten Botschaft er vorrangig wahrnimmt.

- **Sachinhalt:** Was sagt der Sender objektiv aus?
- **Appell:** Was will der Sender bewirken?
- **Selbstkundgabe:** Was sagt der Sender über sich aus?
- **Beziehungsaussage:** Wie sieht der Sender seine Beziehung zum Empfänger?

1 Setzen Sie sich mit dem Modell von Schulz von Thun auseinander. Berücksichtigen Sie GUT ZU WISSEN.

a) Ordnen Sie die möglichen Antworten des Schülers auf die Äußerung „Der Unterricht beginnt in zwei Minuten" zu. Welche Botschaft hat er als Empfänger vorrangig wahrgenommen?

1. „Ja, ich komme schon."

2. „Behandeln Sie uns doch nicht immer wie kleine Kinder. Wir kommen schon rechtzeitig zum Unterricht."

3. „Vielen Dank für diesen Hinweis. Ich habe nicht auf die Uhrzeit geachtet."

4. „Es tut mir leid, dass ich Sie verärgert habe. Es kommt nicht mehr vor."

b) Untersuchen Sie zusammen mit einer Lernpartnerin / einem Lernpartner, wie man den Satz „Der Unterricht beginnt in zwei Minuten" vom Tonfall und von der Körpersprache her so eindeutig vortragen kann, dass für den Angesprochenen klar ist, ob die Lehrerin in Eile oder verärgert ist.

2 Wenden Sie das Modell nach Schulz von Thun an. Berücksichtigen Sie GUT ZU WISSEN.

a) Formulieren Sie die vier Botschaften, die die folgenden Äußerungen jeweils enthalten können.

1. Schüler zu Schüler: „Der Bus fährt in zehn Minuten."

2. Tochter zu Vater: „Ich brauche ein neues Handy."

3. Chefin zum Auszubildenden: „Haben Sie das Paket schon zur Post gebracht?"

b) Formulieren Sie Antworten auf die oben stehenden Äußerungen. Gehen Sie dabei nur auf die Ebene des Appells ein.

Die vier Seiten einer Äußerung

Manchmal verstehen wir Nachrichten nicht so, wie sie vom Sender gemeint sind. Dadurch kann es zu Missverständnissen kommen.

3 Beurteilen Sie die Situation.

Situation: Anna-Lena: „Schau mal, mein neues Handy!"
Serkan: „Musst du immer so angeben?"

a) Wenden Sie das Modell „vier Seiten einer Äußerung" auf die Situation an.

b) Erläutern Sie Serkans Reaktion, indem Sie den Empfangsvorgang aufschlüsseln. Berücksichtigen Sie GUT ZU WISSEN.
Wahrnehmen: Was hört/sieht Serkan vermutlich?
Interpretieren: Wie versteht Serkan Anna-Lenas Äußerung vermutlich?
Fühlen: Wie fühlt sich Serkan vermutlich?

4 Wenden Sie das Aufschlüsseln von Empfangsvorgängen in Kommunikationssituationen an.

a) Überlegen Sie sich eine Situation, in der sich die Beteiligten missverstehen.
Mögliche Situation: Sabine berichtet ihrer Freundin begeistert von einem Städtetrip am letzten Wochenende. Ihre Freundin schaut währenddessen immer wieder auf ihr Handy. Plötzlich ist Sabine sauer, steht auf und geht. Die Freundin fühlt sich vor den Kopf gestoßen: Ihre Mutter ist operiert worden und sie wartet auf eine Nachricht aus dem Krankenhaus.

b) Führen Sie ein Rollenspiel (» Kapitel 2, S. 25) zu der Situation durch und schlüsseln Sie in dem Dialog den Empfangsvorgang auf.
- Schildern Sie Ihrer Lernpartnerin / Ihrem Lernpartner das, was Sie wahrnehmen.
  „Ich sehe, dass du auf dein Handy schaust."
- Interpretieren Sie das, was Sie wahrgenommen haben.
  „Du interessierst dich nicht für das, was ich erzähle."
- Teilen Sie Ihrer Lernpartnerin / Ihrem Lernpartner mit, was Sie infolge Ihrer Wahrnehmung und Interpretation fühlen.
  „Ich ärgere mich."

c) Tauschen Sie sich darüber aus, wann ein solches Vorgehen hilfreich sein kann und wo die Grenzen liegen.

GUT ZU WISSEN | Empfangsvorgänge aufschlüsseln

Der Empfangsvorgang in der Kommunikation umfasst drei Ebenen:

- **Wahrnehmen:** Der Empfänger sieht/hört etwas.
- **Interpretieren:** Der Empfänger deutet seine Wahrnehmung.
- **Fühlen:** Der Empfänger reagiert mit einem Gefühl auf das, was er wahrgenommen hat.

Oft kommt es zu **Missverständnissen**, weil der Empfänger die drei Ebenen nicht voneinander trennt. Dem kann man entgegenwirken, indem man den **Empfangsvorgang aufschlüsselt** und sich die Ebenen bewusst macht.

Sprechen und zuhören

Gesprächsregeln und Ich-Botschaften

Gesprächsregeln sorgen dafür, dass Gespräche konstruktiv verlaufen und Kommunikation gelingt.

Gespräch über die geplante Klassenfahrt

Lehrerin: „Ende dieses Schuljahres steht unsere Klassenfahrt an. Ich bitte Sie um Vorschläge."
Leonie: „Ich wollte schon immer mal nach Prag! Dort könnten wir ..."
Mattis: „Prag ist doch viel zu teuer! Ich finde München viel besser, das ist auch nicht so weit weg."
Leonie: „Unterbrich mich nicht. Immer unterbrichst du alle, wenn wir etwas besprechen. Du nervst echt!"
Timo: „Das verstehe ich nicht – München ist doch nicht billiger als Prag. Also ich will lieber nach Paris."
Annika: „Wann ist eigentlich Pause? Ich hab schon so einen Hunger."

1 **Analysieren Sie das Gespräch. Berücksichtigen Sie GUT ZU WISSEN.**
a) Notieren Sie Gesprächshemmer. Begründen Sie, warum die Redebeiträge nicht konstruktiv sind.
b) Spielen Sie das Gespräch nach und formulieren Sie dabei die Redebeiträge konstruktiv.

GUT ZU WISSEN **Gesprächsregeln**

Gesprächshemmer	Gesprächsförderer	Verbesserung
„Immer kommst du zu spät."	Ich-Botschaften statt Du-Botschaften	*„Ich habe mich geärgert, weil ich warten musste."*
„Jetzt will ich mal was sagen!"	auf Redebeiträge anderer eingehen, statt zu unterbrechen	*„Du hast gesagt ... Aber ich finde ..."*
„Du nervst ohne Ende!"	respektvoll und höflich miteinander sprechen	*„Du hast mich unterbrochen. Das empfinde ich als störend."*
„Ich will jetzt mal über was anderes sprechen."	beim Thema bleiben, statt davon abzulenken	*„Zu diesem Thema fällt mir auch Folgendes ein ..."*
„Verstehe ich nicht!"	zuhören und nachfragen	*„Habe ich es richtig verstanden, dass ...?"*

2 **Formulieren Sie die Aussagen in vollständige Ich-Botschaften (» GUT ZU WISSEN) um.**
So können Sie beginnen: *„Ich wünsche mir, dass ..."*; *„Ich bin verärgert, weil ..."*; *„Mir ist aufgefallen ..."*
1. *Lehrerin zur Klasse: „Ständig reden Sie durcheinander! Mit Ihnen kann man keinen vernünftigen Unterricht durchführen. So schaffen Sie den Lernstoff nie."*
2. *Schülerin zu Mitschüler: „Das ist echt typisch für dich, dass du den Plakatkarton vergessen hast. Du bist so was von unzuverlässig. Jetzt werden wir mit dem Lernplakat für unsere Präsentation nicht rechtzeitig fertig."*

GUT ZU WISSEN **Ich-Botschaften**

Während Du-Botschaften verurteilend oder verletzend wirken, sind Ich-Botschaften eine Möglichkeit, **Kritik** am Verhalten des anderen **konstruktiv zu formulieren**. Eine vollständige Ich-Botschaft besteht aus drei Teilen:

- **Beschreibung der problematischen Situation** (Luis ist zu spät zur Verabredung gekommen.)
- **Benennung des ausgelösten Gefühls** (Max ärgert sich darüber.)
- **Aufzeigen der Folgen** (Der Kinofilm, den die beiden sich anschauen wollten, hat schon begonnen.)

Aktiv zuhören

Ob ein Gespräch gelingt oder nicht, hängt auch vom Zuhören ab.

Dialog A

Marvin: „Sollen wir uns heute noch treffen und das Referat zusammen vorbereiten?"

Salim: „Mann, ich bin im Stress. Ich muss noch was für die Schule machen … Ich habe das Referat noch nicht vorbereitet."

Marvin: „Sag ich doch. Lass uns das zusammen machen."

Dialog B

Andreas: „Treffen wir uns nachher?"

Sibylle: „Geht nicht. Ich habe heute schon was vor. Mittwoch wäre gut."

Andreas: „Habe ich das richtig verstanden, wir treffen uns also am Mittwoch?"

Sibylle: „Ja, genau. Das passt für mich besser."

1 Untersuchen Sie die Dialoge.

a) Benennen Sie den Unterschied im Hinblick auf das Zuhören.

b) Spielen Sie in einem Rollenspiel (» Kapitel 2, S. 25) beide Dialoge nach. Wenden Sie dabei nonverbale und verbale Techniken des aktiven Zuhörens (» GUT ZU WISSEN) an.

GUT ZU WISSEN – Aktives Zuhören

Durch aktives Zuhören vermittelt man dem Gegenüber Wertschätzung und zeigt, dass man sich auf seine Aussage einlässt. Dies kann man durch nonverbales und verbales Verhalten ausdrücken:

- **Nonverbales Verhalten (nicht sprachlich):** körperlich zuwenden (Oberkörper, Kopf), motivierende Mimik (offen, freundlich, erwartungsvoll schauen) und motivierende Gestik (nicken, Hände nicht vor dem Körper verschränken), Blickkontakt halten, Nebentätigkeiten vermeiden
- **Verbales Verhalten (sprachlich):** anteilnehmende Bestätigungslaute (z. B. *„aha"*, *„mhm"*), ausreden lassen, Kommentare und Ratschläge zurückhalten, klärende Rückfragen (*„Habe ich es richtig verstanden, dass …"*)

2 Führen Sie ein Rollenspiel (» Kapitel 2, S. 25) durch. Gehen Sie dabei nach der Methode kontrollierter Dialog (» GUT ZU WISSEN unten) vor.

a) Eine Mitschülerin bzw. ein Mitschüler spricht über ein Thema, eine Lernpartnerin bzw. ein Lernpartner gibt die Aussage in eigenen Worten wieder.

Mögliche Themen: ein Streit – eine schwierige Entscheidung – eine Situation, in der Sie unsicher waren

b) Tauschen Sie sich in der Gruppe über die Möglichkeiten und Grenzen dieses Verfahrens aus.

GUT ZU WISSEN – Kontrollierter Dialog

Bei einem kontrollierten Dialog gibt man nach jedem Satz die **Aussage des Senders in eigenen Worten** wieder (z. B. *„Ich habe verstanden, dass …"*). Die Technik nennt man auch **spiegeln** oder **paraphrasieren**. Der Sender beurteilt anschließend, ob der Empfänger die Aussage korrekt wiedergegeben hat. Das Gespräch wird erst fortgeführt, wenn der Sender sich richtig verstanden fühlt. Durch diese Methode lassen sich Missverständnisse vermeiden und sie kann helfen, das gegenseitige Verständnis zu vertiefen.

Fazit, vertiefen, überprüfen

Das haben Sie in diesem Kapitel gelernt:

FAZIT

7.1 Kommunikation verstehen

- Kommunikation mithilfe eines Kommunikationsmodells verstehen
- verbale und nonverbale Kommunikation unterscheiden
- Körpersprache angemessen einsetzen
- frei vor Gruppen sprechen

7.2 Die vier Seiten einer Äußerung

- ein Kommunikationsmodell anwenden
- Empfangsvorgänge aufschlüsseln

7.3 Sprechen und zuhören

- Gesprächsregeln beachten
- Ich-Botschaften formulieren
- aktiv zuhören

Wenden Sie Ihr Wissen an:

Gespräch zwischen Vater und Tochter

Beim Anblick des Zimmers seiner 17-jährigen Tochter sagt der Vater: „Hier liegen ja viele Sachen auf dem Boden!“
Die Tochter erwidert: „Was ärgerst du dich denn schon wieder? Ständig meckerst du über mich!“

1 Wenden Sie das Modell „vier Seiten einer Äußerung“ auf das Gespräch zwischen Vater und Tochter an. Notieren Sie die Ergebnisse in Ihrem Heft.

a) Notieren Sie, wie die Botschaft des Vaters auf allen vier Ebenen lauten könnte.
Sachinhalt – Appell – Selbstkundgabe – Beziehungsaussage

b) Bewerten Sie die Antwort der Tochter. Welche Botschaft hat sie vorrangig wahrgenommen?

c) Formulieren Sie Antworten der Tochter, die auf die anderen drei möglichen Botschaften Bezug nehmen.

2 Formulieren Sie die Antwort der Tochter in eine vollständige Ich-Botschaft um. Notieren Sie diese in Ihrem Heft.

3 Überprüfen und überarbeiten Sie Ihre Ergebnisse gemeinsam mit einer Lernpartnerin / einem Lernpartner. Berücksichtigen Sie GUT ZU WISSEN auf S. 80 und 82.

4 Notieren Sie Ihre individuellen Fehlerschwerpunkte im Bereich Rechtschreibung, Zeichensetzung und Grammatik. Bearbeiten Sie die entsprechenden Abschnitte in Kapitel 8, „Richtig schreiben“.

Kapitel 8

Richtig schreiben

8.1
Richtig abschreiben – Richtig lesen

8.2
Richtig rechtschreiben

8.3
Zeichen setzen

8.4
Grammatik kennen und anwenden

Falsch geschriebene Wörter, fehlende oder nicht korrekt gesetzte Kommas und grammatikalisch fehlerhafte Sätze können zu Missverständnissen führen und stören den Lesefluss. Darüber hinaus machen Fehler in der schriftlichen Kommunikation keinen guten Eindruck beim Lesenden. Um sich gut und verständlich auszudrücken, sind gute Kenntnisse in Rechtschreibung, Zeichensetzung und Grammatik unerlässlich.

In diesem Kapitel erfahren Sie, wie Sie eigene Fehlerschwerpunkte erkennen können, lernen Rechtschreibregeln und -strategien kennen und setzen sich mit grundlegenden Regeln der Grammatik auseinander.

Kompetenzen

- ✓ konzentriert abschreiben und lesen
- ✓ eigene Fehlerschwerpunkte erkennen
- ✓ Rechtschreibregeln anwenden
- ✓ Regeln der Zeichensetzung anwenden
- ✓ Grundlagen der Grammatik kennen

Methoden und Arbeitstechniken

- ✓ Techniken des Abschreibens
- ✓ Arbeit mit dem Wörterbuch
- ✓ Lernkärtchen und Lernkartei
- ✓ Lernplakat
- ✓ Partnerdiktat
- ✓ Umstellprobe
- ✓ Vorfeldtest

Richtig abschreiben – Richtig lesen

Aufmerksamkeitstraining

Das Abschreiben von Texten fördert die Aufmerksamkeit und hilft, sich die richtigen Schreibweisen einzuprägen.

1 Tauschen Sie sich in der Lerngruppe über die folgenden Fragen aus.

- Wann haben Sie zum letzten Mal außerhalb des Unterrichts ein Buch oder einen längeren Text gelesen?
- Worum ging es in dem Buch oder Text?
- Wann und aus welchem Anlass haben Sie selbst einen längeren Text geschrieben?

2 Vergleichen Sie die beiden Versionen des Textes.

a) Finden Sie die Fehler im Text in der rechten Spalte.

b) Übertragen Sie den Text ohne Fehler in Ihr Heft. Berücksichtigen Sie GUT ZU WISSEN.

Achtung, Fehler!

Version A

Stellen Sie sich vor, jedermann würde so schreiben, wie es ihm gerade einfiele. Wenn man dies auf die Spitze triebe, würde das irgendwann zu Chaos führen. Man würde nicht mehr richtig verstehen, was der andere ausdrücken will. Ein Buchstabenwirrwarr würde uns begleiten. Durch variierende Schreibweisen wäre man vom Inhalt abgelenkt. Erst seit ca. 1900 haben wir einheitliche Rechtschreibregeln, die sich an dem Wörterbuch von Konrad Duden orientieren, das zuvor geschrieben wurde. Der sogenannte Urduden enthielt 27 000 Stichwörter. Später gab es Änderungen und Anpassungen. Bei manchen Wörtern sind auch verschiedene Schreibvarianten zulässig. Heute enthält das bekannte Wörterbuch ca. 145 000 Stichwörter und es kommen immer neue hinzu.

Version B

Stellen Sie sich vor, jederman würde so schreiben, wie es ihm gerade einfiehle. Wenn man dies auf die Spitze triebe, würde das irgendwann zu Chaos führen. Man würde nicht mehr richtig verstehen was der andere ausdrüken will. Ein Buchstabenwirrwarr würde uns bekleiden. Durch varierende Schreibweisen wäre man vom Inhalt abgelenckt. Erst seit ca. 1900 haben wir einheitliche Rechtschreibregeln, die sich an den Wörterbuch von Konrad Duden orientieren, dass zuvor geschrieben wurde. Der sogenannte Urduden enthielt 27 000 Stichwörter. Später gab es Änderungen und Anpassungen. Bei manchen Wörtern sind auch verschiedene Schreibvariianten zulässig. Heute enthält das bekannte Wörterbuch ca 145 000 Stichwörter und es kommen immer Neue hinzu.

GUT ZU WISSEN | **Richtig abschreiben**

Beim Abschreiben von Texten wird das Gehirn auf vielfache Weise aktiviert. Die Folge ist, dass die Schreibweisen von Wörtern besser gespeichert werden. Dies erhöht wiederum die Chance, dass man sie in Zukunft richtig schreibt. Beachten Sie beim Abschreiben Folgendes:

- **Lesen** Sie den Text zunächst einmal **laut**, **langsam** und **genau**.
- **Gliedern** Sie den Text in Sinneinheiten (zwei bis vier Wörter).
- **Prägen** Sie sich diese Wörter genau **ein** und schreiben Sie sie **auswendig** auf. Schreiben Sie dabei langsam.
- **Kontrollieren** Sie den abgeschriebenen Text Wort für Wort und Zeichen für Zeichen.
- **Streichen** Sie ein falsch geschriebenes Wort **durch** und schreiben Sie es korrekt darüber.
- Notieren Sie schwierige Wörter auf einem **Lernkärtchen** (» S. 89) und wiederholen Sie sie regelmäßig.

Aufmerksamkeitstraining

Sprachtraining

Wenn man jemanden fragt, welcher Schritt zu mehr Erfolg im Sport der schwerste ist, so erhält man in der Regel die Antwort: „Der erste!" So ist es mit fast allem. Auch Erfolg in einer Sprache, zum Beispiel in der deutschen, beginnt mit einem ersten Schritt. Diesen haben Sie natürlich bereits hinter sich. Sie haben schon einige Jahre die Schule besucht oder Deutschkurse absolviert. Vielleicht sind Sie frustriert, was Ihre Leistungen im Deutschen betrifft. Aber genau wie im Sport sollten Sie nicht mehr von „ich könnte" oder „ich sollte" reden. Lassen Sie den Konjunktiv hinter sich und legen Sie los. Denn wie im Sport ist das Lernen ohne Üben ineffektiv. Nur das, was Sie wiederholen, bleibt dauerhaft in Ihrem Gedächtnis. In den ersten Tagen nach einer Übung vergessen Sie am meisten, also sollten Sie gerade jetzt eine erste Wiederholung durchführen. Ihr Equipment besteht aus Papier und Stift, das heißt, es ist nicht besonders aufwendig. Ideal ist es, wenn Sie denselben Stoff nach einigen Tagen, Wochen und einem Vierteljahr wiederholen. Gerade schwierige Wörter sollten mehrmals, am besten fünf- bis sechsmal wiederholt werden. Der Stoff ist dann endgültig in Ihrem Gedächtnis verankert und jederzeit abrufbar. Das ist doch fantastisch, ja es ist geradezu etwas Wunderbares! Und denken Sie daran: Auch das Schreiben ist eine Form der Bewegung. Aber anders als die Übungen im Sport sind die in der Sprache gelenkschonend und für viele Alters- und alle Gewichtsklassen geeignet. Schreiben Sie des Öfteren Texte aus der Zeitung oder einem Buch ab. Auch so prägen sich Schreibweisen ein. Wenn Sie darüber hinaus noch lesen – fangen Sie mit einem Thema an, das Sie interessiert –, werden sich bald Erfolge einstellen. Bleiben Sie dran, geben Sie der Aufschieberitis keine Chance!

3 **Wenden Sie Techniken des Abschreibens an. Berücksichtigen Sie GUT ZU WISSEN (» S. 86).**

a) Übertragen Sie den Text in Ihr Heft.

b) Lesen Sie den abgeschriebenen Text Ihrer Lernpartnerin oder Ihres Lernpartners. Korrigieren Sie Fehler.

c) Geben Sie Ihrer Lernpartnerin / Ihrem Lernpartner Feedback zur Schrift. Ist sie gut lesbar? Sieht der Text ordentlich aus oder sind Wörter durchgestrichen?

4 **Lesen Sie Ihrer Lernpartnerin / Ihrem Lernpartner den von Ihnen abgeschriebenen Text vor.**

a) Bitten Sie Ihre Lernpartnerin / Ihren Lernpartner um Feedback.
- Haben Sie deutlich und verständlich gelesen?
- Waren die Endungen der Wörter gut zu unterscheiden?
- Haben Sie monoton oder betont gelesen?

b) Setzen Sie sich mit dem Zusammenhang von Schrift und Lesen auseinander.

5 **Lesen Sie sich gegenseitig die folgenden Wörter vor. Was fällt Ihnen auf? Tauschen Sie sich darüber aus.**

Streikende – Eistempel – Staubecken – Wachstube – Erblasser – Versendung – Musikerleben

Fehlerschwerpunkte erkennen

1 **Wählen Sie zwei der folgenden Wörterlisten aus und diktieren Sie Ihrer Lernpartnerin / Ihrem Lernpartner die Wörter und Sätze in beliebiger Reihenfolge. Im Anschluss daran diktiert sie/er Ihnen zwei Listen.**

Groß oder klein?	**Der s-Laut**	***das* oder *dass*?**
im Allgemeinen	er riss – der Reißverschluss	Er hofft, dass das Wetter besser wird.
Das kennt jeder von uns.	der Fliesenleger	Ich weiß, dass ich nichts weiß.
Es tut mir leid.	der Biss – bis dann!	Wohin soll das nur führen?
Ich will nichts Falsches tun. Was aber ist das Richtige?	der Ruß – das Fass	Dass du mir hilfst, freut mich sehr.
einzig und allein	der Greis – er reiste	Das Schiff, das vor Anker liegt, läuft bald aus.
im Besonderen	hässlich – scheußlich	Das ist unmöglich!
Mein Üben hat mir geholfen. Willst du nicht üben?	verlassen – ein bisschen	Sie kann das nicht versprechen.
etwas Schlimmes	das Mikroskop	Meinst du, dass das gelingt?
alles Gute – viel Gutes	der Prozess	Ich bin überzeugt, dass du das schaffst.

Der lange i-Laut	**k oder ck?**	**d oder t?**
das Fieber – frieren	wirklich	die Geduld – der Standard
erwidern – das Klima	bemerkenswert	standhaft – endlos
ausgiebig – quietschen	packen	gedruckt – totenstill
der Tiger – das Kaninchen – ihr – er zieht	senkrecht	endgültig – der Todeskampf
er gibt – probieren – das Kino	der Rucksack	der Aspekt – extravagant
die Schiene – der Friseur	versinken	leidvoll – der Konkurrent
der Flieder – die Rosine	aufmucken	die Stadt – die Enthüllung
dir – gib – der Widerstand	das Päckchen	jugendlich – verwandt
der Kiefer – die Miene	schrecklich	anstatt – todunglücklich

tz oder z?	**Mit h oder ohne h?**
plötzlich – der Pilz	kahl – der Hohlraum – der Klatschmohn – die Gebühr
der Arzt – die Schürze	die Bahre – im Unterricht lehren
der Enzian – die Hetze	rau – die Zeitschaltuhr – er kam
das Antlitz – spreizen	bewahren – rar – die Pore – der Urwald
die Hundeschnauze	nämlich – die Drohne – spülen
geizig – die Dampfwalze	das Bargeld – kahl – der Kran
die Skizze – der Glanz	der Wal – die Wahl – ein Bild malen – empfehlen – das Purpur
die Beize – heizen	gedeihen – holen – spüren

Fehlerschwerpunkte erkennen

2 **Klären Sie die Bedeutung unbekannter Wörter aus den Wörterlisten. Nutzen Sie das Wörterbuch (» Kapitel 17, S. 200).**

3 **Überprüfen Sie mithilfe der Wörterlisten, ob Sie die diktierten Wörter richtig geschrieben haben.**

a) Verbessern Sie falsch geschriebene Wörter.

b) Analysieren Sie Ihr Ergebnis. In welchen Bereichen haben Sie Fehler gemacht?

4 **Analysieren Sie korrigierte Hausaufgaben und Klassenarbeiten im Hinblick auf die Rechtschreibung.**

a) Übertragen Sie die Tabelle in Ihr Heft und tragen Sie ein, in welchen Bereichen Sie Fehler gemacht haben.

Achtung, Fehler!

Fehlerbereich	Beispiele / eigene Fehler	Fehleranzahl
Groß- und Kleinschreibung	*die schreibweise* ...	IIII
s-Laut	...	...
das/dass	*Ich hoffe, das du das weißt ...*	II
i-Laut	...	...
k/ck	...	...
d/t	...	...
tz/z	...	...
mit oder ohne h	...	...
andere Fehler	...	...

b) Bestimmen Sie Ihre Fehlerschwerpunkte. In welchen Bereichen gibt es besonders viele Fehler?

5 **Arbeiten Sie an Ihren individuellen Fehlerschwerpunkten. Notieren Sie dazu schwierige Wörter auf Lernkärtchen und legen Sie eine Lernkartei an. Berücksichtigen Sie GUT ZU WISSEN. Wiederholen Sie die Wörter regelmäßig.**

6 **Welche Strategien zur Vermeidung von Rechtschreibfehlern kennen Sie? Tauschen Sie sich in der Lerngruppe darüber aus und notieren Sie.**

GUT ZU WISSEN — Lernkärtchen und Lernkartei

Auf einer Karteikarte notiert man zu lernende Inhalte, z. B. schwierige Wörter. Zusätzlich braucht man einen passenden länglichen Kasten, der in mindestens drei Fächer unterteilt ist.

- Erstes Fach: Kärtchen, deren Inhalte man **noch nicht beherrscht**
- Zweites Fach: Kärtchen, deren Inhalte man **noch nicht sicher beherrscht**
- Drittes Fach: das **gefestigte Wissen**

Die Karten wandern je nach Wissensstand weiter. Für Wiederholungen zu einem späteren Zeitpunkt sollte man ein weiteres Fach anlegen.
Statt mit Karteikarten aus Papier können Sie auch mit einer digitalen Lernkartei üben.

Richtig rechtschreiben

Groß- und Kleinschreibung

In diesem Teilkapitel vertiefen und festigen Sie Ihr Wissen über Groß- und Kleinschreibung.

1 **Was wissen Sie bereits über die grundlegenden Regeln zur Groß- und Kleinschreibung? Tauschen Sie sich in der Lerngruppe über Ihr Vorwissen aus.**

GUT ZU WISSEN — Groß- und Kleinschreibung

1. Satzanfänge, Eigennamen und **Nomen (Substantive)** werden großgeschrieben.

Beispiel: *__A__lle __M__enschen mögen __S__chokolade – nur __Marco__ nicht, er ist allergisch!*

↑ Satzanfang (Alle) ↑ Nomen (Menschen) ↑ Nomen (Schokolade) ↑ Name (Marco)

Typische Endungen von Nomen sind: *-heit, -keit, -ung, -schaft, -nis, -tum.*

2. Höfliche Anreden (*Sie, Ihr, Ihnen …*) schreibt man groß. Die vertraulichen Anredepronomen (*du, ihr, dein …*) werden im Allgemeinen kleingeschrieben. In Briefen können sie auch großgeschrieben werden. Auf Einheitlichkeit muss jedoch geachtet werden: Entweder schreibt man durchgängig groß oder durchgängig klein.

Beispiele: *Kennen __Sie__ diese Schokoladensorte? Schmeckt sie __Ihnen__?*
Was meinst __du__ dazu? Schmeckt sie __dir__ auch?
(In Briefen auch: *Was meinst __Du__ dazu? Schmeckt sie __Dir__ auch?*)

3. Nominalisierungen: Adjektive und Verben, die als Nomen verwendet werden, schreibt man groß.

Beispiel: *__Das L__aufen ist ein guter Ausgleich __zum A__rbeiten am Schreibtisch. Es hat __etwas E__ntspannendes.*

2 **Bilden Sie Nominalisierungen.**

a) Verbinden Sie jeweils ein Wort aus der ersten Zeile mit einem Wort aus der zweiten Zeile.
1. alles – etwas – genug – manches – nichts – viel – wenig
2. interessant – langweilig – alt – neu – schön – hässlich – gut
viel + interessant → viel Interessantes

b) Bilden Sie mit Ihren Wortpaaren sinnvolle Sätze.
Bei der Besichtigung haben wir viel Interessantes gesehen.

TIPP

Nominalisierungen erkennen
Nominalisierungen lassen sich oft an ihren **Begleitern** erkennen:
- **Artikel** (*der, das, die, ein, eine, einer*)
- mit **Präposition verschmolzene Artikel** (*am = an + dem, beim = bei + dem, zur = zu + der, im = in + dem, ins = in + das*)
- **Possessivpronomen** (*mein, dein, sein*)
- **Indefinitpronomen** (*alles, etwas, genug, manches, nichts, viel, wenig*)

3 **Schreiben Sie den folgenden Text in korrekter Groß-/Kleinschreibung in Ihr Heft.**

Achtung, Fehler!

das essen von schokolade ruft manchmal widersprüchliche gefühle hervor. so weiß man, dass sie viele kalorien hat: 100 gramm enthalten ungefähr 500 kcal. das entspricht einem viertel des energiebedarfs eines erwachsenen, da kann im lauf eines tages sehr schnell etwas zusammenkommen. aber sie schmeckt köstlich und hat oft auch eine stimmungsaufhellende wirkung. schon beim denken an schokolade läuft vielen das wasser im mund zusammen. beim aussprechen des wortes spüren sie schon den genuss auf der zunge. und es gibt ja so viele sorten zum ausprobieren. kalorien hin oder her – da kann man doch nicht widerstehen, oder?

4 **Schreiben Sie eine E-Mail zu der folgenden Situation. Achten Sie besonders auf die Schreibweise der Anredepronomen.**

Situation: Sie haben online einen der folgenden Artikel bestellt: eine Küchenwaage, einen Smoothie-Mixer oder einen elektrischen Dosenöffner. Die gelieferte Ware ist beschädigt. Sie beschweren sich.

Die Schreibung verschiedener Laute

GUT ZU WISSEN — Die Schreibung des s-Lauts

Die Schreibweise des **s-Lauts** richtet sich weitgehend nach seiner Aussprache. Man unterscheidet zwischen **stimmhaftem** (weichem, gesummtem) und **stimmlosem** (scharf gesprochenem) s:

s-Laut			
s-Schreibung		**ss-Schreibung**	**ß-Schreibung**
stimmhafter s-Laut	**stimmloser s-Laut**	**stimmloser s-Laut**	
	wenn ein stimmhafter s-Laut in einer **verlängerten** Form (z. B. Plural) vorkommt	wenn vor dem s-Laut ein **kurzer Vokal** steht	wenn vor dem s-Laut ein **langer Vokal** oder ein **Doppelvokal** (Diphthong) steht
Beispiele: *Nase, Reise, Riese, Vase, sanft, signieren*	Beispiele: *Glas (→ Gläser)* *Haus (→ Häuser)* *Preis (→ Preise)*	Beispiele: *Boss, Fluss, Hass, Masse, Messe, vergessen, vermissen*	Beispiele: *beißen, Fußball, Großmutter, Gruß, Grüße, heiß, schweißen*

1 **Entscheiden Sie, wie der s-Laut geschrieben werden muss: s, ss oder ß?**

a) Ergänzen Sie Endung und Artikel bei den folgenden Wörtern und schreiben Sie diese in Ihr Heft.
Bewei? – Flei? – Applau? – Auswei? – Ei? – Fa? – Gefä? – Ga? – Grau? – Grei? – Gru? – Ha? – Krei? – Ku? – Fu? – Paradie? – Pa? – Verlie? – Schu? – A? – Prei? – Schwei? – Abschlu?

b) Bilden Sie den Plural oder ein Adjektiv, soweit dies möglich ist. Überprüfen Sie dabei noch einmal die Schreibweise des s-Lauts.
Bewei? → Beweise (s in der verlängerten Form stimmhaft) → Schreibweise: der Beweis
Flei? → fleißig (s in der verlängerten Form stimmlos) → Schreibweise: der Fleiß

2 **Ergänzen Sie die Wortreihen durch weitere Reimwörter in der passenden Schreibweise.**

Schluss – Guss – Genuss – …uss …
Masse – Kasse … – …asse …
Applaus …

3 **Bei einigen Verben ändert sich die Schreibweise beim Wechsel der Zeitform (» S. 99). Übertragen Sie die Tabelle in Ihr Heft und vervollständigen Sie die Formen folgender Verben:**
gießen – beißen – essen – lassen – messen – schließen – vergessen – wissen

Infinitiv	3. Person Präsens	3. Person Präteritum	Partizip Perfekt
gießen	*er gießt*	*er goss*	*gegossen*
…	…	…	…

4 **Finden Sie den Fehler und erklären Sie, warum der Redakteur schallend lacht.**

Achtung, Fehler!

Der Praktikant aus der Zeitungsredaktion verfasst folgende Meldung: „Gewinner des Skatwettbewerbs hatte ein Aas mehr als sein Gegner.“

Die Schreibung verschiedener Laute

GUT ZU WISSEN | Die Schreibung von *das* und *dass*

Die Schreibweise von *das* und *dass* richtet sich nach der grammatischen Funktion des Wortes im Satz:

Wort	Funktion	Beispiel
das	Artikel	*Siehst du* ***das*** *Haus dort drüben?*
das	Relativpronomen	*Das Haus,* ***das*** *neben unserem steht, ist leer.*
das	Demonstrativpronomen	*Sie reißen das Haus ab –* ***das*** *kann ich gar nicht glauben!*
dass	Konjunktion	*Ich ärgere mich,* ***dass*** *die Bagger so viel Lärm machen.*

Die **Ersatzprobe** hilft, die richtige Schreibweise zu ermitteln. Wenn man *dieses*, *jenes* oder *welches* anstelle des Wortes einsetzen kann, wird es mit einem s geschrieben, also *das*.

5 **Formulieren Sie die folgenden Sätze so um, dass die Konjunktion *dass* verwendet wird.**

1. *Du bestehst die Prüfung – ich hoffe es.*
2. *Du schaffst das – ich glaube fest daran.*
3. *Du hast viel Talent – ich bin davon überzeugt.*
4. *Du hast nur eine geringe Chance, das zu schaffen – ich sage es dir lieber gleich.*
5. *Ich bin mir sicher – du bekommst den Praktikumsplatz.*

6 **Schreiben Sie über Ihre beruflichen Pläne, indem Sie Sätze mit den folgenden Satzanfängen bilden.**

Ich hoffe, … – Ich meine, … – Ich glaube, … – Ich denke, … – Ich freue mich, … – Ich bin davon überzeugt, … – Ich habe erfahren, … – Ich habe recherchiert, … – Es ist ein Pech/Glück, …

7 **Verbinden Sie die folgenden Sätze mit *das* oder *dass*. Wenden Sie die Ersatzprobe (» GUT ZU WISSEN oben) an, um jeweils die korrekte Schreibweise zu ermitteln.**

1. *Dieses Haus hat sieben Zimmer. Es steht in einer Sackgasse.*
2. *Paul freut sich. Er bekommt ab dem nächsten Ausbildungsjahr mehr Geld.*
3. *Das Fußballspiel ist fast vorbei. Das finde ich schade.*
4. *Das kleine Mädchen brüllt laut vor Wut. Damit kommt es auch nicht weiter.*
5. *Das Mädchen freut sich. Es hat ein Tor geschossen.*
6. *Das Auto ist schon wieder kaputt. Es war erst bei der Reparatur.*
7. *Es ist ein Glück. Die Reparatur war nicht so teuer.*

8 **Erstellen Sie ein Lernplakat, um die Regeln zur Schreibung von *das* und *dass* zu veranschaulichen. Berücksichtigen Sie GUT ZU WISSEN (unten).**

GUT ZU WISSEN | Ein Lernplakat gestalten

Wichtige Ergebnisse kann man auf Plakatpapier festhalten und einprägsam visualisieren. Die Darstellung muss **sachlich richtig** und **ansprechend** sein. Bei einem gut gestalteten Plakat werden wenige **Farben gezielt eingesetzt**, die **Schrift ist lesbar**. Es zeigt durch **Überschrift** und **Aufbau**, worum es geht.

Die Schreibung verschiedener Laute

GUT ZU WISSEN | Der lange i-Laut

- Am **Ende einer Silbe** wird der lange i-Laut meistens mit **ie** geschrieben:
  Beispiele: *das F**ie** ber, der R**ie** gel*
  Ausnahmen: Merkwörter wie *der Tiger, die Bibel, der Biber, der Igel*
- In der **Mitte einer Silbe** wird der lange i-Laut meistens mit **i** geschrieben:
  Beispiele: *er g**i**bt, d**i**r*
- Pronomen mit langem i-Laut werden mit **ih** geschrieben:
  Beispiele: ***ih**r, **ih**m, **ih**nen*
- In einigen Wörtern wird der lange i-Laut mit **ieh** geschrieben:
  Beispiele: *du z**ieh**st, es gesch**ieh**t, sie empf**ieh**lt*
  Hier ist es hilfreich, den Infinitiv zu bilden oder nach der Wortfamilie zu fragen:
  du ziehst – ziehen, es geschieht – geschehen, sie empfiehlt – empfehlen

9 **Unterscheiden Sie den langen und den kurzen i-Laut.**

a) Lesen Sie die folgenden Wörter und achten Sie dabei darauf, wann Sie das i lang und wann Sie es kurz aussprechen.
ihm – im, hier – das Hirn, der Riegel – der Igel, der Riese – die Risse, riechen – richten

b) Lesen Sie die folgenden Sätze laut – einmal korrekt und einmal mit einem langen i:
Fischers Fritze fischt frische Fische. Frische Fische fischt Fischers Fritze.

10 **Schreiben Sie den Text ab und ergänzen Sie dabei den langen i-Laut.**

Heute besuchen wir die Ausbildungsbörse. Leo kann leider nicht mitgehen, weil er F__ber hat. Der Arzt empf__lt __m dringend, zu Hause zu bleiben. W__ schade! Wir anderen machen uns auf den Weg und sind sehr beeindruckt von der V__lzahl und V__lfalt der Ausbildungsberufe. Es g__bt über 300 Berufe, in denen man eine Ausbildung absolv__ren kann. Es lohnt sich, alles anzuschauen – und sich nicht w__ drei V__rtel der Jugendlichen auf 40 Berufe zu stürzen. Ein Beruf in der Chem__industrie oder im Masch__nenbau würde mir gut gefallen. Laura will Erz__erin werden. So hat jeder von uns viele __deen bekommen. Und einen R__senspaß hat es auch gemacht.

GUT ZU WISSEN | *wider* und *wieder*

Wider und *wieder* werden gleich ausgesprochen, haben aber unterschiedliche Bedeutungen:

- *wider:* **gegen** (z. B. der Widerspruch)
- *wieder:* **noch einmal** (z. B. die Wiederholung)

11 **Schreiben Sie die Sätze ab und setzen Sie dabei *wieder* oder *wider* ein.**
Wann kommst du ______? Ich freue mich schon sehr auf unser ______sehen.
______sprich mir nicht! Du verstehst ohnehin nicht, was mir ______fahren ist.
Kannst du noch einmal ______holen, was du gesehen hast? Nur so können wir die Aussage ______legen.

12 **Notieren Sie weitere Wörter mit *wider* und *wieder* und bilden Sie sinnvolle Sätze.**

Die Schreibung verschiedener Laute

GUT ZU WISSEN — k oder ck

- Auf einen **kurzen Vokal** folgt in der Regel **ck**:
  Beispiele: *der Acker, trocken*
- Auf einen **langen Vokal** oder **Konsonanten** folgt **k**:
  Beispiele: *der Keks, die Marke*
- **Ausnahme:** Bei **Fremdwörtern gilt die ck-Regel nicht**.
  Beispiele: *die Fabrik, der Mechaniker, die Lokomotive*

TIPP

Nach l, m, n, r – das merke ja, steht nie tz und nie ck!

13 **Schreiben Sie die folgenden Wörter ab und entscheiden Sie, ob k oder ck eingesetzt wird.**

das Schi?sal – die Ku?u?suhr – verwin?elt – mer?en – die Ma?e – die Atta?e – das Geschen? – pün?tlich – der La? – der Schlu? – das Schiff versan? – die Le?erei

14 **Die folgenden Wörter sind ähnlich und doch anders. Schreiben Sie sie ab und bilden Sie sinnvolle Sätze.**

das Paket – das Päckchen, hacken – der Haken, der Lack – das Laken, picken – piksen, spuken – spucken, die Lücke – die Luke, blinken – blicken

GUT ZU WISSEN — tz oder z

- Auf einen **kurzen Vokal** folgt in der Regel **tz**:
  Beispiele: *die Tatze, das Dutzend*
- Auf einen **Konsonanten** folgt **z**:
  Beispiele: *das Herz, der Arzt*

TIPP

Diese Regel ist wirklich nett: Auch nach ei, äu, eu steht nie tz!

15 **Schreiben Sie die Wörter ab und ergänzen Sie tz oder z.**

win?ig – die Är?tin – der Bli?ableiter – der Stur? – der Verpu? – schmel?en – die Matra?e – die Gla?e – das Geschwä?

GUT ZU WISSEN — d oder t

Durch **Verlängern** der Wörter kann man ermitteln, ob im Auslaut **d** oder **t** geschrieben wird:
Beispiele: *das/der Schild → die Schilder / die Schilde, der Rat → raten*

16 **Schreiben Sie die Sätze ab und ergänzen Sie d oder t.**

Ich hoffe nicht, dass im Vorstan? ein Spekulan? sitzt. – Das wäre ziemlich törich? von dir. – Hast du deine Pläne verwirklich? ? – Wenn du lange übst, wird dir auch der Spaga? gelingen. – Sein Lei? berühr? mich sehr. – Das Buch ist sehr spannen?.

17 **Entscheiden Sie, ob bei den folgenden Wörtern *ent-* oder *end-* eingesetzt werden muss, und ordnen Sie sie in die Tabelle ein. Achten Sie auch auf Groß- und Kleinschreibung.**

?scheiden – ?weder – ?lich – das ?setzen – ?los – sich ?ziehen – das ?spiel – ?zerren – die ?täuschung – ver?en – ?zweien – schluss?lich – ?behren – ?decken

ent-	end-
entscheiden	…
…	…

Zeichen setzen

Satzzeichen bei der direkten Rede

An Satzzeichen kann man erkennen, welcher Teil eines Satzes direkte Rede ist und welcher Teil der Begleitsatz.

Gespräch zwischen zwei Schülern

Achtung, Fehler!

In der Geschichtsstunde beschäftigt sich die Klasse mit Erfindungen. Yannic unterhält sich mit seinem Mitschüler Emre.

Yannic fragt:
Welche Erfindung ist für dich die wichtigste

Emre antwortet:
Oh die Dampfmaschine halte ich für eine sehr wichtige Erfindung
Und was meinst du

1 **Schreiben Sie das Gespräch ab und ergänzen Sie die Satzzeichen.**
Es fehlen Anführungszeichen, Ausrufezeichen, Fragezeichen, Komma und Schlusspunkt.

2 **Im folgenden Text fehlen die Anführungszeichen und die Satzzeichen, die den Begleitsatz von der direkten Rede abtrennen. Bearbeiten Sie die unten stehenden Aufgaben.**

Achtung, Fehler!

Yannic fragt seine Mitschüler Wie seht ihr das mit den Erfindungen? Marco antwortet ihm Ich finde, die Erfindung der Glühbirne ist sehr wichtig. Die gibt es schon seit ca. 1850. Marie entgegnet ihm Warum hast du nicht den Computer genannt? Diese Erfindung ist natürlich auch wichtig antwortet Marco aber ohne das elektrische Licht ist vieles nicht möglich.

a) Lesen Sie die Sätze laut vor und betonen Sie die direkte Rede.
b) Schreiben Sie den Text ab und markieren Sie die Textstellen mit direkter Rede.
c) Setzen Sie die fehlenden Satzzeichen. Berücksichtigen Sie GUT ZU WISSEN.
d) Formulieren Sie die Sätze so um, dass der Begleitsatz jeweils ans Ende rückt. Achten Sie dabei auf die Zeichensetzung.
e) Formen Sie die Sätze in die indirekte Rede (» S. 101/102) um. Beachten Sie auch hierbei die Zeichensetzung.
Yannic fragt seine Mitschüler, wie sie das …

GUT ZU WISSEN — Zeichensetzung bei der direkten Rede

Die direkte (wörtliche) Rede wird durch **Anführungszeichen** am Anfang und Ende der Rede gekennzeichnet.

- Steht der **Begleitsatz** davor, wird er durch einen **Doppelpunkt** abgetrennt.
  Beispiel: *Marie fragt Marco: „Weißt du, wer den Computer erfunden hat?“*
- Steht der Begleitsatz nach der direkten Rede, trennt man ihn durch ein **Komma** ab.
  Beispiel: *„Klar!“, antwortet dieser.*
- Die direkte Rede kann nach dem Begleitsatz auch **weitergeführt** werden.
  Beispiel: *„Klar“, antwortet dieser, „das war Konrad Zuse.“*

Komma bei Aufzählungen

GUT ZU WISSEN Das Komma bei Aufzählungen

Aufzählungen können aus **Wörtern, Wortgruppen** oder **Sätzen** bestehen.

Die Teile einer Aufzählung, die nicht mit *und, oder, beziehungsweise, entweder – oder, sowohl – als auch, sowohl – wie, weder – noch, nicht – noch* verbunden sind, werden durch Komma abgetrennt.

Beispiele: *Er ist **motiviert, interessiert, aufgeschlossen und offen** für alles.*
*Kannst du mir das **heute Abend, morgen Früh, eventuell noch morgen Mittag oder am Abend** bestätigen?*
*Wir denken **sowohl an den neuen Auftrag und die damit verbundene Arbeit als auch an die zu erwartenden Gewinne**.*

1 Arbeiten Sie nach der Methode Partnerdiktat (» GUT ZU WISSEN unten).

a) Diktieren Sie Ihrer Lernpartnerin / Ihrem Lernpartner folgende Sätze, ohne dabei die Kommas zu nennen. Tauschen Sie anschließend die Rollen.

b) Erklären Sie gemeinsam, warum Sie Kommas gesetzt haben (» GUT ZU WISSEN oben).

Daniel Düsentrieb begeisterte und begeistert immer noch sowohl mit seinen witzigen Erfindungen als auch mit seiner Zerstreutheit die Comicleser. Mit seiner Weste, dem Hütchen und dem Zwicker auf der Nase sieht er wie ein freundlicher, etwas älterer Herr aus. Er ist der geniale, glorreiche Erfinder aus Entenhausen. Auf jedes noch so abwegige Problem findet er eine ganz spezielle, besondere, unschlagbare Lösung. Er erfand einen Wünschelbrunnen, heißen Eistee, Kaugummibäume und behaarte Türklinken für den Winter. Mit dem glorreichen, intelligenten, kreativen und unermüdlichen Assistenten Helferlein neben sich ist er unschlagbar. Seine Patente preist er selbst gern so an: „Schöne, große, dicke, neue Erfindungen!“ Die Entwicklung einer Mausefalle zählt zum Höhepunkt seines langjährigen, von Hochs und Tiefs begleiteten, mehr oder weniger genialen, aber schrägen Erfinderlebens.

2 Schreiben Sie einige Sätze, in denen Sie aufzählen, was Sie tagtäglich tun. Achten Sie auf die Kommasetzung.

GUT ZU WISSEN Mit Partnerdiktaten üben

Beim Partnerdiktat **diktieren sich die beiden Lernpartner/-innen abwechselnd** einen Text, wobei der Diktierende den Schreibenden unterbricht, wenn er im Begriff ist, einen Fehler zu machen, und hilft, den Fehler zu erkennen. Der Diktierende spricht die Wörter deutlich aus, sodass der Schreibende diese gut verstehen kann. Beide Lernpartner/-innen profitieren: hinsichtlich der Aussprache bzw. des Schreibens.

Komma zwischen Haupt- und Nebensatz

GUT ZU WISSEN | Das Komma zwischen Haupt- und Nebensatz

Nebensätze werden durch Komma vom Hauptsatz getrennt. Die Nebensätze können vor dem Hauptsatz stehen oder danach. Sie können auch in diesen eingebettet sein.

Beispiele: ***Wenn ich rechtzeitig zum Termin kommen will,*** *muss ich den frühen Zug nehmen.*
*Ich muss den frühen Zug nehmen****, wenn ich rechtzeitig zum Termin kommen will****.*
*Ich muss****, wenn ich rechtzeitig zum Termin kommen will,*** *den frühen Zug nehmen.*

1 Tauschen Sie sich mit Ihrer Lernpartnerin / Ihrem Lernpartner über Haupt- und Nebensätze aus, indem Sie folgende Fragestellungen beantworten:

- Woran erkennt man Haupt- bzw. Nebensätze?
- An welcher Position des Satzes steht die konjugierte (gebeugte) Verbform?
- Wie können Nebensätze eingeleitet werden?

2 Schreiben Sie die folgenden Sätze, in denen Kommas fehlen, in Ihr Heft und bearbeiten Sie die Aufgaben.

Achtung, Fehler!

1. Viele Industrieunternehmen beschäftigen Abteilungen die Produkte entwickeln.
2. Doch auch Privatpersonen tüfteln weltweit an Erfindungen obwohl längst nicht jedes Genie sich mit seiner Idee durchsetzt.
3. Weil er die Natur zum Vorbild nahm konstruierte ein Tüftler 1881 einen Regenhut mit Schuppen aus Tannenzapfen der einer Dachschiefer-Konstruktion ähnelte.
4. Wenn die weltgrößte Erfindermesse stattfindet kann man die seltsamsten Erfindungen bestaunen die teilweise mit denen von Daniel Düsentrieb konkurrieren können.
5. Dinge die die Menschen erstaunen oder zum Lachen bringen werden gezeigt.

a) Ergänzen Sie die Kommas.
b) Unterstreichen Sie in verschiedenen Farben:
   - die einleitenden Wörter in den Nebensätzen,
   - die konjugierten Verbformen der Haupt- und Nebensätze.
c) Bestimmen Sie jeweils die Wortart der Wörter, die die Nebensätze einleiten.

3 Schreiben Sie die folgenden Sätze ab und verbinden Sie sie so, dass Satzgefüge (Hauptsatz plus Nebensatz) entstehen.

Heute ist sogar ein Technikwettbewerb Hamburger Schulen nach Daniel Düsentrieb benannt. Der Wettbewerb will dazu anspornen, neue Themen aufzugreifen. Es soll fächerübergreifend gearbeitet werden. So können viele neue Wege gegangen werden. Unterstützung durch Universitäten und Fachhochschulen wird vermittelt. Die Schülerinnen und Schüler müssen danach fragen.

4 Vergleichen Sie die Wirkung des Textes, wenn er aus einzelnen Hauptsätzen (Satzreihe) besteht, mit seiner Wirkung, wenn er aus Satzgefügen besteht.

Grammatik kennen und anwenden

Wortarten

Im Deutschen gibt es zehn Wortarten, die sich in Gruppen zusammenfassen lassen.

1 **Tauschen Sie sich in der Lerngruppe darüber aus, was Sie bereits über Wortarten wissen.**

2 **Vergleichen Sie die beiden Auszüge aus dem Lebenslauf von Carl Benz.**

Carl Benz

1844	Geburt in Karlsruhe
1853–60	Besuch des Karlsruher Lyzeums
1860–64	Polytechnikum Karlsruhe
1871	Gründung einer Fabrik in Mannheim
1872	Heirat mit Bertha Ringer

Carl Benz wurde am 25. November 1844 als Sohn der Dienstmagd Josephine Vaillant und des Lokomotivführers Johann Benz in Karlsruhe geboren. Nach dem Besuch des Karlsruher Lyzeums begann er ein Studium am Polytechnikum in Karlsruhe, das er 1864 erfolgreich beendete. 1871 gründete er mit einem Geschäftspartner seine erste Firma in Mannheim. In dieser Zeit beschäftigte er sich intensiv mit dem Zweitaktmotor. 1872 heiratete er Bertha Ringer, die 1888 die erste erfolgreiche Fernfahrt mit einem Automobil unternahm.

a) Welche Wortart wird im linken Text überwiegend verwendet? Warum ist sie für einen tabellarischen Lebenslauf ausreichend? Bestimmen und erläutern Sie.

b) Bestimmen Sie die Wortarten im zweiten Text.

3 **Stellen Sie sich vor, Sie würden einen Vortrag über Carl Benz halten. Welche Wortart würden Sie nutzen, um seine Erfindungen näher zu beschreiben bzw. zu würdigen?**

GUT ZU WISSEN | Wortarten

Die Wörter einer Sprache kann man nach Wortarten ordnen. Man unterscheidet folgende Wortarten:

Bezeichnungen		Beispiele
veränderlich		
das Nomen / das Substantiv	Hauptwort	*Baum, Katze, Glück*
das Verb	Tätigkeitswort	*schreiben, telefonieren*
das Adjektiv	Eigenschaftswort	*lang, kurz*
der Artikel	Begleiter/Geschlechtswort	*der, die, das, dem, eine*
das Pronomen	Fürwort	*ich, dein, sich, welches, diese*
nicht veränderlich		
das Numerale	Zahlwort	*eins, zweitens, viele*
das Adverb	Umstandswort	*heute, draußen, immer, gern*
die Präposition	Verhältniswort	*in, unter, auf, zwischen*
die Konjunktion	Bindewort	*und, als, weil, obwohl, wenn, denn*
die Interjektion	Empfindungswort	*oh!, ach!*

Tempusformen: gestern – heute – morgen

GUT ZU WISSEN | Die Tempusformen (Zeitformen)

Verben bilden verschiedene Tempusformen (Zeitformen). Damit kann man zeitliche Verhältnisse wie Vorzeitigkeit, Gleichzeitigkeit und Nachzeitigkeit ausdrücken.

Tempus	Wird verwendet, …	Beispiele
Präsens (Gegenwart)	… um auszudrücken, dass etwas gerade oder regelmäßig geschieht.	*Marie* ***hört*** *Musik.* *Yannic* ***kommt*** *spät.*
Perfekt (vollendete Gegenwart)	… wenn man etwas mündlich erzählt, was schon vergangen ist.	*Marie* ***hat*** *Musik* ***gehört****.* *Yannic* ***ist*** *spät* ***gekommen****.*
Präteritum (Vergangenheit)	… wenn man schriftlich über etwas erzählt oder berichtet, was vergangen ist.	*Marie* ***hörte*** *Musik.* *Yannic* ***kam*** *spät.*
Plusquamperfekt (Vorvergangenheit)	… wenn man ausdrücken will, dass etwas vor einem zurückliegenden Ereignis geschah.	*Marie* ***hatte*** *Musik* ***gehört****.* *Yannic* ***war*** *spät* ***gekommen****.*
Futur I (Zukunft I)	… um etwas Zukünftiges auszudrücken.	*Marie* ***wird*** *Musik* ***hören****.* *Yannic* ***wird*** *spät* ***kommen****.*
Futur II (Zukunft II)	… um etwas auszudrücken, was in der Zukunft abgeschlossen ist.	*Marie* ***wird*** *Musik* ***gehört haben****.* *Yannic* ***wird*** *spät* ***gekommen sein****.*

Perfekt, Plusquamperfekt und Futur II werden mithilfe des **Partizips II** gebildet, z. B. *gekommen, verletzt, gegrüßt*.

1 Formulieren Sie die folgenden Sätze in allen Zeitformen.

1. Er besucht die Ausbildungsbörse.
2. Sie nimmt Informationsmaterial mit.
3. Wir sind dabei.

2 Bilden Sie das Präteritum und das Perfekt.

sie helfen – wir überprüfen – sie verarbeitet – du ordnest an – er ist – ich erfahre – sie hält – er unterhält sich – ihr könnt euch einbringen

3 In einigen Textarten werden in der Regel bestimmte Tempusformen benutzt. Nennen Sie die richtige Zeitform für die folgenden Beispiele:

Beschreibung | Inhaltsangabe | Märchen | Bericht | Anleitung

Unregelmäßige Verben

1 Im Anhang finden Sie eine Liste (» S. 211 ff.) mit unregelmäßigen Verben, die häufig verwendet werden. Überprüfen Sie mithilfe der Liste Ihr Wissen. Decken Sie dazu die ersten drei Spalten von rechts mit einem Blatt Papier ab, sodass nur die Spalte mit den Infinitivformen sichtbar ist.

a) Lesen Sie Ihrer Lernpartnerin / Ihrem Lernpartner die Infinitivformen nacheinander vor. Die Partnerin / der Partner nennt jeweils die Formen im Präsens, Präteritum und Perfekt. Tauschen Sie anschließend die Rollen.

b) Sagen Sie zu jedem Verb die Formen im Präsens, Präteritum und Perfekt auswendig laut auf.

c) Wiederholen Sie diese Übungen regelmäßig.

2 Schreiben Sie die folgenden Sätze zweimal ab und verwenden Sie die angegebenen Zeitformen.

a) Setzen Sie die hervorgehobenen Verben ins Präteritum.

b) Formulieren Sie den Text im Perfekt.

Mario (denken) an nichts Besonderes, als es an der Tür klingelte. Deshalb (sein) er angenehm überrascht, als er seinen alten Freund Lukas (sehen). Er (finden) kaum Worte, um seine Freude auszudrücken. Aber dann (besinnen) er sich und (bitten) Lukas hereinzukommen. Dieser (genießen) die Überraschung und (lassen) sich gern in die Wohnung führen. Die beiden (trinken) Tee und (essen) Kuchen; die Zeit (vergehen) wie im Flug. Lukas (einladen) Mario, ihm bald einen Gegenbesuch abzustatten.

3 Zu den folgenden Verben sind in der Liste (» S. 211 ff.) jeweils zwei mögliche Formen für das Präteritum und das Perfekt genannt. Wenden Sie diese Verben an.

bewegen – erschrecken – hängen – schaffen

a) Tauschen Sie sich mit Ihrer Lernpartnerin / Ihrem Lernpartner über die Bedeutung der Verben in den unterschiedlichen Formen aus.

b) Bilden Sie Sätze mit diesen Verben in den unterschiedlichen Formen.

Dein gutes Ergebnis bewog mich, es ebenfalls zu versuchen.

Ich muss wieder regelmäßig Sport treiben, gestern __________ ich mich wie ein alter Mann.

4 Erweitern Sie Ihren Wortschatz. Bilden Sie weitere Verben.

a) Ergänzen Sie die folgenden Verben durch Vorsilben und bilden Sie so weitere Verben. Nutzen Sie GUT ZU WISSEN. Notieren Sie alle Verben in einer Liste.

heben – werfen – ziehen

be — *über* — *er*

heben

b) Tauschen Sie sich mit Ihrer Lernpartnerin / Ihrem Lernpartner über Ihre Ergebnisse aus. Ergänzen Sie Ihre Liste.

c) Bilden Sie mit den Verben aus Ihrer Liste Sätze im Präteritum und Perfekt. Notieren Sie diese.

GUT ZU WISSEN – Unregelmäßige Verben mit Vorsilbe

Aus vielen Verben lassen sich neue Verben bilden, indem dem Wortstamm eine Vorsilbe vorangestellt wird. In diesem Fall werden die Stammformen genauso gebildet wie das entsprechende Verb ohne Vorsilbe.

Beispiel:	***denken***	***denkt***	***dachte***	***hat gedacht***
	be***denken***	be***denkt***	be***dachte***	***hat*** be***dacht***

Die indirekte Rede

Marc zu Dario:

Ich habe mich für einen Ausbildungsplatz beworben. Franco hat schon eine Zusage.

Dario zu Denise:

Marc sagt, er habe sich für einen Ausbildungsplatz beworben und Franco habe schon eine Zusage.

1 **Vergleichen Sie die Aussagen in den Sprechblasen. Was hat sich in der zweiten Sprechblase geändert?**

2 **Geben Sie die folgende Aussage von Marc in der indirekten Rede wieder. Nutzen Sie den Konjunktiv.**
„Ich bin sehr gespannt, ob der Betrieb mich einstellen wird. Der Betrieb liegt in meiner Nähe. Das Arbeitsklima soll gut sein. Mein Cousin arbeitet auch dort."

GUT ZU WISSEN Indirekte Rede

Mithilfe des Konjunktivs können Sie Aussagen oder Textinhalte in der indirekten Rede wiedergeben. Dabei wird in erster Linie der Konjunktiv I verwendet. Der **Konjunktiv I** wird mit dem **Stamm** des Verbs (Infinitiv ohne *-en*) und der passenden Personalendung gebildet:

mach-en

Indikativ Präsens	*er/sie/es macht* *sie machen*	**Konjunktiv I**	*er/sie/es mache* *sie machen*

Das Verb ***sein*** ist unregelmäßig:

Indikativ Präsens	*er/sie/es ist* *sie sind*	**Konjunktiv I**	*er/sie/es sei* *sie seien*

Bei der Umwandlung von direkter in indirekte Rede **verändert sich oft das Personal- bzw. das Possessivpronomen** und, damit verbunden, die **Personalform** des Verbs:

Direkte Rede	Wiedergabe in indirekter Rede
*Der Autor sagt: „**Ich bin** dafür, bald eine Entscheidung zu treffen."*	*Der Autor sagt, **er sei** dafür, bald eine Entscheidung zu treffen.*

Tempuswahl: Wenn man einen Satz wiedergibt, dessen Prädikat im Präteritum steht, bildet man in Gedanken das **Perfekt** und setzt dann das **Hilfsverb in den Konjunktiv I**, z. B.:

Präteritum	*Er **las** gern.*	*Sie **ging** nach Hause.*
Perfekt	*Er **hat** gern **gelesen**.*	*Sie **ist** nach Hause **gegangen**.*
Konjunktiv I	*Sie sagt, er **habe** gern **gelesen**.*	*Er sagt, sie **sei** nach Hause **gegangen**.*

Wenn Sie die **Rede- oder Textwiedergabe mit der Konjunktion *dass*** einleiten, darf das Verb im Indikativ oder im Konjunktiv stehen, beides ist richtig: *Er behauptet, dass sie lügt. – Er behauptet, dass sie lüge.*

Die indirekte Rede

GUT ZU WISSEN Ersatzformen für den Konjunktiv I

Wenn die Formen des Konjunktivs I und des Präsens Indikativ identisch sind, weicht man auf den **Konjunktiv II** oder eine **Ersatzform mit *würden*** aus. Das kann bei Verben in der 1. Person Singular sowie in der 1. und 3. Person Plural der Fall sein.

Variante 1:
Der Konjunktiv I wird ersetzt durch den **Konjunktiv II**.

Direkte Rede	Wiedergabe in indirekter Rede
*Nur wenige **bleiben** bei dieser Entscheidung.*	*Der Autor gibt an, nur wenige ~~**bleiben**~~ → **blieben** bei dieser Entscheidung.*

Der **Konjunktiv II** wird vom Indikativ Präteritum abgeleitet. Dabei wird oft ein Umlaut eingefügt (d. h., es findet ein Wechsel von a, o, u, au zu ä, ö, ü, äu statt), z. B.:

Indikativ Präsens	Konjunktiv I	Indikativ Präteritum	Konjunktiv II
ich nehme	*ich nehme*	*ich nahm*	*ich nähme*

Variante 2:
Falls die Formen des Konjunktivs II und des Indikativs Präteritum **identisch** sind, **umschreibt** man mit einer Form von *würden*. Das ist z. B. bei schwachen Verben im Präteritum der Fall.

Indikativ Präteritum	Konjunktiv II	Umschreibung mit *würde*
sie machte	*sie machte*	*sie würde machen*

Die **Umschreibung mit *würde*** empfiehlt sich auch, wenn die Form des Konjunktivs ungebräuchlich oder veraltet wirkt, z. B.: *ich hülfe → ich würde helfen; wir säßen → wir würden sitzen.*

3 **Bilden Sie zu den folgenden Formen die Ersatzformen für den Konjunktiv I.**
ich kaufe ein – wir laufen – sie besuchen – ich verpasse – wir unterstützen – sie verändern sich

4 **Setzen Sie den folgenden Auszug aus einem Interview in die indirekte Rede. Nutzen Sie dort, wo es angebracht ist, Ersatzformen.**
Herr Müller sagt, die Mitarbeiterinnen und Mitarbeiter der Firma bekämen …

Herr Müller: Die Mitarbeiterinnen und Mitarbeiter der Firma bekommen viele Vergünstigungen. Auch die Auszubildenden profitieren davon. Sie erhalten eine intensive Betreuung. Ihre Ausbilder sind besonders geschult. Es gelingt uns, ein gutes Arbeitsklima zu schaffen.

Aussagesätze – Das Verb an zweiter Stelle

GUT ZU WISSEN Aussagesätze und Satzklammer

Das Verb regiert den Satz. Man unterscheidet Satzarten abhängig von der **Position des konjugierten (gebeugten) Verbs** im Satz. Bezogen auf seine Funktion im Satz wird das Verb als **Prädikat** bezeichnet. In **Aussagesätzen** steht **das konjugierte Verb** nach dem Feldermodell auf **Position 2**. Man nennt sie auch **Verbzweitsätze**.

Vorfeld	Verb (linke Klammer)	Mittelfeld	Verb (rechte Klammer)	Nachfeld
Herr Hammerschmidt	*vermisst*	*seinen Hund.*		

Man spricht von **Satzklammer**, wenn das **Prädikat mehrteilig** ist. Das ist der Fall bei Sätzen
- mit **zusammengesetzten Zeitformen**,
- mit **Modalverben**,
- mit **trennbaren Verben**,
- im **Passiv**.

Vorfeld	Verb (linke Klammer)	Mittelfeld	Verb (rechte Klammer)	Nachfeld
Frau Lakatus	*hat*	*ihn*	*gefunden.*	
Herr Hammerschmidt	*will*	*Frau Lakatus eine Belohnung*	*geben.*	
Er	*ruft*	*sie*	*an.*	
Der Hund	*wird*	*nach Hause*	*gebracht.*	

Das **Subjekt** steht in der Nähe des Verbs. Häufig steht es im Vorfeld.

1 Untersuchen Sie die Prädikate in den folgenden Sätzen.

1. *Viele Menschen kümmern sich liebevoll um ihre Haustiere.*
2. *Hunde und Katzen sind schon lange die beliebtesten Haustiere.*
3. *Unser Hund macht uns viel Freude.*
4. *Ich wünsche mir auch eine Katze als Haustier.*
5. *Katzen mag ich nämlich gern.*

a) Legen Sie eine Tabelle nach dem Feldermodell an und tragen Sie die Sätze ein.
b) Formulieren Sie die Sätze im Perfekt. Tragen Sie sie in Ihre Tabelle ein.
c) Bestimmen Sie, welche Sätze einteilige und welche mehrteilige Prädikate haben.

2 Wenden Sie das Feldermodell an.

a) Wählen Sie Satzbausteine aus und bilden Sie daraus fünf sinnvolle Aussagesätze. Notieren Sie die Sätze in Ihrem Heft.
eine Katze – ist – mein Haustier – ich – es – habe – besonders gerne – Katzenfutter aus der Dose – sie – habe – die Nachbarin – das Tier – während meines Urlaubs – versorgt – frisst – draußen – fängt – Fische – langweilig – finde – auch – flinke Mäuse – mit einem Wollknäuel – spielt – mag – kaufen – Hund – im nächsten Jahr – will
b) Legen Sie eine Tabelle nach dem Feldermodell an und tragen Sie Ihre Sätze ein.
c) Bestimmen Sie in den Sätzen jeweils das Prädikat. Ist es einteilig oder mehrteilig?

Aussagesätze – Das Verb an zweiter Stelle

GUT ZU WISSEN Trennbare und untrennbare Verben

Viele Verben setzen sich aus einer Vorsilbe und einem Wortstamm zusammen. Die **Vorsilben untrennbarer Verben** sind **keine eigenständigen Wörter**. Untrennbare Vorsilben sind: *be-, emp-, ent-, er-, ge-, miss-, ver-, zer-*.

Im **Partizip II** wird kein *-ge-* eingefügt:

Beispiel: *Wir haben uns begrüßt.*

Die **Vorsilben trennbarer Verben** können **auch als eigenständige Wörter** verwendet werden, z. B. Präpositionen oder Adverbien wie *an, aus, vor, fort, herein*.

Beispiel: *an die Tür*

Beim **Partizip II** trennbarer Verben wird nach der Vorsilbe *-ge-* eingefügt.

Beispiel: *Ich bin an**ge**kommen.*

Trennbare Verben können im Satz eine **Klammer (Satzklammer)** bilden, untrennbare Verben hingegen nicht.

Vorfeld	Verb (linke Klammer)	Mittelfeld	Verb (rechte Klammer)
Ich	*schrieb*	*die ganze Zeit*	*mit.*
Ich	*verschrieb*	*mich nur ein einziges Mal.*	

Ausnahmen: Verben mit den Vorsilben *durch-, hinter-, über-, um-, unter-* sind je nach ihrer Bedeutung trennbar oder untrennbar.

3 **Übertragen Sie die Sätze in Ihr Heft und ergänzen Sie jeweils die passende Vorsilbe.**

Übermorgen findet das Treffen ____. Hoffentlich fällt mir noch ein witziger Begrüßungssatz ____. Würdest du meinen Text noch einmal lesen, wenn ich ihn ____bereitet habe? Bitte sag mir auch ehrlich, was dir ____fällt. Ruf mich dann auch gleich ____! Du kannst mir auch gerne etwas anderes ____schlagen. Für deine Mühen will ich dich ____lohnen. Ich werde dich zum Essen ____laden. Ich habe schon eine Idee, in welches Restaurant ich dich ____führen werde.

4 **Trennbar oder untrennbar? Bestimmen Sie die Verben.**

a) Legen Sie in Ihrem Heft eine Tabelle nach dem Feldermodell an und tragen Sie die folgenden Sätze ein.
Yannic schrieb auch mit. – Marie schrieb von Yannic ab. – Ihre Mitschrift stimmte vollkommen mit seiner überein. – Das enttäuschte mich.

Vorfeld	Verb (linke Klammer)	Mittelfeld	Verb (rechte Klammer)	Nachfeld
Yannic	*schrieb*	*auch*	*mit.*	
...	...	...	...	...

b) Unterscheiden Sie mithilfe der Tabelle trennbare und untrennbare Verben.

5 **Setzen Sie sich mit trennbaren und untrennbaren Verben auseinander.**

beziehen – überfordern – erschweren – einstellen – missglücken – mitbringen – verschreiben – einnehmen – verschönern – zerreißen – zugeben – unterschreiben

a) Welche der Verben sind trennbar? Schreiben Sie diese in Ihr Heft.

b) Bilden Sie mit diesen Verben Sätze, die die Trennbarkeit deutlich machen.

c) Ergänzen Sie diese Sätze in der Tabelle aus Aufgabe 4.

Aufforderungs- und Fragesätze – Das Verb an erster Stelle

GUT ZU WISSEN Aufforderungs- und Fragesätze

In **Aufforderungssätzen** steht das **konjugierte (gebeugte) Verb an erster Stelle (Verberstsätze)**. Auch **Fragesätze** können mit dem Verb beginnen, wenn es sich um eine Entscheidungsfrage handelt. Das Vorfeld bleibt in diesen Fällen leer.

Vorfeld	Verb (linke Klammer)	Mittelfeld	Verb (rechte Klammer)	Nachfeld
	Gib	*dem Hund Futter!*		
	Frisst	*er viel?*		
	Kommst	*du heute Abend*	*mit?*	

1 Untersuchen Sie die folgenden Sätze.

1. *Komm her!*
2. *Säubere den Futternapf!*
3. *Kauf anderes Futter!*
4. *Bekommt dein Hund ausreichend frisches Wasser?*
5. *Gehorcht er auch?*
6. *Bist du mit der Katze beim Tierarzt gewesen?*
7. *Vertragen sich Hund und Katze?*
8. *Willst du mir keine Antwort geben?*

a) Legen Sie in Ihrem Heft eine Tabelle nach dem Feldermodell an und tragen Sie die Sätze ein.

b) Unterstreichen Sie jeweils das Verb. An welcher Stelle steht es?

2 Setzen Sie sich mit den folgenden Fragesätzen auseinander.

1. *Wie lange habt ihr euren Hund schon?*
2. *Gehorcht er?*
3. *Wie oft musst du mit ihm rausgehen?*
4. *Gehst du heute Abend mit uns spazieren?*
5. *Warum sollte ich das tun?*

a) Legen Sie in Ihrem Heft eine Tabelle nach dem Feldermodell an und tragen Sie die Sätze ein.

Vorfeld	Verb (linke Klammer)	Mittelfeld	Verb (rechte Klammer)	Nachfeld
Wie lange	*habt*	*ihr euren Hund schon?*		
…	…	…	…	…

b) Bestimmen Sie, in welchen Sätzen das Verb an erster und in welchen es an zweiter Stelle steht.

c) In welcher Art von Fragesätzen steht das Verb an erster, in welchen an zweiter Stelle? Formulieren Sie eine Regel.

3 Bilden Sie Sätze zum Thema Bewerbung, bei denen das Verb an erster Stelle steht.

Formulieren Sie z. B. Fragen, die Sie in einem Vorstellungsgespräch stellen können.

a) Legen Sie in Ihrem Heft eine Tabelle nach dem Feldermodell an und tragen Sie die Sätze ein.

b) Markieren Sie die Verben in den Sätzen.

Satzglieder

1 Tauschen Sie sich in der Gruppe darüber aus, was Sie bereits über Satzglieder wissen. Welche kennen Sie? Wie fragt man danach?

2 Ermitteln Sie Satzglieder.

a) Schreiben Sie die folgenden Sätze ab und zeichnen Sie die Satzgliedgrenzen ein.

1. Die Schule hat eine neue Homepage.

2. Die Homepage der Schule entspricht unseren Erwartungen.

3. Wir wünschen uns digitale Lernangebote.

Die Schule | hat | eine neue Homepage.

b) Bestimmen Sie die Satzglieder. Wenden Sie die Umstellprobe (» GUT ZU WISSEN) an.

3 Vergleichen Sie die beiden Sätze.

1. Am 1. Mai 1886 gab es in den Industrieregionen der USA Massenstreiks und Demonstrationen.

2. Es gab am 1. Mai 1886 in den Industrieregionen der USA Massenstreiks und Demonstrationen.

a) Welche Teile des Satzes bleiben beim Umstellen der Satzglieder zusammen?

b) Stellen Sie weitere Teile des Satzes um.

c) An welcher Position des Satzes steht das konjugierte Verb?

4 Bilden Sie eigene Sätze und ermitteln Sie die Satzglieder durch die Umstellprobe.

5 Untersuchen und verändern Sie den folgenden Text.

Der Hund ist das älteste Haustier. Er stammt ursprünglich vom Wolf ab. Er ist für viele Menschen ein nützlicher Begleiter. Er wird auch von der Polizei oder von Rettungsdiensten als Helfer eingesetzt. Er kommt häufig als Suchhund zum Einsatz. Er sucht und findet Sprengstoff, Drogen oder Menschen. Der Hund kann demente Menschen finden, die sich verirrt haben, oder Menschen, die verschüttet sind. Er kann ebenso als Therapiehund für alte, kranke Menschen ausgebildet werden. Er muss gut erzogen und trainiert werden, um eine solche Aufgabe bewältigen zu können.

a) Warum wirkt dieser Text eintönig? Begründen Sie.

b) Stellen Sie die Reihenfolge der Satzglieder innerhalb der Sätze um. Schreiben Sie den Text in Ihr Heft.

GUT ZU WISSEN — Satzglieder mit der Umstellprobe ermitteln

Mit der **Umstellprobe** können die **Satzglieder ermittelt** werden. Die Teile eines Satzes, die zusammenbleiben, bilden ein Satzglied. Bei allen möglichen Varianten der Umstellprobe bleibt das konjugierte (gebeugte) Verb an der zweiten Stelle im Satz. Satzglieder sind z. B.:

Ich	***gebe …***		
Subjekt: Wer oder was?	**Prädikat:** Was geschieht?		
Ich	*gebe*	***dir …***	
		Dativobjekt: Wem?	
Ich	*gebe*	*dir*	***die Unterlagen.***
			Akkusativobjekt: Wen oder was?

TIPP

Wenn ein Objekt von einer Präposition eingeleitet wird, spricht man von einem Präpositionalobjekt. Hier hängt es von der Präposition ab, in welchem Fall das Objekt steht.

Satzglieder

GUT ZU WISSEN – Adverbiale Bestimmungen

Adverbiale Bestimmungen liefern genauere Informationen zu einem Geschehen oder einer Handlung. Auch Adverbiale zählen zu den Satzgliedern. Die wichtigsten adverbialen Bestimmungen sind:

- **Adverbiale Bestimmung der Zeit (temporal):** wird ermittelt durch die Frage „Wann?"
- **Adverbiale Bestimmung des Ortes (lokal):** wird ermittelt durch die Frage „Wo?"
- **Adverbiale Bestimmung der Art und Weise (modal):** wird ermittelt durch die Fragen „Wie?" oder „Auf welche Weise?"
- **Adverbiale Bestimmung des Grundes (kausal):** wird ermittelt durch die Frage „Warum?"

Beispiel:

Heute Abend	*gebe*	*ich*	*dir*	***wegen der anstehenden Arbeit***	***noch schnell***	***im Fitness-studio***	*die Unter-lagen.*
Adverbiale Bestimmung der Zeit (temporal): Wann?				**Adverbiale Bestimmung des Grundes (kausal):** Warum?	**Adverbiale Bestimmung der Art und Weise (modal):** Wie?	**Adverbiale Bestimmung des Ortes (lokal):** Wo?	

6 **Schreiben Sie den Text ab und ergänzen Sie die folgenden adverbialen Bestimmungen:**
in der Nähe des Cafés „Schöne Aussicht" – die letzten Tage – wegen seines Hundehalsbands – seit einigen Tagen – am Rhein – aufgrund Ihrer Anzeige – sehr zutraulich – am späten Vormittag

Fragen Sie nach dem jeweiligen Satzglied:
Warum meldet sich Frau Lakatus?
Sehr geehrter Herr Hammerschmidt, ich melde mich aufgrund Ihrer Anzeige.

Sehr geehrter Herr Hammerschmidt,

ich melde mich (1). Demnach vermissen Sie (2) Ihren Hund Sky. Ich bin (3) häufig (4) spazieren gegangen. Dabei fiel mir ein Hund auf, auf den Ihre Beschreibung zutrifft. Dieser war (5). (6) kam ich nicht auf die Idee, dass ihn jemand vermissen könnte.
Meistens habe ich den Hund (7) (8) gesehen.
Vielleicht hilft Ihnen meine Nachricht weiter, Ihren Hund zu finden.

Freundliche Grüße
C. Lakatus

7 **Ergänzen und ermitteln Sie in den folgenden Sätzen adverbiale Bestimmungen.**

1. *Wir bereiten uns vor.*
2. *Morgen werde ich mir die neue Homepage anschauen.*
3. *Ich frage den IT-Experten.*

a) Fügen Sie in den Sätzen inhaltlich sinnvolle adverbiale Bestimmungen ein.
b) Schreiben Sie in Klammern dahinter, wie Sie nach den adverbialen Bestimmungen fragen.
Wir bereiten uns gründlich vor. – adverbiale Bestimmung der Art und Weise (modal) (Wie?) …

Satzglieder

8 Ermitteln Sie Satzglieder mithilfe des Vorfeldtestes. Beachten Sie GUT ZU WISSEN.

Katzen sind bekanntlich wunderbare Haustiere. Das Leben mit ihnen tut vielen Menschen gut. Viele Untersuchungen belegen das. Sie machen im Vergleich zu anderen Tieren wenig Arbeit. Man muss Katzen nicht ausführen. Sie können sich problemlos allein beschäftigen. Sie schmusen sehr gern mit Menschen. Häufig haben sie aber ihren eigenen Kopf. Erwiesenermaßen lieben sie die Freiheit.

a) Übertragen Sie die Tabelle in Ihr Heft und tragen Sie die Sätze ein.

Vorfeld	Verb (linke Klammer)	Mittelfeld	Verb (rechte Klammer)	Nachfeld
Katzen	*sind*	*bekanntlich wunderbare Haustiere.*		
…	…	…	…	…

b) Stellen Sie die Sätze um, indem Sie jeweils ein anderes Satzglied in das Vorfeld setzen.

Vorfeld	Verb (linke Klammer)	Mittelfeld	Verb (rechte Klammer)	Nachfeld
Bekanntlich	*sind*	*Katzen wunderbare Haustiere.*		
…	…	…	…	…

c) Bestimmen Sie, um welche Arten von Satzgliedern es sich im Vorfeld jeweils handelt. Ermitteln Sie das Satzglied im Vorfeld über eine passende Frage.
Katzen sind bekanntlich wunderbare Haustiere. – Subjekt (Wer?) …

GUT ZU WISSEN Satzglieder mit dem Vorfeldtest ermitteln

Satzglieder lassen sich auch mit dem **Vorfeldtest** ermitteln. Ein Satzglied kann allein im Vorfeld stehen. Beim Vorfeldtest stellt man einen Satz so um, dass die einzelnen Satzglieder nacheinander ins Vorfeld verschoben werden.

Vorfeld	Verb (linke Klammer)	Mittelfeld	Verb (rechte Klammer)	Nachfeld
Ich	*will*	*dir heute Abend die Unterlagen*	*geben.*	
Heute Abend	*will*	*ich dir die Unterlagen*	*geben.*	
Die Unterlagen	*will*	*ich dir heute Abend*	*geben.*	
Dir	*will*	*ich heute Abend die Unterlagen*	*geben.*	

Satzgefüge

GUT ZU WISSEN — Das Satzgefüge

Ein **Hauptsatz** und mindestens ein **Nebensatz** bilden ein **Satzgefüge**. Der Nebensatz steht meistens im Nachfeld oder im Vorfeld. Das Nachfeld wird vor allem im mündlichen Sprachgebrauch für den Nebensatz genutzt.

Vorfeld	Verb (linke Klammer)	Mittelfeld	Verb (rechte Klammer)	Nachfeld
Herr Hammerschmidt	*gibt*	*eine Anzeige*	*auf,*	*weil er seinen Hund vermisst.*
Weil er seinen Hund vermisst,	*gibt*	*Herr Hammerschmidt eine Anzeige*	*auf.*	
Gleich am nächsten Tag	*gibt*	*Herr Hammerschmidt, der schon sehr unglücklich ist, eine Anzeige*	*auf.*	

Der Nebensatz wird durch ein **Komma** vom Hauptsatz abgetrennt und durch eine **Konjunktion** oder ein **Pronomen** eingeleitet. Das **gebeugte Verb** steht **am Ende des Nebensatzes**. Ein Nebensatz kann nicht allein stehen.

1 Bilden Sie sinnvolle Satzgefüge.

Unser Training ist erfolgreich … – weil, seitdem, solange, wenn, obwohl, während, damit, dadurch, dass

a) Nutzen Sie die angegebenen Konjunktionen.

b) Tauschen Sie sich über den veränderten Sinnzusammenhang in den Nebensätzen aus.

c) Bestimmen Sie die Stellung des Nebensatzes.

2 Formulieren Sie die folgenden Satzreihen in Satzgefüge um.

1. Mein Hund gehorcht mir nicht. Ich gehe einmal in der Woche zum Hundetraining.

2. Ich gehe zum Training. Meine Frau geht zur gleichen Zeit zum Yoga.

3. Ich kann die Trainingsleistung verbessern. Ich setze die Ratschläge der Trainerin um.

a) Nutzen Sie sinnvolle Konjunktionen. Beachten Sie die Verbstellung.

b) Stellen Sie den Nebensatz in das Vorfeld bzw. in das Nachfeld.

3 Ergänzen Sie die folgenden Sätze um einen Nebensatz im Mittelfeld.

1. Wenn wir Zeit haben, besuchen wir mit unserem Hund die Hundeschule.

Wenn wir Zeit haben, besuchen wir mit unserem Hund, der noch sehr jung ist, die Hundeschule.

2. Wir haben uns an unseren Hund gewöhnt.

3. Dieser Rettungshund hat schon mehreren Menschen helfen können.

4 Bearbeiten Sie die folgenden Satzgefüge, in denen die Kommas fehlen.

Achtung, Fehler!

1. Wir haben keine Haustiere weil mein Bruder allergisch ist.

2. Wenn er eine Katze streichelt bekommt er kaum Luft.

3. Leider hilft ihm kein Medikament gegen diese Allergie was ihn sehr unglücklich macht.

4. Ob er jemals von der Allergie geheilt wird kann niemand mit Sicherheit sagen.

5. Meine Eltern die ihm eine Freude machen wollten haben ihm jetzt eine Schildkröte geschenkt.

a) Übertragen Sie die Tabelle aus GUT ZU WISSEN in Ihr Heft und tragen Sie die Sätze ein.

b) Ergänzen Sie die Kommas und erläutern Sie Ihre Zeichensetzung.

Fazit, vertiefen, überprüfen

Das haben Sie in diesem Kapitel gelernt:

FAZIT

8.1
Richtig abschreiben – Richtig lesen

- die Aufmerksamkeit trainieren
- Fehlerschwerpunkte erkennen

8.2
Richtig rechtschreiben

- Groß- und Kleinschreibung
- verschiedene Laute richtig schreiben

8.3
Zeichen setzen

- Satzzeichen bei direkter Rede
- Kommas richtig setzen

8.4
Grammatik kennen und anwenden

- Wortarten
- indirekte Rede
- Sätze gliedern

Wenden Sie Ihr Wissen an:

Achtung, Fehler!

Die biologische Vielfalt, die die Natur hervorgebracht hat, ist die Grundlage allen Lebens. Aber diese Vielfalt geht weltweit sehr stark zurück. Viele Tierarten sind vom Aussterben bedroht. Es ist klar, dass dies auch Folgen für die Menschen haben wird. Häufig liest man vom Bienensterben. Man muss sich einmal bewusst machen, was eine Welt ohne Bienen bedeuten würde. Dies hätte schlimme Folgen für die Lebensmittelproduktion. WEIL ETWA EIN DRITTEL UNSERER NAHRUNG VON DER BESTÄUBUNG DURCH BIENEN UND ANDERE INSEKTEN ABHÄNGIG IST WÜRDEN DIE REGALE IN DEN SUPERMÄRKTEN LEER BLEIBEN.

1 Bearbeiten Sie die folgenden Aufgaben zu dem Text.

a) Schreiben Sie den letzten Satz in korrekter Groß- und Kleinschreibung in Ihr Heft.
b) Ergänzen Sie im letzten Satz das fehlende Komma. Erklären Sie Ihre Zeichensetzung.
c) Erläutern Sie, warum in Zeile 2 *dass* mit ss geschrieben wird.
d) Ermitteln Sie mit dem Feldermodell die Position des Nebensatzes in Zeile 1.
e) Stellen Sie das Satzgefüge in Zeile 1 so um, dass der Nebensatz an einer anderen Position steht.

2 Setzen Sie sich mit Wortarten auseinander.

zögern	und	hartherzig	denn
besprach	weil	obwohl	an
aß	bei	niedlich	unter
heimlich	wenn	hübsch	im

a) Jede Spalte enthält Wörter derselben Wortart. Ein Wort passt jeweils nicht dazu. Bestimmen Sie seine Wortart.
b) Schreiben Sie die Wörter aus den Spalten ohne dieses Wort ab und notieren Sie die Wortart darüber.

3 Tauschen Sie sich mit Ihrer Lernpartnerin / Ihrem Lernpartner über Ihre Arbeitsergebnisse aus.

Projekt
Ein Sprachspiel anfertigen und spielen

„Rechtschreibung und Grammatik einmal anders" lautet das Motto eines Spielenachmittags, den Sie in Ihrer Klasse veranstalten. Das Besondere dabei: Sie fertigen zunächst in 4er-Gruppen ein Würfelspiel an, bei dem Fragen rund um Grammatik und Rechtschreibung beantwortet werden sollen. Die Fragekärtchen erstellen Sie selbst. Anschließend probieren Ihre Mitschülerinnen und Mitschüler das Spiel aus, dabei nutzen sie die folgende Spielanleitung.

Die folgenden Informationen helfen Ihnen bei der Umsetzung des Projekts:

Spielanleitung

Material: Spielbrett mit 99 Feldern, einige der Felder sind rot; Spielfiguren, Würfel, nummerierte Fragekärtchen, nummerierte Lösungskärtchen, Spielanleitung
Spieler/-innen: 3 bis 4 Personen; Alter: 12 bis 99 Jahre
Spielvorbereitung:
Die Fragekärtchen liegen mit der Nummer nach oben auf einem Stapel.
Die Lösungskärtchen liegen mit der Nummer nach oben auf einem anderen Stapel.
Jede Person bekommt eine Spielfigur und stellt sie auf das Startfeld.
Bestimmen Sie eine Person, die die Lösungen überprüft.
Spielverlauf:
Die Spielerinnen und Spieler würfeln reihum. Wer die höchste Punktzahl hat, darf beginnen. Alle haben nacheinander jeweils einen Wurf. Man zieht mit der Spielfigur um so viele Felder weiter, wie man Punkte gewürfelt hat. Kommt man auf ein rotes Feld, muss man ein Fragekärtchen ziehen. Wenn die Frage richtig beantwortet wurde, darf man zwei Felder vorrücken. Bei einer falschen Antwort geht man so viele Felder zurück, wie man zuvor Punkte gewürfelt hat.
Die beantworteten Fragekärtchen werden unter den Stapel gelegt, die Antwortkärtchen ebenso.
Ziel des Spiels: Es geht darum, so schnell wie möglich das Zielfeld zu erreichen.

1 Bereiten Sie das Spiel vor.

a) Recherchieren Sie im Internet nach kostenlosen Vorlagen für Brettspiele. Sie können sich auch selbst eine Gestaltung für das Spielbrett ausdenken.
b) Fertigen Sie das Spielbrett an, indem Sie die Vorlage auf ein großes Blatt Papier oder Karton übertragen bzw. Spielfelder einzeichnen. Malen Sie mehrere Spielfelder rot aus.
c) Bringen Sie Würfel und Spielfiguren von zu Hause mit.

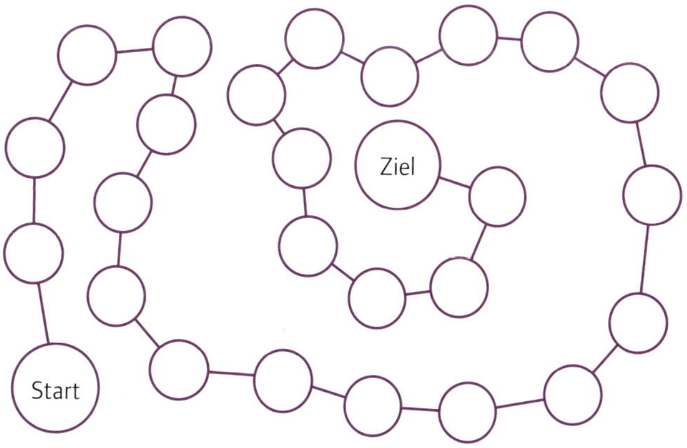

Ein Sprachspiel anfertigen und spielen

2 Erstellen Sie die Frage- und Lösungskärtchen.

a) Formulieren Sie Fragen zu Grammatik und Rechtschreibung. Beachten Sie folgende Phänomene:

- Wortarten
- unregelmäßige Verben
- Tempusformen
- Aktiv/Passiv
- Konjunktiv
- Rechtschreibregeln
- Fehlerquellen/Rechtschreibstrategien

b) Formulieren Sie jeweils passende Antworten.

c) Übertragen Sie die Fragen und Antworten auf nummerierte Kärtchen.

Bestimme die Wortart des folgenden Worts: *„ein“*	*Welche Schreibweise ist richtig?* *„der Arzt“* *oder* *„der Artzt“*	*Setze den folgenden Satz ins Perfekt:* *„Er geht.“*
Welche Schreibweise ist richtig? *„im besonderen“* *oder* *„im Besonderen“*	*Setze den folgenden Satz ins Passiv:* *„Die Katze fängt eine Maus.“*	*„der Wald“* *oder* *„der Walt“* *Welche Rechtschreibstrategie hilft dir herauszufinden, ob d oder t am Wortende stehen muss?*

d) Überprüfen Sie, ob alle Fragen zu beantworten und ob die Lösungen korrekt sind.

3 Tauschen Sie Ihre Spiele aus und spielen Sie nach der Spielanleitung (» S. 111).

4 Geben Sie sich gegenseitig Feedback (» Kapitel 15, S. 185) zu Ihren Spielen.

- Sind die Spielbretter und Fragekärtchen ansprechend gestaltet?
- Sind die Fragen geeignet und verständlich formuliert?
- Sind die Lösungen korrekt?

Kapitel 9

Diagramme und Schaubilder verstehen

9.1
Das Zusammenspiel von Text und Schaubild erkennen

9.2
Diagrammarten analysieren

9.3
Manipulationen erkennen

Häufig erhalten wir Informationen durch Bilder, z. B. in Form von Diagrammen und Schaubildern. Sie vermitteln auf anschauliche Weise Wissen über Sachverhalte und sind hilfreich beim Erkennen von Zusammenhängen. Manchmal werden Texte durch grafische Darstellungen ergänzt, um das Verstehen der Inhalte zu fördern.

In diesem Kapitel setzen Sie sich mit dem Zusammenspiel von Texten und Schaubildern auseinander. Sie lernen unterschiedliche Diagrammarten und deren Funktionen kennen. Darüber hinaus erfahren Sie, wie man Diagrammen Informationen entnimmt und Manipulationen erkennen kann.

Kompetenzen

- ✓ Funktionen von Schaubildern erkennen
- ✓ das Zusammenspiel von Text und Schaubild beurteilen
- ✓ Diagrammarten unterscheiden und analysieren
- ✓ Diagrammen Informationen entnehmen
- ✓ grafische Darstellungsformen kritisch hinterfragen

Methoden und Arbeitstechniken

- ✓ Arbeit mit dem Wörterbuch
- ✓ Sortieraufgabe

Das Zusammenspiel von Text und Schaubild erkennen

Schaubilder und Diagramme vermitteln Informationen auf grafische Weise. Manchmal werden Sachtexte durch bildliche Darstellungen ergänzt.

1 In welchen schulischen oder privaten Zusammenhängen begegnen Ihnen Schaubilder und Diagramme? Welche Funktionen haben die grafischen Darstellungen? Tauschen Sie sich in der Lerngruppe darüber aus.

Berufswahl und Zufriedenheit

Einfluss auf die Zufriedenheit der Auszubildenden hat […] nicht nur der Verlauf der Ausbildung selbst. Bereits der Zugang in Ausbildung ist oftmals entscheidend dafür, ob sich die jungen Menschen wohlfühlen und ihre Ausbildung erfolgreich beenden werden. […]

Wunschberuf oder Alternative

Bei allen Ansätzen, die Zugangsmöglichkeiten in Ausbildung für junge Menschen nachhaltig zu verbessern, müssen ihre Wünsche, Interessen und Begabungen eine zentrale Rolle spielen. Bei einem Großteil der Auszubildenden scheint dies auch der Fall zu sein: Fast drei Viertel (71,2 Prozent) der für den Ausbildungsreport 2018 befragten Auszubildenden absolvierten ihre Ausbildung entweder im Wunschberuf (31,2 Prozent) oder zumindest in einem von mehreren interessanten Berufen (40 Prozent). Gut jede_r Fünfte (21,9 Prozent) der Befragten macht jedoch die Ausbildung in einem Beruf, der eigentlich nicht geplant war. Und 7 Prozent erachten ihren Ausbildungsberuf als „Notlösung".

Geschlechtsspezifische Unterschiede

Jungen Männern (34,2 Prozent) gelingt es dabei anscheinend häufiger, in ihrem Wunschberuf unterzukommen, als jungen Frauen (27 Prozent). Für Letztere stellt ihr aktueller Ausbildungsberuf deutlich häufiger eine Alternative, die sie eigentlich nicht geplant hatten (27,2 Prozent gegenüber 18 Prozent bei den männlichen Auszubildenden), oder sogar eine Notlösung (7,9 Prozent Frauen gegenüber 6,2 Prozent Männer) dar. In der Folge ergreifen junge Frauen in der dualen Ausbildung überdurchschnittlich häufig Ausbildungsberufe, die nicht unbedingt ihren ursprünglichen Interessen entsprechen. […]

Mein Ausbildungsberuf war bei der Berufswahl …

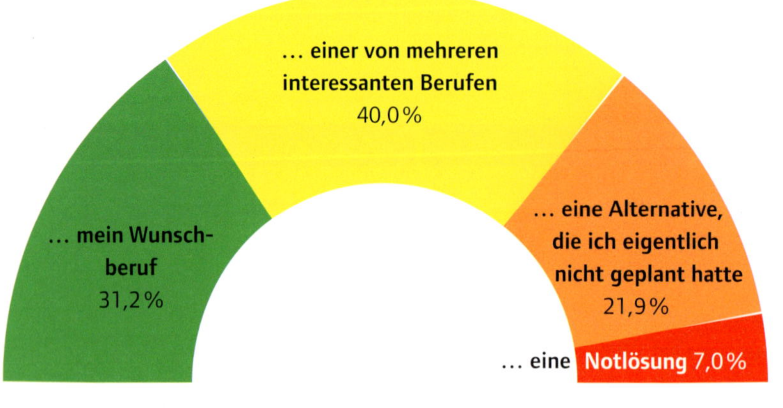

Text und Diagramm: DGB-Jugend – Ausbildungsreport 2018, S. 41 f.

Das Zusammenspiel von Text und Schaubild erkennen

2 Erschließen Sie den Auszug aus dem Ausbildungsreport sprachlich und inhaltlich.

a) Erläutern Sie gemeinsam mit Ihrer Lernpartnerin / Ihrem Lernpartner die folgenden Textstellen und finden Sie einfachere Formulierungen. Nutzen Sie das Wörterbuch (» Kapitel 17, S. 200).
- der Zugang in Ausbildung (Z. 3)
- nachhaltig […] verbessern (Z. 9 f.)
- absolvierten ihre Ausbildung (Z. 15)
- stellt […] eine Alternative […] dar (Z. 28–32)

b) Welche Aussagen zum Text treffen zu? Begründen Sie.

Achtung, Fehler!

1. *Für die Studie wurden Schulabgänger und Auszubildende befragt.*
2. *Es entscheidet sich schon zu Beginn der Ausbildung, ob die jungen Menschen später zufrieden damit sind.*
3. *Die Ausbildung muss zum Bewerber passen, nur so kann er lange Zeit zufrieden sein.*
4. *Es zeigt sich erst nach einem Jahr, ob ein Auszubildender zufrieden ist oder nicht.*
5. *Die Mehrheit der Befragten ist zufrieden mit dem Ausbildungsberuf.*
6. *Bei der Zufriedenheit mit dem Beruf gibt es Unterschiede zwischen Männern und Frauen.*
7. *Junge Frauen brechen häufiger ihre Ausbildung ab als junge Männer.*
8. *Die Hälfte aller Befragten ist unzufrieden mit dem gewählten Beruf.*

c) Berichtigen Sie die fehlerhaften Aussagen.

3 Analysieren Sie das Diagramm im Hinblick auf die folgenden Fragestellungen. Berücksichtigen Sie GUT ZU WISSEN.
- Was sagt es aus?
- Welche Funktion erfüllt es?

4 Untersuchen Sie das Zusammenspiel von Text und Diagramm.

a) Welche Informationen finden sich nur im Text und nicht im Diagramm? Fertigen Sie eine Kopie des Textes an und unterstreichen Sie die Textstellen.

b) Auf welche Textstelle bezieht sich das Diagramm? Geben Sie den Inhalt schriftlich in eigenen Worten wieder.

GUT ZU WISSEN – Funktionen von Diagrammen und Schaubildern

Diagramme und Schaubilder geben **Informationen, Sachverhalte, Zahlen** und **Daten** grafisch aufbereitet wieder. Da sie **anschaulich** und **übersichtlich** sind, helfen sie der Betrachterin / dem Betrachter, sich einen Überblick über ein Thema zu verschaffen und wichtige Inhalte **schnell zu erfassen**. Häufig ergänzen die grafischen Darstellungen Sachtexte und beinhalten wichtige oder weiterführende Informationen zu einem Thema. Sie greifen z. B. einen besonderen Aspekt aus einem Text heraus und heben bestimmte Informationen hervor. Darüber hinaus sollen bildliche Darstellungen **Interesse wecken** und **Leseanreize** schaffen. Häufig lesen Leserinnen und Leser, die ein Schaubild betrachtet haben, danach auch den dazugehörigen Text.

Diagrammarten analysieren
Größenverhältnisse verdeutlichen – Balkendiagramm

Es gibt viele unterschiedliche Arten von Diagrammen. Die Wahl der grafischen Darstellung hängt von der Art der Informationen und der beabsichtigten Wirkung ab.

1 Überprüfen Sie Ihr Wissen mithilfe der Sortieraufgabe (» GUT ZU WISSEN).

a) Welche der folgenden Begriffe kennen Sie und können Sie erläutern? Legen Sie eine Tabelle an und sortieren Sie die Begriffe danach, ob Sie sie verstanden haben oder nicht.

Organigramm   Säulendiagramm   Schaubild   Kreisdiagramm

Balkendiagramm   Kurvendiagramm   Infografik   Liniendiagramm

verstanden	nicht verstanden
…	…

b) Arbeiten Sie mit einer Lernpartnerin / einem Lernpartner zusammen. Erläutern Sie abwechselnd die Begriffe, die Sie verstanden haben, in höchstens zwei Sätzen.

c) Klären Sie die nicht verstandenen Begriffe in der Lerngruppe.

2 Untersuchen Sie das Schaubild.

a) Was ist das Thema des Schaubildes? Formulieren Sie dazu ein bis zwei Sätze.

b) Setzen Sie sich mit der Funktion der Symbole neben den Balkendiagrammen auseinander.

c) Formulieren Sie die wichtigsten Aussagen des Schaubildes schriftlich.

Der beliebteste Beruf bei Frauen …, dicht gefolgt von … Im Mittelfeld befindet sich … mit … neu abgeschlossenen Ausbildungsverträgen. Das Schlusslicht bildet der Beruf … Der beliebteste Beruf bei Männern … Eine Gemeinsamkeit ist … Der größte Unterschied besteht darin, dass …

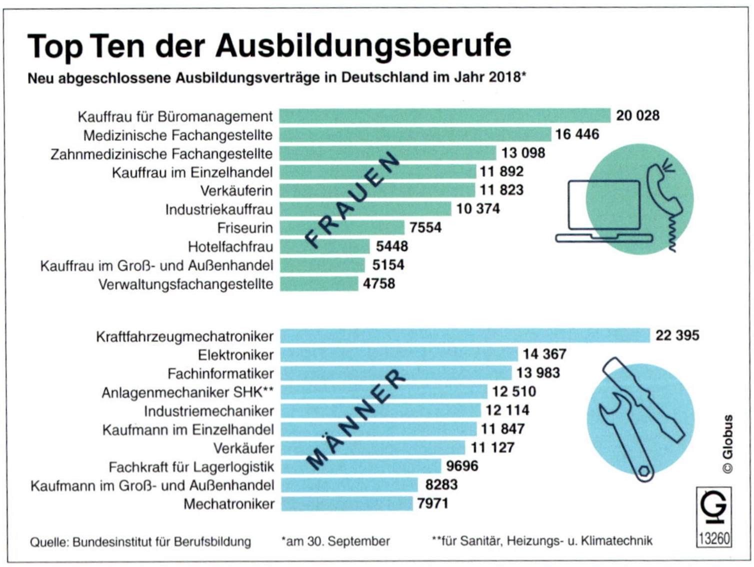

GUT ZU WISSEN **Sortieraufgabe**

Mithilfe einer Sortieraufgabe kann **Vorwissen überprüft** werden. Begriffe aus einem bestimmten Wissensgebiet werden nach „verstanden“ und „nicht verstanden“ sortiert. Ein Begriff gilt als verstanden, wenn mindestens ein erklärender Satz dazu formuliert werden kann. Im Anschluss sollen die nicht verstandenen Begriffe besprochen und geklärt werden.

Größenverhältnisse verdeutlichen – Säulendiagramm

Säulendiagramme ähneln Balkendiagrammen. Beide eignen sich für den Vergleich von Größen oder Mengen.

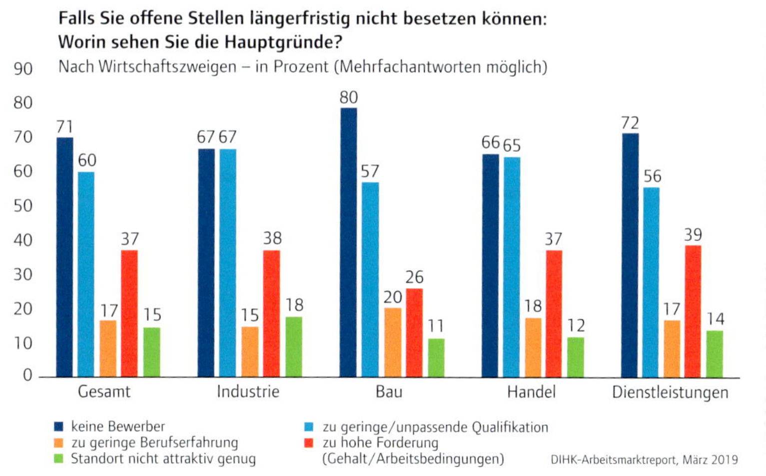

1 Beantworten Sie die folgenden Fragen zum Diagramm.

- Wie lautet das Thema des Diagramms?
- Wer wurde für die Studie befragt?

2 Ordnen Sie jeder Schlussfolgerung aus dem Diagramm eine passende Begründung zu.

Schlussfolgerung	Begründung
1) Die Baubranche ist besonders unattraktiv für neue Bewerber.	A) 67 Prozent der Befragten nennen dies als Grund dafür, dass Stellen nicht besetzt werden.
2) Im Dienstleistungssektor sind hohe Gehaltsvorstellungen häufiger als in anderen Branchen der Grund für unbesetzte Stellen.	B) 80 Prozent der Befragten aus dieser Branche geben an, dass es keine Bewerber für offene Stellen gibt.
3) Wegen mangelnder Qualifikation der Bewerber werden viele Stellen in der Industrie nicht besetzt.	C) 39 Prozent der Befragten sagen, dass Bewerber zu hohe Forderungen stellen.
4) Zu geringe Berufserfahrung ist eher selten ein Grund für unbesetzte Stellen.	D) Hier liegen die Angaben der Befragten aus allen Branchen zwischen 15 und 20 Prozent.

3 Analysieren Sie das Diagramm und formulieren Sie zu den folgenden Aspekten mehrere Sätze.

- erforderliche Qualifikationen für die jeweiligen Wirtschaftszweige
- Attraktivität des Wirtschaftszweigs für Bewerber
- Abweichung zwischen Wunsch (Gehalt/Arbeitsbedingungen) und Realität

In allen Bereichen stellt die zu geringe Qualifikation … Vor allem die Baubranche scheint für Bewerber unattraktiv zu sein, denn … Zu hohe Forderungen in Bezug auf … gibt es …

4 Erweitern Sie Ihre Ausdrucksmöglichkeiten.

a) Schreiben Sie die Sätze ab und setzen Sie jeweils das passende Vergleichswort (*als/wie*) ein.
In der Baubranche herrscht ein größerer Bewerbermangel ______ in der Industrie.
Bewerbermangel ist in der Industrie genauso häufig die Ursache für unbesetzte Stellen ______ nicht passende oder zu geringe Qualifikationen der Bewerber.

b) Formulieren Sie drei weitere Vergleiche, bezogen auf das Diagramm.

c) Leiten Sie aus den Beispielen eine allgemeingültige Regel ab: Wann wird *als* benutzt und wann *wie*?

Entwicklungen aufzeigen – Kurven-/Liniendiagramm

In Kurven- oder Liniendiagrammen sind einzelne Messpunkte durch Linien verbunden.

Entwicklung der Nachfrage junger Frauen und Männer nach dualer Berufsausbildung von 2009 bis 2018

Nachfrage junger Frauen (in Tsd.) **Nachfrage junger Männer (in Tsd.)**

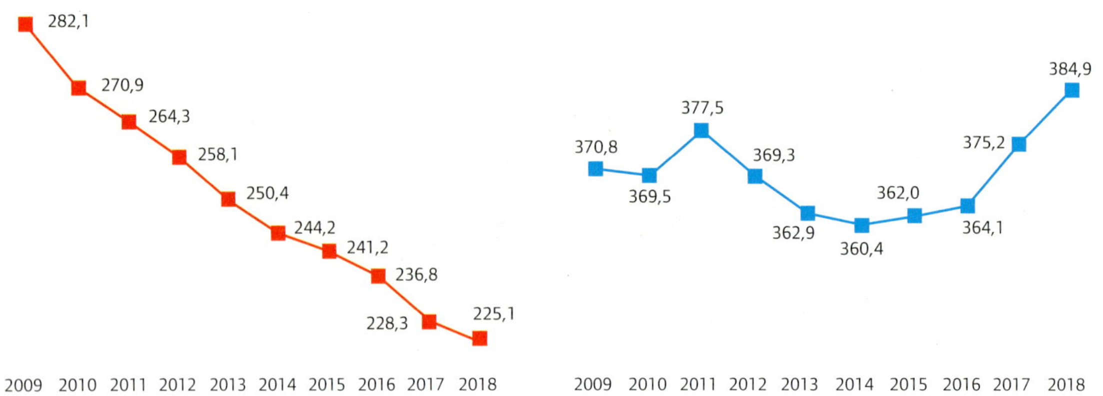

Quelle: Bundesinstitut für Berufsbildung, BiBB-Erhebung zum 30. September; Bundesagentur für Arbeit, Ausbildungsmarktstatistik zum 30. September (Sonderauswertung zur Vorbereitung des Berufsbildungsberichts); Berechnungen des Bundesinstituts für Berufsbildung

BiBB-Datenreport 2019

1 Untersuchen Sie die beiden Diagramme.

a) Beschreiben Sie die Linienverläufe der beiden Diagramme. Gehen Sie dabei besonders auf die Jahre 2009, 2011, 2014 und 2018 ein.

der Ausgangswert, fällt gleichbleibend, der Anstieg, der Tiefpunkt, der höchste Wert

b) Vergleichen Sie die Liniendiagramme mit den Diagrammarten, die Sie bisher kennengelernt haben. Worin unterscheiden sie sich und welche Funktion haben Liniendiagramme?

2 Tauschen Sie sich mit einer Lernpartnerin / einem Lernpartner über die Aussageabsicht der Diagramme aus. Welche unterschiedlichen Schlussfolgerungen können die folgenden vier Personen ziehen?

1. eine junge Frau, die sich nach ihrem Schulabschluss für eine Ausbildung bewerben möchte
2. der Schulleiter einer Berufsschule
3. eine Ärztin, die für ihre Praxis zwei Auszubildende als medizinische Fachangestellte sucht
4. die Chefin einer Autowerkstatt, die im Jahr 2014 keinen Auszubildenden zum Kraftfahrzeugmechatroniker finden konnte

3 Erweitern Sie Ihren Wortschatz.

a) Schreiben Sie die Sätze ab und ersetzen Sie die unterstrichenen Wörter durch einfachere Formulierungen. Achten Sie darauf, dass die Bedeutung erhalten bleibt.

Ausgehend von einem Spitzenwert von 282 100 Interessentinnen im Jahr 2009 ist die Zahl bis 2016 kontinuierlich gesunken, von 2016 auf 2017 sogar rapide.

b) Schreiben Sie den Text ab und setzen Sie die Präpositionen *um, von, bei, auf* ein. Einige Präpositionen können mehrfach verwendet werden.

Die Nachfrage ______ der dualen Berufsausbildung ist ______ 369 500 männlichen Interessenten ______ 377 500 angestiegen, bevor sie dann ______ mehr als 17 000 Interessenten ______ einen Tiefstand ______ 360 400 gefallen ist. ______ ungefähr diesem Wert ist die Nachfrage drei Jahre stehen geblieben.

Teile eines Ganzen – Kreisdiagramm

Kreisdiagramme stellen die Aufteilung eines Ganzen in Teilmengen dar.

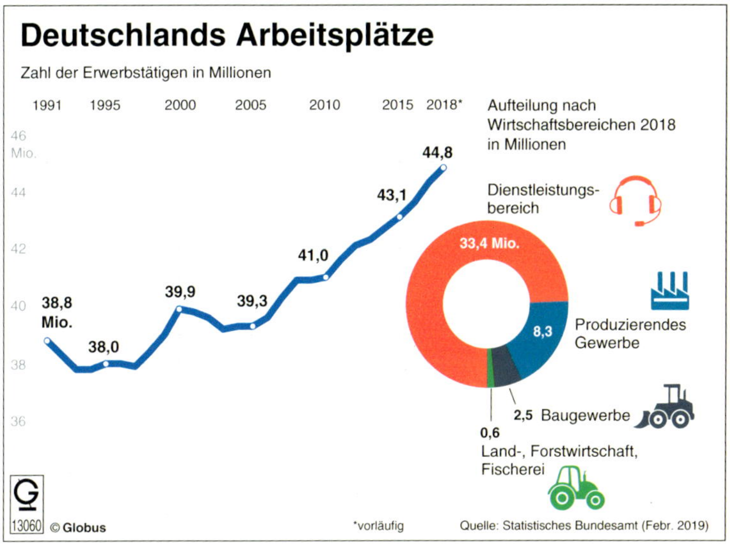

1 Untersuchen Sie die Darstellungsart des Schaubildes.

a) Beschreiben Sie die optische Gestaltung des Schaubildes.

b) Erläutern Sie, warum sich der Herausgeber für eine Kombination aus Linien- und Kreisdiagramm entschieden hat.

2 Untersuchen Sie das Kreisdiagramm inhaltlich.

a) Benennen Sie den Titel, den Herausgeber und das Erscheinungsjahr des Schaubildes.

b) Werten Sie das Kreisdiagramm aus. Welche Aussagen treffen zu, welche nicht?

Achtung, Fehler!

1. *Drei Viertel aller Erwerbstätigen arbeiteten 2018 im Dienstleistungsbereich.*
2. *Im produzierenden Gewerbe arbeiteten 2018 weniger Menschen als im Jahr 2016.*
3. *Im Baugewerbe arbeiteten 2018 nur 2,5 % der Erwerbstätigen.*
4. *Im Dienstleistungsbereich arbeiteten mehr als doppelt so viele Menschen wie in den anderen Wirtschaftszweigen zusammen.*
5. *Der Dienstleistungssektor wird in den kommenden Jahren noch wichtiger werden.*

c) Fassen Sie die wichtigsten Inhalte des Schaubildes schriftlich in eigenen Worten zusammen.
Mit Abstand am meisten Erwerbstätige … Hier sind … Menschen beschäftigt. An zweiter Stelle folgt …

CHECKLISTE – Diagramme und Schaubilder analysieren

- ✓ Habe ich das **Thema** des Schaubildes erkannt?
- ✓ Kann ich die Besonderheiten der **optischen Gestaltung** beschreiben?
- ✓ Erkenne ich, welche **Informationen, Sachverhalte** und **Zahlen** der Grafik zugrunde liegen?
- ✓ Kann ich den **Zusammenhang** zwischen der **Gestaltung** des Schaubildes und den darin enthaltenen **Informationen** erläutern?
- ✓ Habe ich die **Gesamtaussage** des Schaubildes erkannt und kann ich sie in eigenen Worten wiedergeben?
- ✓ Erkenne ich die **Funktion** des Schaubildes im Zusammenhang mit dem Text und dem Thema und kann ich sie erläutern?

Strukturen verdeutlichen – Organigramm

Zur Vorbereitung eines Bewerbungsgespräches kann es hilfreich sein, sich das Organigramm der jeweiligen Firma anzuschauen. Hier lässt sich sehr gut die Struktur oder der Aufbau eines Unternehmens erkennen.

Organigramm der Firma Meyer Gebäudemanagement GmbH

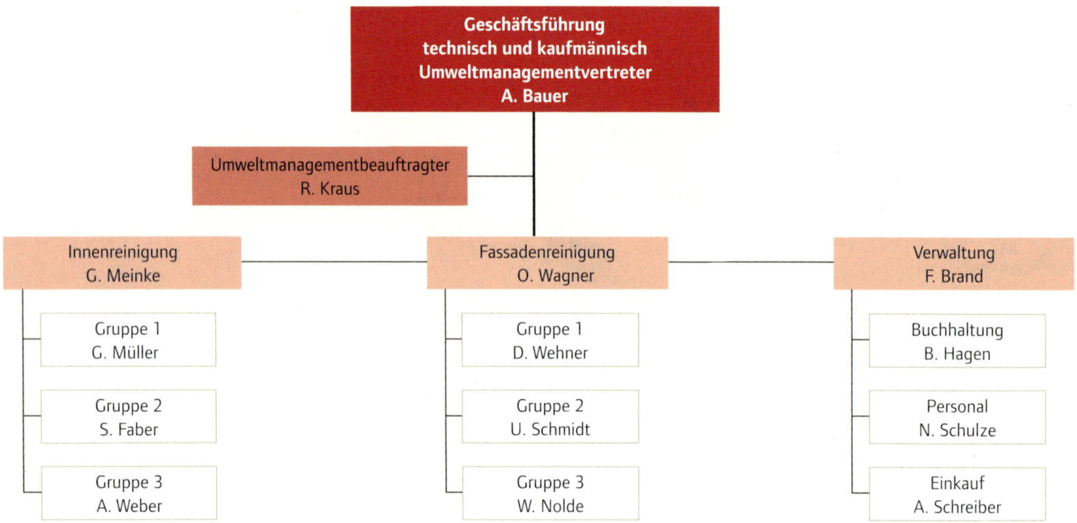

1 Untersuchen Sie das Organigramm und beantworten Sie die Fragen.

- Welche Hauptaussagen können gemacht werden?
  Der Umweltmanagementbeauftragte ist direkt der Geschäftsführung unterstellt. R. Kraus hat dieses Amt inne …
- Warum wurde diese Diagrammart gewählt?

2 Gestalten Sie ein Organigramm für die Struktur Ihrer Schule oder eines Betriebes, in dem Sie ein Praktikum gemacht haben.

GUT ZU WISSEN | Aus Schaubildern und Grafiken Informationen entnehmen

Schaubilder und Grafiken enthalten je nach Thema Diagramme, Textelemente, Bilder und Symbole. Die Wahl der Darstellung hängt von der Aussageabsicht ab.

Diagramme sind eine spezielle Form von Schaubildern:

- **Kreisdiagramm:** Es zeigt Anteile von einem Ganzen (z. B. 80 Prozent). Es sollten nicht zu viele Aspekte gezeigt werden, da das Diagramm sonst unübersichtlich wird.
- **Balken-/Säulendiagramm:** Bei einem Balkendiagramm werden die Daten durch waagerecht liegende, bei einem Säulendiagramm durch senkrecht stehende Balken dargestellt.

Mit beiden Diagrammarten kann man Informationen vergleichen und Größenverhältnisse darstellen.

- **Kurven-/Liniendiagramm:** Es zeigt Entwicklungen über einen bestimmten Zeitraum.
- **Organigramm:** Es stellt Strukturen dar und verdeutlicht organisatorische Zusammenhänge.

Manipulationen erkennen

Bei grafischen Darstellungen von Informationen ist es wichtig, genau hinzuschauen. Die Wahl des Maßstabs rückt manches in ein anderes Licht.

Die folgenden grafischen Darstellungen basieren auf denselben Informationen.

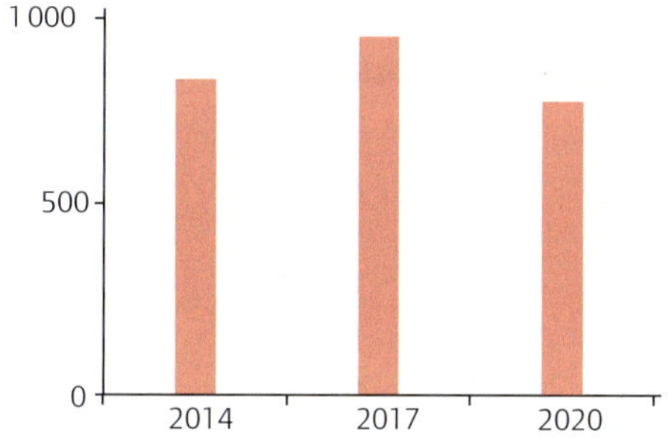

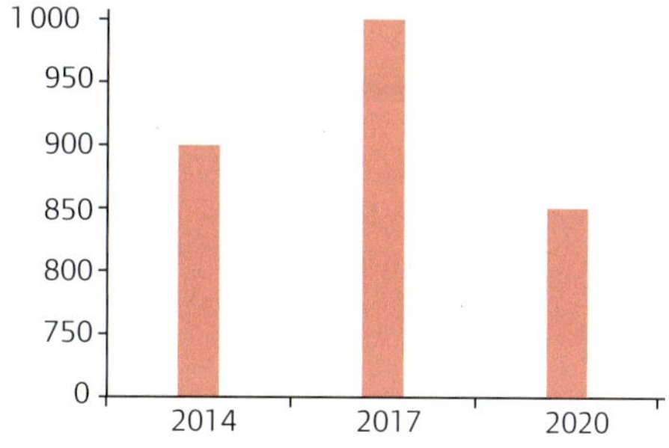

1 Vergleichen Sie die beiden Säulendiagramme.

a) Beschreiben Sie, welche Unterschiede Ihnen auf Anhieb auffallen.

b) Notieren Sie, welcher Maßstab auf den Achsen jeweils gewählt wurde.

c) Erläutern Sie, inwiefern der Maßstab die Aussagen der Diagramme beeinflusst.

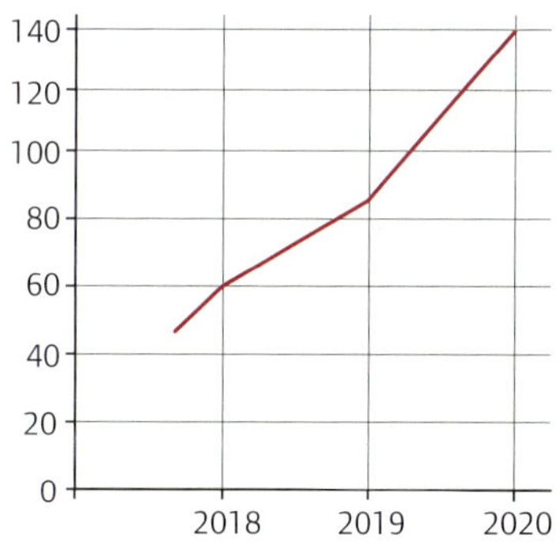

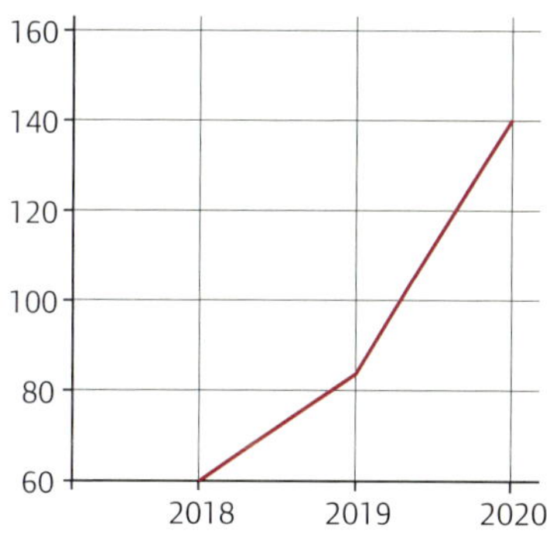

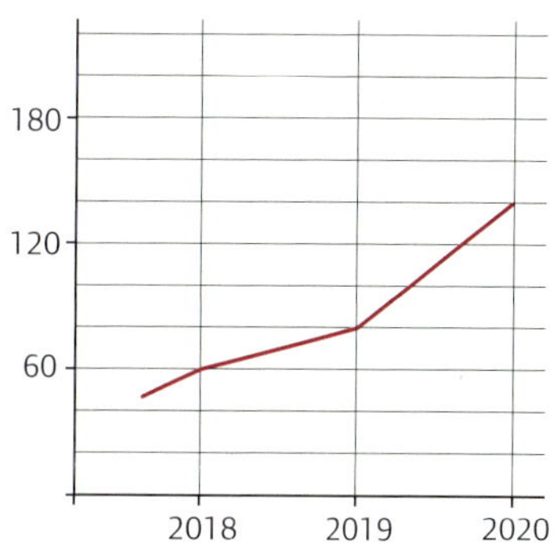

2 Untersuchen Sie die drei grafischen Darstellungen zur Umsatzentwicklung im Hinblick auf die folgenden Fragen.

- Welches Unternehmen hat den größten Umsatz gemacht?
- Welcher Eindruck kann sich aus den verschiedenen grafischen Darstellungen ergeben?
- Was sind die Ursachen für die unterschiedliche Wirkung?

GUT ZU WISSEN | **Diagramme kritisch lesen**

Diagramme sind immer auch kritisch zu lesen. Zahlen und Größenunterschiede können durch die **Wahl der Maßstäbe** unterschiedlich wirken. Durch den gewählten **Maßstab** – die Skalierung der Achsen – lassen sich Darstellungen **manipulieren**.

Fazit, vertiefen, überprüfen

Das haben Sie in diesem Kapitel gelernt:

FAZIT

9.1
Das Zusammenspiel von Text und Schaubild erkennen

- Funktionen von Schaubildern erkennen
- das Zusammenspiel von Text und Schaubild beurteilen

9.2
Diagrammarten analysieren

- Diagrammarten unterscheiden und analysieren
- Diagrammen Informationen entnehmen

9.3
Manipulationen erkennen

- grafische Darstellungsformen kritisch hinterfragen

Wenden Sie Ihr Wissen an:

1 Analysieren Sie das Schaubild.

a) Benennen Sie das Thema in eigenen Worten.
b) Beschreiben Sie die optische Gestaltung des Schaubildes.
c) Stellen Sie einen Zusammenhang zwischen der Gestaltung und dem Inhalt des Schaubildes her.
d) Ziehen Sie Schlussfolgerungen aus dem Diagramm.
e) Geben Sie die wichtigsten Aussagen des Schaubildes schriftlich in eigenen Worten wieder.

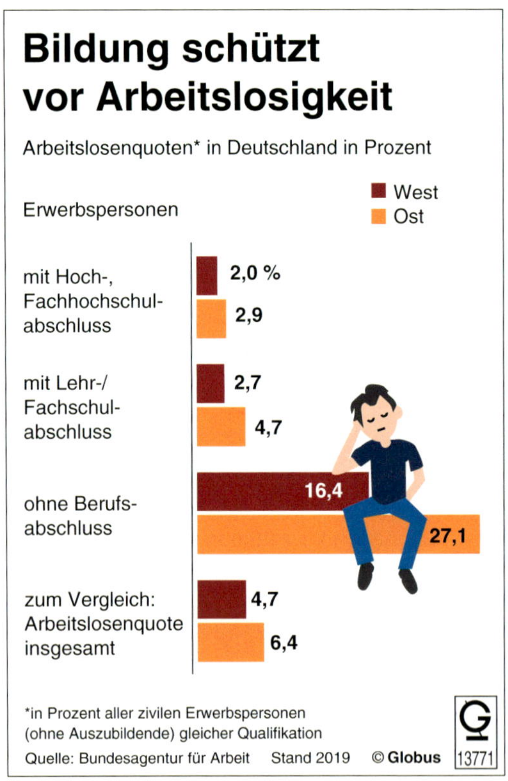

2 Überprüfen und überarbeiten Sie Ihre Ergebnisse gemeinsam mit einer Lernpartnerin / einem Lernpartner. Berücksichtigen Sie die Checkliste auf S. 119.

3 Notieren Sie Ihre individuellen Fehlerschwerpunkte im Bereich Rechtschreibung, Zeichensetzung und Grammatik. Bearbeiten Sie die entsprechenden Abschnitte in Kapitel 17, „Richtig schreiben".

Kapitel 10

Sich zu einem Text positionieren

10.1 Sich eine Meinung zu einem Thema bilden

10.2 Einen Text erschließen

10.3 Sich zu Argumenten eines Textes positionieren

10.4 Eine textgebundene Stellungnahme schreiben

Sowohl in der Schule, im Alltag als auch später im Berufsleben müssen Sie für Ihre Meinung eintreten, sei es in persönlichen Gesprächen, sei es in Diskussionen im Internet. Texte aus Zeitungen, Online-Publikationen oder Sachbüchern liefern Informationen, vor deren Hintergrund man sich eine eigene Meinung bilden kann. Manche Texte geben jedoch einseitige Standpunkte wieder oder versuchen, Leserinnen und Leser in ihrer Meinung zu beeinflussen.

In diesem Kapitel erfahren Sie, wie Sie sachlich informierende Texte von subjektiv kommentierenden Textsorten unterscheiden können. Darüber hinaus lernen Sie Strategien kennen, mit denen man die eigene Position überzeugend vertreten und Argumente untermauern kann.

Kompetenzen

- ✓ eine eigene Meinung formulieren und begründen
- ✓ rhetorische Strategien benennen
- ✓ informierende und kommentierende Texte unterscheiden
- ✓ sich zu Argumenten positionieren
- ✓ eine Stellungnahme zu einem Text schlüssig aufbauen

Methoden und Arbeitstechniken

- ✓ Meinungslinie
- ✓ Arbeit mit dem Wörterbuch

Sich eine Meinung zu einem Thema bilden

Immer wieder wird diskutiert, ob man jungen Menschen mehr Möglichkeiten geben muss, das Zusammenleben und die Gesellschaft mitzugestalten. Sollte man aus diesem Grund bei Bundestagswahlen das Wahlalter auf 16 Jahre herabsetzen?

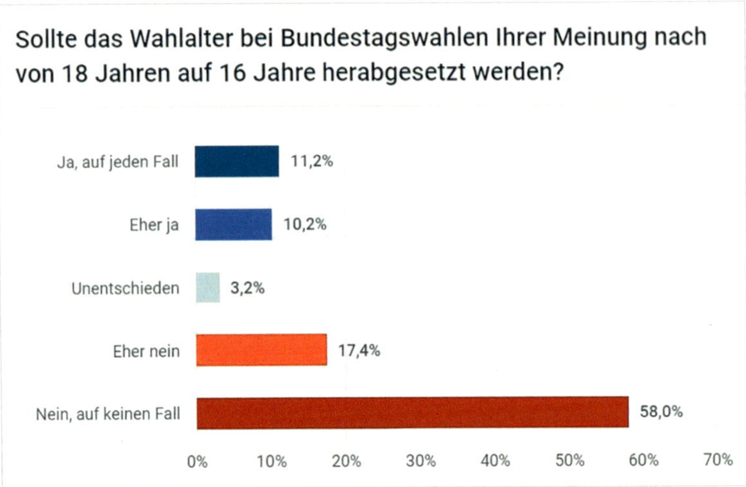

Der Tagesspiegel / Civey, 07.03.2019

1 Setzen Sie sich in der Klasse damit auseinander, ob das Wahlalter auf 16 Jahre herabgesetzt werden sollte.

a) Geben Sie in eigenen Worten wieder, wie sich die Mehrheit der Deutschen laut der Umfrage zum Thema positioniert.

b) Bilden Sie zum Thema Wahlalter eine Meinungslinie (» GUT ZU WISSEN). Alle Teilnehmerinnen und Teilnehmer überlegen, welchen Standpunkt sie dazu vertreten, und stellen sich entsprechend ihrer Position auf.

c) Vergleichen Sie das entstandene Meinungsbild Ihrer Klasse mit dem Ergebnis der Umfrage aus dem Balkendiagramm.

d) Sammeln Sie Argumente pro und kontra Herabsetzung des Wahlalters. Notieren Sie diese in einer Tabelle.

Pro (für die Herabsetzung des Wahlalters)	Kontra (gegen die Herabsetzung des Wahlalters)
...	...

2 Begründen Sie Ihre eigene Meinung durch ein vollständiges Argument (» Kapitel 3, S. 31).

GUT ZU WISSEN Meinungslinie

Bei der **Meinungslinie** wird auf dem Boden eine Linie mit Klebeband gezogen oder Sie stellen sich in Gedanken eine Linie vor.

Das eine Ende stellt die **Pro-**, das andere die **Kontra-Seite** dar.

Die Teilnehmenden positionieren sich so auf dieser Linie, dass deutlich wird, welche Haltung sie zu der Frage / dem Sachverhalt einnehmen (dafür, eher dafür, dagegen, unentschieden ...).

Einen Text erschließen

Bei der Frage, ob schon 16-Jährige an Wahlen teilnehmen und auf diese Weise die politische Landschaft in Deutschland mitgestalten dürfen, scheiden sich die Geister. Im folgenden Kommentar spricht sich die Autorin klar dafür aus.

Wahlrecht ab 16? Auf jeden Fall!

von Camilla Flocke

[…] „Wir wollen mehr Demokratie wagen", das verkündete Bundeskanzler Willy Brandt[1] 1969 in seiner Regierungserklärung. Worum es ging: Das Wahlalter von 21 auf 18 Jahre senken. Schon damals argumentierten Gegner, dass die „Jugendlichen" nicht die geistige Reife besäßen und die Gemeinschaft geschädigt würde. […]

Drei Jahre später wurde dennoch das Wahlrecht geändert. Geschadet hat es weder der Gemeinschaft noch der Demokratie. Das würde auch nicht passieren, wenn schon die 16-Jährigen in Deutschland wählen dürften.

Immerhin dürfen sie schon als Azubis Steuern zahlen, selbst entscheiden, welcher Religion sie angehören wollen, oder ein Organ spenden – aber Anteil daran haben, welche Politik in Deutschland gemacht wird, das geht nicht? Dabei müssen sie als Erwachsene die Konsequenzen der Entscheidungen tragen, an denen sie nicht teilgenommen haben, und das auch noch viel länger.

Immerhin: In einigen Bundesländern dürfen 16-Jährige bereits bei Kommunal- und Landtagswahlen wählen. Hat das der Politik geschadet? Extremer ist sie jedenfalls nicht geworden, obwohl Jugendliche angeblich „leichter zu manipulieren sind", wie die Kritiker behaupten.

Vielmehr ist es doch so, dass ein Wahlrecht mit 16 das Ungleichgewicht zwischen Älteren und Jüngeren korrigieren würde. Bei der jüngsten Bundestagswahl waren 22,4 Millionen Menschen über 60 wahlberechtigt und nur neun Millionen unter 30. Da ist es kein Wunder, dass die Politiker vor allem auf die Wünsche der Älteren eingehen.

Den Jüngeren reicht es jetzt. […] Sie fürchten, dass die Politik ihre Welt und ihre Zukunft zerstört. Politisches Desinteresse sieht anders aus. Und wer sagt eigentlich, dass sich 16-Jährige weniger mit Politik auseinandersetzen als alte Menschen? Wir sollten keine höheren Maßstäbe bei denen ansetzen, die einfach nur einige Jahre jünger sind.

(Orange by Handelsblatt, 07. 03. 2019)

1 Willy Brandt: Bundeskanzler der Bundesrepublik Deutschland von 1969 bis 1974

1 Erschließen Sie den Text sprachlich.

a) Klären Sie die Bedeutung unbekannter Wörter. Nutzen Sie das Wörterbuch (» Kapitel 17, S. 200).

b) Erläutern Sie gemeinsam mit Ihrer Lernpartnerin / Ihrem Lernpartner die hervorgehobenen Begriffe und finden Sie einfachere Formulierungen. Der Sinn muss erhalten bleiben.

- die **Konsequenzen** tragen (vgl. Z. 18)
- politisches **Desinteresse** (vgl. Z. 35 f.)
- hohe **Maßstäbe** ansetzen (vgl. Z. 39)

Einen Text erschließen

2 Setzen Sie sich mit dem Inhalt des Textes auseinander.

a) Geben Sie den Standpunkt der Autorin zum Thema „Wahlrecht ab 16“ schriftlich in eigenen Worten wieder.

Die Autorin …
… ist der Meinung, dass …
… vertritt den Standpunkt, dass …

b) Geben Sie die Argumente, mit denen die Autorin ihren Standpunkt begründet, schriftlich in eigenen Worten wieder.

Das erste Argument ist im Text farbig hervorgehoben.
Die Autorin begründet ihre Meinung damit, dass auch die Herabsetzung des Wahlalters von 21 auf 18 Jahre weder der Gemeinschaft noch der Demokratie geschadet habe.

c) Entkräften Sie die Argumente der Autorin mit Gegenargumenten.

Sollten Ihnen keine Gegenargumente einfallen, kann Ihnen der Text „Wahlrecht ab 16? So ein Quatsch!“ (» S. 127) helfen.

3 Analysieren Sie die Form des Textes.

a) Untersuchen Sie die rhetorischen Strategien, die die Autorin verwendet, um die Leserinnen und Leser von ihrem Standpunkt zu überzeugen. Finden Sie die Textstellen (Textbelege), an denen die folgenden Strategien eingesetzt werden:

- verweist auf ein ähnliches Ereignis in der Vergangenheit (Analogie)
- stellt rhetorische Fragen
- macht auf Rechte und Pflichten von 16-Jährigen aufmerksam (Faktenargument)

b) Handelt es sich um einen informierenden oder einen kommentierenden Text? Begründen Sie Ihre Antwort und finden Sie passende Textbelege. Berücksichtigen Sie GUT ZU WISSEN.

TIPP

Eine rhetorische Frage ist eine Frage, auf die keine Antwort erwartet wird. Sie wird z. B. genutzt, um zum Nachdenken anzuregen.

4 Inwiefern trifft die hervorgehobene Redewendung auf den Text zu? Nehmen Sie Stellung.

Die Autorin unterstellt Erwachsenen, dass sie ***mit zweierlei Maß*** *messen.*

5 Wenden Sie rhetorische Strategien an und formulieren Sie Ihre Argumente aus Aufgabe 2 c als

- Analogie,
- rhetorische Frage,
- Faktenargument.

GUT ZU WISSEN – Textarten unterscheiden

Man unterscheidet in der Presse zwischen verschiedenen Textarten. Zwei der wichtigsten sind die informierenden und die kommentierenden Texte.

Informierende Texte vermitteln **objektiv Nachrichten**. Das Thema ist aktuell und in der Regel von allgemeinem Interesse. Ein informierender Text sollte den Sachverhalt vollständig darstellen und Antworten auf die W-Fragen (Wer? Wann? Wo? Was? Wie? Warum? Mit welchen Folgen?) geben.

Kommentierende Texte weisen neben der objektiven Berichterstattung auch subjektive Elemente wie **Meinungsäußerungen** der Autorin / des Autors auf. Diese werden häufig durch **sprachliche Mittel (rhetorische Strategien)** gestützt. Manchmal enthalten kommentierende Texte **Appelle**, die die Leserinnen und Leser auffordern, etwas zu hinterfragen oder zu tun.

Sich zu Argumenten eines Textes positionieren

Dass es zu einem so wichtigen Thema wie dem Wahlalter unterschiedliche Meinungen gibt, ist schon an der Überschrift des folgenden Textes erkennbar.

Wahlrecht ab 16? So ein Quatsch!

von Marius Wolf

[...] „Mein Vater hat mir gesagt, ich soll SPD wählen, deswegen mach ich das auch. Sonst hätte ich die Tierschutzpartei gewählt." Das war der Kommentar meiner 18-jährigen Mitschülerin. Wir hatten gerade die 11. Klasse begonnen, da standen auch schon Wahlen an. Damals hieß unser Bundeskanzler noch Gerhard Schröder[1]. [...]

Das sollte sich auch bloß nicht ändern, wie mir meine volljährigen Mitschüler erklärten. „Ich wähle Schröder, sonst gibt's Krieg und Deutschland wird zu Russland", sagte Heiko. „Wenn die Merkel kommt, wander ich aus!", hatte Maria einen klaren Plan für den Fall der Fälle. „Arbeit ist scheiße. Ich wähle die APPD[2]", waren sich andere einig.

Nun, es begann die lange Amtszeit von Angela Merkel. Von Krieg blieben wir verschont, in Köln gibt es weiterhin Kölsch statt Wodka und Maria wohnt auch noch in Deutschland, wie mir Facebook verrät. Was ich damals schon dachte: Wieso darf man eigentlich in so jungen Jahren schon wählen? [...]

Die Zeit, in der Menschen auch gedanklich noch Teenager sind, sollten sie für die Dinge nutzen, die sie zum Erwachsenwerden brauchen. Klar, da sind Bildung, Lebenserfahrungen machen und Verantwortung lernen ganz entscheidend!

Aber ich sehe mich und meine Freunde mit 16 Jahren: Jeder kannte mindestens 30 Pokémons, alle Fußballergebnisse und die neue Single von Robbie Williams. Hätten wir wirklich erklären können, was eine Mietpreisbremse bewirken kann? Ob ein Bürgergeld gut für Deutschland ist? Und warum sich Entscheidungen in der Flüchtlingspolitik nicht pauschal mit „Ja" und „Nein" beantworten lassen?

Ich glaube nicht daran [...] und fände sogar ein Wahlrecht ab 21 besser.

(Orange by Handelsblatt, 07.03.2019)

---

1 Gerhard Schröder: Bundeskanzler der Bundesrepublik Deutschland von 1998 bis 2005

2 APPD (Anarchistische Pogo-Partei Deutschlands): Spaßpartei ohne ernst zu nehmendes politisches Programm

1 Setzen Sie sich mit dem Inhalt des Textes auseinander.

a) Geben Sie den Standpunkt des Autors zum Thema „Wahlrecht ab 16" schriftlich in eigenen Worten wieder.

b) Geben Sie die Argumente, mit denen der Autor seinen Standpunkt begründet, schriftlich in eigenen Worten wieder.

c) Prüfen Sie mit einer Lernpartnerin / einem Lernpartner wechselseitig Ihre Ergebnisse und überarbeiten Sie Ihre Texte.

2 Analysieren Sie, welche rhetorischen Strategien der Autor verwendet, um zu überzeugen.

a) Belegen Sie durch Textstellen, dass der Autor die folgenden rhetorischen Strategien anwendet:
- Aufwertung der eigenen Position durch Verweis auf eigene Erfahrungen
- möglichen Gegenargumenten zuvorkommen

b) Erläutern Sie, was der Autor durch die drei rhetorischen Fragen im letzten Abschnitt (Z. 29–33) erreichen möchte.

Eine textgebundene Stellungnahme schreiben

Muster 1: Einleitung zu einer Stellungnahme

In dem Nachrichtentext „Wahlrecht ab Geburt – Lasst die Kinder an die Urnen!" schreibt die Autorin darüber, dass in Österreich kleine Kinder wählen dürfen und dass das auch für Deutschland besser wäre. Der Text ist im Internet erschienen.

Muster 2: Einleitung zu einer Stellungnahme

In dem Kommentar „Wahlrecht ab Geburt – Lasst die Kinder an die Urnen!" plädiert die Autorin Heike Klovert für ein Wahlrecht ab Geburt. Der Text ist im Jahr 2019 auf Spiegel Online erschienen.

2 Bereiten Sie eine Einleitung zu einer Stellungnahme vor.

a) Welches der beiden Beispiele ist besser als Einleitung zu einer Stellungnahme geeignet? Begründen Sie und berücksichtigen Sie dabei die Checkliste (» S. 131).

b) Verfassen Sie eine Einleitung für Ihre eigene Stellungnahme.

Muster: Hauptteil einer Stellungnahme – Textwiedergabe

Die Autorin fordert in ihrem Text, dass jeder Mensch von Geburt an das Wahlrecht besitzen sollte. Diese Idee habe zahlreiche Anhänger, auch wenn sie auf den ersten Blick merkwürdig erscheine. Sie begründet ihren Vorschlag damit, dass Kinder und Jugendliche so die Welt der Zukunft besser mitgestalten könnten. […]

3 Bereiten Sie den Hauptteil einer Stellungnahme vor.

a) Überprüfen Sie, ob das Beispiel für eine Textwiedergabe den Anforderungen entspricht (» S. 131).

b) Übertragen Sie den Anfang der Textwiedergabe in Ihr Heft und vervollständigen Sie ihn.

Muster: Hauptteil einer Stellungnahme – zu Argumenten Stellung nehmen

Die Autorin ist für ein Wahlrecht ab Geburt, weil junge Menschen dadurch ihre eigene Zukunft mitgestalten könnten. Diesem Argument stimme ich teilweise, aber nicht vollkommen zu. Babys und Kleinkinder wählen zu lassen, erscheint mir schwer umsetzbar. Denn wie kann man sicherstellen, dass Eltern mit ihren Kindern über politische Fragen sprechen, bevor sie stellvertretend das Wahlrecht ausüben? Kinder und Jugendliche hingegen sind durchaus in der Lage, sich Gedanken darüber zu machen, wie die Welt von morgen aussehen soll. Warum sollen also nur die Erwachsenen über den Kopf der jüngeren Generation hinweg über wichtige Zukunftsfragen abstimmen dürfen? Immer häufiger nehmen schon Kinder und Jugendliche an Meinungskundgebungen und Protestaktionen teil. Das ist durchaus ein Beweis dafür, dass sie verantwortungsbewusste Entscheidungen treffen können. […]

4 Untersuchen und vervollständigen Sie das Beispiel für eine Stellungnahme.

a) Welcher Standpunkt wird in dem Beispiel vertreten und wie wird er begründet?

b) Vervollständigen Sie den Hauptteil einer Stellungnahme, indem Sie eigene Argumente finden und formulieren.

Eine textgebundene Stellungnahme schreiben

Muster: Schlussteil einer Stellungnahme

Abschließend kann man sagen, dass es durchaus sinnvoll sein könnte, das Wahlalter von 18 auf 16 Jahre herabzusetzen. Dass aber Kinder schon von ihrer Geburt an das Recht zu wählen haben sollten, führt zu weit. Sie sind noch nicht in der Lage, die Tragweite von Entscheidungen zu erkennen.

5 Bereiten Sie den Schlussteil einer Stellungnahme vor.

a) Untersuchen Sie das Beispiel: Durch welche Mittel wird die Stellungnahme im Schlussteil abgerundet?

b) Tauschen Sie sich mit Ihrer Lernpartnerin / Ihrem Lernpartner über weitere Möglichkeiten aus, wie der Schlussteil einer Stellungnahme gestaltet werden kann.

c) Formulieren Sie einen Schluss zu dem von Ihnen verfassten Hauptteil.

6 Verfassen Sie eine zusammenhängende Stellungnahme zum Text „Wahlrecht ab Geburt – Lasst die Kinder an die Urnen!".

a) Formulieren Sie Überleitungssätze, die sich zum Verknüpfen von Einleitung, Hauptteil und Schlussteil Ihrer Stellungnahme eignen.

Die angeführten Argumente machen deutlich, dass … Abschließend möchte ich noch einmal klar herausstellen: … Zusammenfassend lässt sich festhalten, dass …

b) Schreiben Sie die vollständige Stellungnahme in Ihr Heft.

c) Überprüfen und überarbeiten Sie wechselseitig mit einer Lernpartnerin / einem Lernpartner Ihre Stellungnahmen. Beachten Sie die Checkliste.

CHECKLISTE – Eine Stellungnahme zu einem Text verfassen

Einleitung

✓ Enthält meine Einleitung folgende Angaben zum Text: Titel, Textsorte, Name der Autorin / des Autors, Quelle, Zeitpunkt der Veröffentlichung, Thema?

✓ Führt die Einleitung zum Thema hin und weckt sie das Interesse der Leserin / des Lesers?

Hauptteil

Textwiedergabe

✓ Ist der Inhalt des Textes knapp und in eigenen Worten wiedergegeben?

✓ Habe ich ihn objektiv und sachlich zusammengefasst?

✓ Habe ich im Präsens geschrieben?

✓ Habe ich Aussagen der Autorin / des Autors in der indirekten Rede wiedergegeben?

Stellungnahme

✓ Mache ich die Position der Autorin / des Autors klar?

✓ Bin ich auf die sprachliche Gestaltung des Textes eingegangen?

✓ Habe ich meine Position verdeutlicht?

✓ Habe ich eigene Argumente angeführt?

✓ Habe ich diese mit Beispielen, Belegen oder Erläuterungen gestützt?

Schluss

✓ Habe ich den Aufsatz abgerundet, z. B. durch ein Fazit oder einen Bezug zur Einleitung?

Äußere Form

✓ Habe ich Einleitung, Hauptteil und Schlussteil durch Absätze gegliedert?

✓ Habe ich die drei Teile der Stellungnahme durch Überleitungssätze miteinander verknüpft?

Fazit, vertiefen, überprüfen

Das haben Sie in diesem Kapitel gelernt:

FAZIT

10.1 Sich eine Meinung zu einem Thema bilden

- eine eigene Meinung formulieren und begründen

10.2 Einen Text erschließen

- Argumente in einem Text bestimmen
- rhetorische Strategien erkennen und benennen
- informierende und kommentierende Texte unterscheiden

10.3 Sich zu Argumenten eines Textes positionieren

- unterschiedliche Standpunkte vergleichen
- die Stichhaltigkeit von Argumenten bewerten
- sich zu Argumenten positionieren

10.4 Eine textgebundene Stellungnahme schreiben

- eine Stellungnahme zu einem Text schlüssig aufbauen

Wenden Sie Ihr Wissen an:

1 Verfassen Sie eine Stellungnahme zu einem der beiden Texte:

- „Wahlrecht ab 16? Auf jeden Fall!" (» S. 125)
- „Wahlrecht ab 16? So ein Quatsch!" (» S. 127)

a) Geben Sie die Argumente und die rhetorischen Strategien der Autorin / des Autors stichpunktartig in eigenen Worten wieder.

b) Bereiten Sie Ihre textgebundene Stellungnahme vor. Übertragen Sie hierfür die Tabelle in Ihr Heft und füllen Sie sie für den ausgewählten Text aus.

Standpunkt der Autorin / des Autors	Argumente der Autorin / des Autors	Rhetorische Strategien der Autorin / des Autors	Mein Standpunkt
…	…	…	…

c) Schreiben Sie eine textgebundene Stellungnahme mit Einleitung, Hauptteil und Schluss.

2 Überprüfen und überarbeiten Sie Ihre Ergebnisse gemeinsam mit einer Lernpartnerin / einem Lernpartner. Berücksichtigen Sie die Checkliste auf S. 131.

3 Notieren Sie Ihre individuellen Fehlerschwerpunkte im Bereich Rechtschreibung, Zeichensetzung und Grammatik. Bearbeiten Sie die entsprechenden Abschnitte in Kapitel 17, „Richtig schreiben".

Kapitel 11

Eine materialgestützte Stellungnahme schreiben

11.1 Die Aufgabe verstehen

11.2 Die Materialien erschließen

11.3 Einen Schreibplan anfertigen

11.4 Eine materialgestützte Stellungnahme schreiben

11.5 Eine materialgestützte Stellungnahme überarbeiten

Um sich mit einem Sachverhalt intensiv auseinanderzusetzen und sich eine eigene Meinung zu bilden, ist es hilfreich, sich gründlich über unterschiedliche Facetten des jeweiligen Themas zu informieren. Auch wenn Sie andere Menschen durch Argumente von Ihrem Standpunkt zu einer strittigen Frage überzeugen möchten, können Fakten und Positionen von Fachleuten Schützenhilfe leisten. In den Medien und im Internet finden Sie eine Vielzahl an Texten und Materialien, die zur Bildung einer eigenen Meinung und zum Formulieren stichhaltiger Argumente beitragen können.

In diesem Kapitel erfahren Sie, wie Sie unterschiedliche Materialien zielgerichtet erschließen und auf dieser Grundlage Ihren Standpunkt in einer materialgestützten Stellungnahme vertreten können.

Kompetenzen

- ✓ Materialien zielgerichtet erschließen
- ✓ Informationen zueinander in Beziehung setzen
- ✓ Argumentationen nachvollziehen
- ✓ sich eine eigene Meinung bilden
- ✓ Argumente formulieren
- ✓ Struktur und Inhalt eines Aufsatzes planen
- ✓ eine Stellungnahme schlüssig aufbauen

Methoden und Arbeitstechniken

- ✓ Lesetechniken
- ✓ Arbeit mit dem Wörterbuch
- ✓ 5-Schritt-Lesemethode
- ✓ Cluster und Mind-Map
- ✓ Schreibplan

Die Aufgabe verstehen

Der erste Schritt beim Verfassen einer materialgestützten Stellungnahme besteht darin, sich gründlich mit der Aufgabenstellung auseinanderzusetzen.

Aussage

Fast Fashion – schnelllebige, günstige Mode – schadet sowohl Menschen als auch Natur. Daher ist es wichtig, dass jeder Einzelne sein Konsumverhalten ändert und nachhaltig produzierte Kleidung kauft.

Aufgabenstellung

Verfassen Sie eine Stellungnahme zu dieser Aussage. Sie können hierbei Informationen aus den Materialien 1–3 verwenden.

1 Setzen Sie sich in der Klasse mit der Aufgabenstellung auseinander und beantworten Sie dazu folgende Fragen:

- Was sind die besonderen Merkmale einer materialgestützten Stellungnahme und was müssen Sie bei der Planung und beim Schreiben beachten? Berücksichtigen Sie GUT ZU WISSEN.
- Sie dürfen beim Verfassen Ihrer Stellungnahme auf Informationen aus vorgegebenen Materialien zurückgreifen. Worin bestehen hierbei die Vor- und Nachteile?

2 Untersuchen Sie die inhaltlichen Schwerpunkte der Aufgabenstellung.

a) Geben Sie das Thema der Stellungnahme schriftlich in eigenen Worten wieder.
b) Erläutern Sie, welche Teilaspekte beim vorliegenden Thema berücksichtigt werden müssen.
c) Vergleichen Sie Ihre Ergebnisse mit denen Ihrer Lernpartnerin / Ihres Lernpartners und ergänzen Sie ggf. Ihre Notizen.

3 Überprüfen Sie Ihr Vorwissen. Welche Probleme könnten sich aus dem Konsum von Fast Fashion für Mensch und Natur ergeben?

GUT ZU WISSEN | Arbeitsschritte für das materialgestützte Schreiben

In einer **materialgestützten Stellungnahme** sollen Sie Ihren eigenen Standpunkt zu einem strittigen Thema darstellen. Dabei muss Ihre These durch Argumente begründet und durch geeignete Beispiele gestützt werden (» Kapitel 3, S. 31). Der Unterschied zu einem Erörterungsaufsatz besteht darin, dass Sie auf Informationen aus vorgegebenen Materialien (z. B. Texte, Diagramme, Statistiken) zurückgreifen können. Sie müssen sie nicht nutzen, aber Ihr Text wird dadurch stichhaltiger. So gehen Sie beim Verfassen einer materialgestützten Stellungnahme vor:

- Zunächst gilt es, die **Aufgabenstellung zu verstehen** und alle Teilaspekte zu erfassen.
- Das **Erschließen der Materialien** kann Ihnen dabei helfen, das Thema aus verschiedenen Blickwinkeln zu betrachten und Anregungen für Ihre Argumentation zu bekommen.
- Ein **Schreibplan** ist nützlich, um Ihre Argumente logisch anzuordnen.
- Auf der Grundlage Ihrer Vorarbeiten formulieren Sie die **Stellungnahme** mit Einleitung, Hauptteil und Schluss.
- Der letzte Schritt besteht in einer inhaltlichen und sprachlichen **Überarbeitung** Ihres Textes.

Die Materialien erschließen

Die Redensart „Über Geschmack lässt sich nicht streiten" kann man auch auf unterschiedliche Vorlieben beim Kleidungsstil beziehen. Dass allerdings die Art der Kleidung sehr wohl zu Kontroversen führen kann, zeigen die folgenden drei Materialien zum Thema Fast Fashion.

Material 1: Von der Fast Fashion zur Slow Fashion: Das macht nachhaltige Mode aus

von Jule Zentek

[…] Vier Modekollektionen jährlich, für jede Jahreszeit eine – so war das mal. Längst bringen die Firmen bis zu zwölf Kollektionen im Jahr in die Läden. „Die Preise werden günstiger und die Qualität gleichzeitig schlechter", sagt Verena Bax, Ressourcen-Expertin vom Naturschutzbund (Nabu). Rund 70 Stücke kauft jeder Deutsche im Jahr. Fast Fashion nennt sich das. Doch es gibt einen Gegentrend: Neben der Nutzung von ökologischem Material wollen immer mehr Menschen, dass ihre Kleidung unter fairen Arbeitsbedingungen produziert wird – die Slow Fashion.

Fair, nachhaltig oder eco-fair – wo liegen die Unterschiede?

Viele Begriffe tummeln sich in der nachhaltigen Modewelt. Auf den ersten Blick scheinen sie ähnlich, doch es gibt Unterschiede. Wer von fairer Mode spricht, meint gute Arbeitsbedingungen entlang der Produktionskette. „Grün" ist Mode, wenn sie aus ökologisch abbaubaren Materialien besteht und bei der Herstellung weitestgehend auf den Einsatz von Chemikalien verzichtet wurde. Beide Aspekte lassen sich aber auch vereinen, erklärt Sophia Schneider-Esleben, Designerin für Nachhaltigkeit aus Kassel und Mitglied im Verband der deutschen Mode- und Textildesigner. „Eco-fair fasst ökologische Materialien und faire Produktionsbedingungen zusammen." […]

Welches Material ist nachhaltig?

Am besten sind zertifizierte Öko-Baumwolle und Naturfasern, da bei deren Herstellung weniger giftige Abwasser entstehen. […]

Vermeiden sollte man Materialien, die stark mit Chemikalien behandelt werden oder aus Kunststoffen bestehen. „Zu den synthetischen Chemiefasern gehören Polyester, Polyethylen und Elastan", erläutert Bax. Schon bei der Herstellung gelangen giftige Chemikalien ins Abwasser. Später beim Waschen sind es Mikroplastiken.

Da Kunststofffasern sich nicht kompostieren lassen, sollte man sie so lange wie möglich tragen. „Am besten man wäscht, trocknet und bügelt sie nur so wenig wie möglich und lüftet sie nur aus", rät Bax. […]

Sind diese Kleidungsstücke nicht vergleichsweise teuer?

Selbst mit kleinem Budget findet man mittlerweile bei den großen Ketten Kollektionen aus Bio-Materialien. „Durch den gezielten Kauf von Bio-Kollektionen zeigt man dem Unternehmen, wohin die Richtung gehen sollte", sagt van de Pol. Der Preis für ein T-Shirt aus Bio-Baumwolle liegt dabei oft nur minimal höher als der für ein Marken-T-Shirt aus konventioneller Baumwolle. […]

(dpa, 18.03.2019)

Die Materialien erschließen

1 Verschaffen Sie sich einen Überblick über den Text.

a) Überfliegen (» Kapitel 1, S. 11) Sie den Text und achten Sie dabei besonders auf die Überschrift und die Teilüberschriften. Welche Informationen erwarten Sie von dem Text?

b) Benennen Sie, in welchem Zusammenhang der Text mit dem Thema der Aufgabenstellung (» S. 134) steht.

2 Erschließen Sie den Text inhaltlich und sprachlich.

a) Lesen Sie den Text nun gründlich und notieren Sie Fragen, die beim Lesen aufgekommen sind.

b) Erläutern Sie gemeinsam mit Ihrer Lernpartnerin / Ihrem Lernpartner die Bedeutung der folgenden Begriffe:
- Modekollektion (vgl. Z. 1)
- ökologisch (vgl. Z. 9)
- Budget (vgl. Z. 46)

c) Klären Sie die Bedeutung unbekannter Wörter im Text. Nutzen Sie das Wörterbuch (» Kapitel 17, S. 200).

3 Untersuchen Sie den Text im Hinblick auf Informationen, die für Ihre Stellungnahme relevant sind. Berücksichtigen Sie GUT ZU WISSEN.

a) Fertigen Sie eine Kopie des Textes an und markieren Sie wichtige Informationen (» Kapitel 1, S. 14).

b) Geben Sie die wichtigsten Informationen zu den folgenden Teilaspekten schriftlich in eigenen Worten wieder:
- Modemarkt und Konsumverhalten der Deutschen
- Begriffe rund um das Thema nachhaltige Mode
- wichtige Aspekte beim Kauf nachhaltiger Kleidung

Der Modemarkt wird überschwemmt von …, aber …
Mode, die als „eco-fair" bezeichnet wird, ist …
Die Preise für ökologische und faire Kleidung …

c) Vergleichen Sie die im Text enthaltenen Informationen mit Ihren Erwartungen aus Aufgabe 1 a.

d) Welche weiteren Informationen benötigen Sie für die Argumentation in Ihrer Stellungnahme? Machen Sie sich Notizen.

GUT ZU WISSEN | **Materialien zielgerichtet erschließen**

Um eine materialgestützte Stellungnahme zu verfassen, müssen Sie die vorgegebenen Materialien **zielgerichtet im Hinblick auf die Aufgabenstellung lesen**. Dabei geht es nicht darum, alle Materialien umfassend zu analysieren. Vielmehr müssen Sie die Texte bzw. Abbildungen dahin gehend auswerten, ob Sie die **Informationen** für das Verfassen Ihrer Stellungnahme verwenden können. Bei manchen Informationen ist dies auf Anhieb klar erkennbar, andere sind eher versteckt im Text enthalten. Manchmal überschneiden sie sich mit denen aus anderen Materialien oder sind evtl. für Ihre Stellungnahme gar nicht von Bedeutung. Wenn Sie alle vorgegebenen Materialien gesichtet haben, ist es hilfreich, die entnommenen Informationen in eine Tabelle zu übertragen und einander gegenüberzustellen.

Die Materialien erschließen

Die folgenden beiden Diagramme zeigen die Ergebnisse einer Umfrage zu nachhaltiger Mode.

Material 2: Umfrage zu nachhaltiger Mode

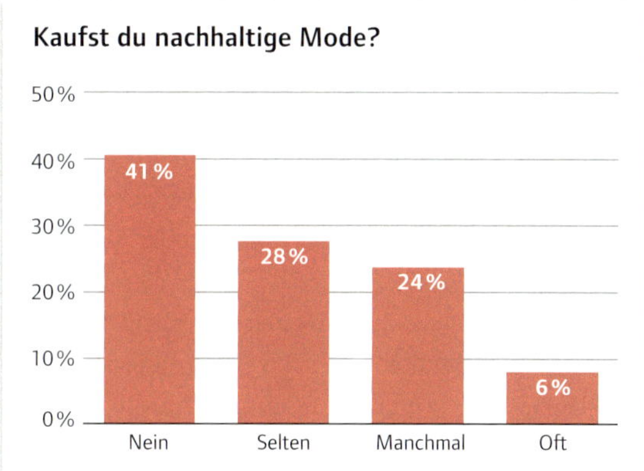

Details: Deutschland; 1000 Befragte

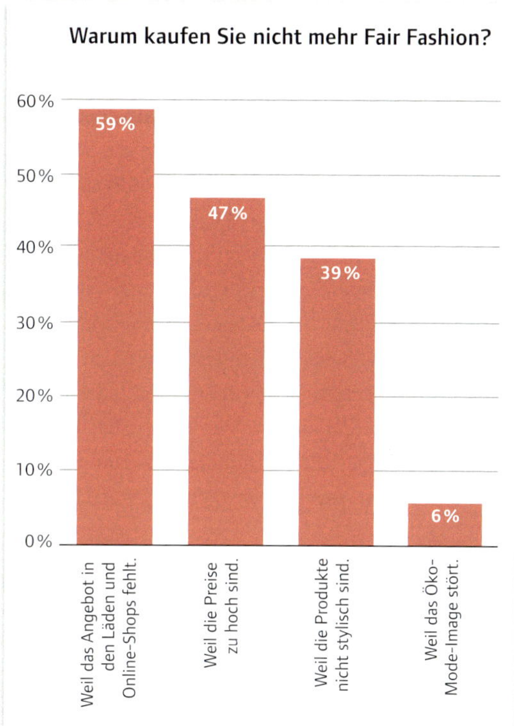

Details: Deutschland; Utopia; Textilwirtschaft; 730 Befragte

4 **Benennen Sie, in welchem Zusammenhang die Diagramme mit dem Thema der Aufgabenstellung (» S. 134) stehen.**

In den Grafiken geht es um …
Während das Diagramm links … darstellt, zeigt das Diagramm rechts …

5 **Untersuchen Sie die Diagramme.**

a) Benennen Sie Herausgeber und Erscheinungsjahr sowie die zugrunde liegenden Zahlen und Fakten.

b) Bei der Umfrage gaben 59 % der Befragten an, es fehle ein Angebot von nachhaltiger Kleidung in Läden und Online-Shops. Welche Schlussfolgerung lässt sich daraus ziehen?

6 **Geben Sie die Inhalte, die Sie für Ihre Stellungnahme nutzen können, schriftlich in eigenen Worten wieder.**

7 **Setzen Sie den Text aus Material 1 und die Diagramme aus Material 2 in Beziehung zueinander.**

a) Belegen Sie die folgenden Informationen aus dem Text durch Zahlen aus den Diagrammen.
- „Rund 70 Stücke kauft jeder Deutsche im Jahr. Fast Fashion nennt sich das.“ (Z. 6 f.)
- „Doch es gibt einen Gegentrend.“ (Z. 8)

b) 47 % der Befragten gaben bei der Umfrage an, dass sie aufgrund zu hoher Preise keine nachhaltig produzierte Kleidung kaufen. Entkräften Sie diese Begründung mithilfe einer Information aus dem Text „Von der Fast Fashion zur Slow Fashion: Das macht nachhaltige Mode aus“.

Die Materialien erschließen

Dass es durchaus Alternativen zum Konsum billig produzierter Mode gibt, zeigt der folgende Text.

Material 3: Bye-bye, Fast Fashion! […]

von Michèle Förster

Nachhaltigkeit und Minimalismus gelten bereits für viele Bereiche des Lebens als erstrebenswert. Nun ist es an der Zeit, Billigmode, Fast Fashion und textilem Überfluss den Kampf anzusagen. […]

Um dem massenhaften Konsum von Klamotten ein Ende zu machen, hilft – wie bei jeder Sucht – leider nur der kalte Entzug. Das bedeutet: keine Shoppingtouren in der Stadt, kein Schaufensterbummel, keine Shoppingapps, kein zielloses Streifen durch die Geschäfte. Außerdem sollten Sie alle Newsletter von Onlineshops abbestellen, damit die Infos zum Sale-Start oder neuen Angebote Sie nicht mehr erreichen. […]

Wenn doch mal ein neues Teil in Ihre Garderobe her muss, versuchen Sie, es gebraucht zu kaufen. Das geht zum Beispiel auf dem Flohmarkt oder in Secondhand-Läden, die in jeder größeren Stadt zu finden sind. Daneben gibt es heute auch einige digitale Marktplätze, bei denen Sie gut erhaltene Kleidung, Schuhe und Accessoires aus zweiter Hand erwerben können, ohne der Umwelt oder Menschen zu schaden. […]

Immer beliebter werden derzeit auch Kleidertausch-Partys. Sie funktionieren nach einem einfachen Prinzip: Man bringt eine bestimmte Anzahl an Kleidungsstücken mit, die man aussortiert hat, und kann sich dafür ebenso viele neue Teile aussuchen. […]

Auch für besondere Anlässe müssen heute keine festlichen Abendkleider mehr gekauft werden. Mittlerweile bieten viele Onlineshops und Unternehmen Kleidung auch zum Ausleihen an. […]

(RND RedaktionsNetzwerk Deutschland, 03.01.2020)

8 Lesen Sie den Text und wenden Sie dabei die 5-Schritt-Lesemethode (» Kapitel 1, S. 12) an.

a) Überfliegen Sie den Text und benennen Sie das Thema.

b) Notieren Sie Fragen, die beim Lesen entstanden sind.

c) Fertigen Sie eine Kopie des Textes an und lesen Sie ihn nun gründlich. Markieren Sie wichtige Textstellen bzw. Wörter, die Ihnen unbekannt sind (» Kapitel 1, S. 14). Klären Sie die Bedeutung der Wörter.

d) Notieren Sie Schlüsselbegriffe und wichtige Aussagen.

e) Gliedern Sie den Text in Sinnabschnitte. Finden Sie für jeden Sinnabschnitt eine passende Überschrift.

f) Erläutern Sie, in welchem Zusammenhang der Text mit dem Thema der Aufgabenstellung (» S. 134) steht.

9 Werten Sie die Materialien 1–3 im Hinblick auf Ihre Stellungnahme aus.

a) Legen Sie in Ihrem Heft eine Tabelle mit drei Spalten an, eine für jedes Material. Übertragen Sie die wichtigsten Informationen zu den einzelnen Materialien in die Tabelle.

Material 1: Von der Fast Fashion zur Slow Fashion	**Material 2: Umfrage zu nachhaltiger Mode**	**Material 3: Bye-bye, Fast Fashion!**
Billigmode wird in großen Mengen gekauft. Aber immer mehr Menschen …	…	…

b) Markieren Sie in Ihrer Tabelle Informationen, die Sie für Ihre Stellungnahme nutzen möchten, mit einem grünen Stift, und weniger wichtige Informationen mit Rot. Achten Sie dabei darauf, ob Informationen in den unterschiedlichen Materialien doppelt vorhanden sind.

c) Lassen sich zwischen einzelnen Informationen Zusammenhänge herstellen? Verbinden Sie sie durch Pfeile.

Einen Schreibplan anfertigen

Nachdem Sie alle Materialien ausgewertet haben, können Sie einen Schreibplan für Ihre materialgestützte Stellungnahme erstellen.

1 **Fertigen Sie ein Cluster (» GUT ZU WISSEN) zum Thema Fast Fashion an.**

2 **Erstellen Sie gemeinsam mit Ihrer Lernpartnerin bzw. Ihrem Lernpartner ausgehend von Ihrem Cluster eine Mind-Map (» GUT ZU WISSEN), um Ihre Gedanken zu strukturieren.**

GUT ZU WISSEN Cluster und Mind-Map

Bei einem **Cluster** wird das Thema in die Mitte eines Blattes geschrieben und umkreist. Spontane Gedanken dazu werden darum herumgruppiert und mit Linien verbunden, wenn sie thematisch zusammenhängen (Assoziationsketten).

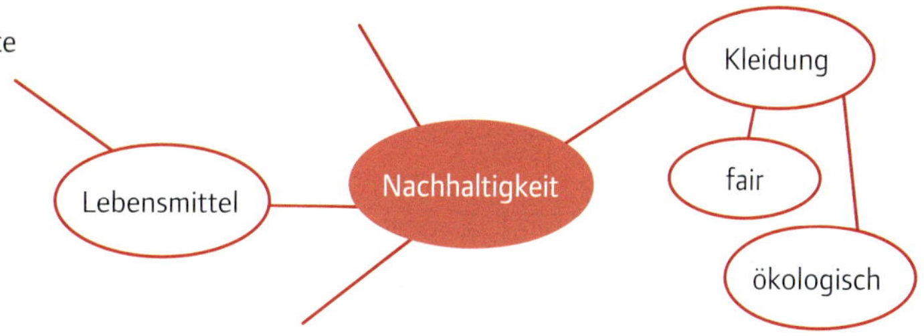

Die **Mind-Map** eignet sich zur Strukturierung von Wissen zu einem Thema. Auch hier steht das zentrale Thema in der Mitte, doch die Linien (Äste), die davon abgehen, führen nicht zu spontanen Gedanken wie beim Cluster, sondern sind bewusst formulierte Gliederungspunkte. Von diesen wiederum gehen Nebenäste aus, die zu Untergliederungspunkten führen. Eine Mind-Map kann zu einer sehr fein verästelten Gedankenlandkarte werden.

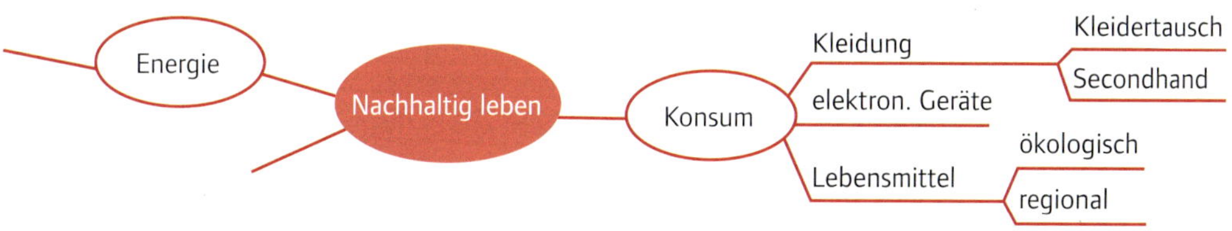

3 **Erstellen Sie nun Ihren Schreibplan (» GUT ZU WISSEN unten). Legen Sie dazu eine Tabelle in Ihrem Heft an.**

GUT ZU WISSEN Einen Schreibplan erstellen

Ein Schreibplan hilft Ihnen dabei, die Inhalte zu strukturieren und Ihr Schreibziel nicht aus den Augen zu verlieren. So können Sie sicherstellen, dass Sie keine wichtigen Informationen vergessen und in Ihrer Stellungnahme überzeugend argumentieren. Ihr Schreibplan sollte folgende Informationen enthalten:

- **zentrale Argumente, die Ihre Meinung stützen**
- **Verweise auf die Materialien (Textbelege)**

Legen Sie dazu eine Tabelle an, in der Sie die Argumente und Verweise eintragen, z. B.:

Rangfolge	Argument	Verweis
2	*Wer Kleidung aus Öko-Baumwolle trägt und auf Synthetikfasern verzichtet, schützt die Umwelt und trägt dazu bei, dass alte Kleidung recycelt werden kann.*	*Z. XX in Material X*

Bringen Sie im Schreibplan Ihre Argumente in eine logische Reihenfolge. Beginnen Sie mit dem schwächsten Argument und enden Sie mit dem stärksten.

Eine materialgestützte Stellungnahme schreiben

Die vorgegebenen Materialien liefern auch Anregungen für Einleitung und Schluss Ihrer Stellungnahme.

Muster: Einleitung zu einer materialgestützten Stellungnahme

Die Modeindustrie hat in den letzten 20 Jahren die Textilproduktion weltweit verdoppelt und immer neue Trends führen dazu, dass die Kleidung schon nach kurzer Zeit ausgemustert wird und im Altkleidercontainer landet. Im Durchschnitt kaufen die Deutschen 70 Kleidungsstücke im Jahr (vgl. Material 1). Weil der Großteil der Kleidung weder fair noch umweltschonend produziert wird, hat dieses Konsumverhalten weitreichende Folgen für Mensch und Natur. In der folgenden Stellungnahme soll gezeigt werden, warum bei diesem Thema ein Umdenken erforderlich ist.

1 Analysieren Sie das Beispiel für eine Einleitung zu einer Stellungnahme.

a) Erläutern Sie, mit welchen Mitteln das Interesse der Leserin / des Lesers geweckt und wie in das Thema eingeführt wird.

b) Finden Sie in den Materialien 1–3 weitere Inhalte, die Sie für Ihre Einleitung nutzen können.

c) Verfassen Sie eine eigene Einleitung auf der Grundlage der gesammelten Informationen. Nutzen Sie Ihre Ergebnisse aus Aufgabe 9 auf S. 138 und berücksichtigen Sie GUT ZU WISSEN (» S. 141).

Muster: Auszug aus dem Hauptteil einer materialgestützten Stellungnahme

[...] Wem Umweltschutz wichtig ist, der sollte zum Beispiel beim Kauf neuer Kleidungsstücke darauf achten, dass diese keine Synthetikfasern enthalten. Dies ist ein wichtiges und leicht nachvollziehbares Kriterium, da bereits bei der Herstellung von Kleidung aus Kunstfasern giftige Chemikalien ins Abwasser gelangen. Beim späteren Waschen lösen sich zudem jedes Mal winzige Plastikteilchen, die in die Umwelt gelangen und die Natur belasten. Es kommt hinzu, dass die Kleidungsstücke nicht kompostierbar sind, so Verena Bax, Ressourcenexpertin vom Naturschutzbund (vgl. Material 1). [...]

2 Untersuchen und vervollständigen Sie den Auszug aus dem Hauptteil.

a) Welcher Standpunkt wird in dem Beispiel bezogen und wie wird er begründet? Geben Sie die Meinung in eigenen Worten wieder.

b) Verfassen Sie einen vollständigen Hauptteil. Achten Sie darauf, auch eigene, nicht in den Materialien enthaltene Argumente anzuführen. Berücksichtigen Sie GUT ZU WISSEN (» S. 141).

3 Setzen Sie sich mit Formulierungen für die Wiedergabe von Fremdmeinungen auseinander.

a) In dem Beispiel wird eine These mithilfe einer Fremdmeinung begründet und belegt. Wodurch ist dies im Text gekennzeichnet?

b) Es gibt verschiedene Möglichkeiten, um deutlich zu machen, dass Sie sich in Ihrem Text auf eine Fremdmeinung beziehen. Übertragen Sie die Tabelle und ergänzen Sie gemeinsam mit Ihrer Lernpartnerin bzw. Ihrem Lernpartner in jeder Spalte möglichst viele weitere Formulierungen.

Zitatverb	Zitatnomen	Präposition	Indirekte Rede (Konjunktiv)
feststellen, dass ...	*die Erkenntnis, dass ...*	*zufolge*	*Die Kleidungsstücke seien nicht kompostierbar.*
...	...	...	...

Eine materialgestützte Stellungnahme schreiben

Muster: Schluss einer materialgestützten Stellungnahme

Zusammenfassend muss man feststellen, dass ein Umdenken der Konsumenten erforderlich ist, um eine weitere Zerstörung von Natur und Umwelt zu verhindern. An diversen Beispielen lässt sich aufzeigen, dass konventionell produzierte Billigmode zahlreiche Probleme mit sich bringt. Auch wenn nachhaltig und fair produzierte Kleidungsstücke vielleicht ein wenig mehr kosten, sollten wir nicht an ein paar Euro sparen, wenn es darum geht, nachkommenden Generationen einen lebenswerten Planeten zu hinterlassen und für faire Arbeitsbedingungen in der gesamten Textilbranche zu sorgen.

4 Bereiten Sie den Schlussteil einer materialgestützten Stellungnahme vor.

a) Untersuchen Sie das Beispiel: Auf welche Weise wird die Stellungnahme im Schlussteil abgerundet?

b) Verfassen Sie einen Schluss zu Ihrer Stellungnahme. Berücksichtigen Sie GUT ZU WISSEN.
Überlegen Sie, wie Sie Material 3 für die Abrundung Ihres Aufsatzes im Schlussteil nutzen können.

c) Überprüfen und überarbeiten Sie wechselseitig mit einer Lernpartnerin / einem Lernpartner Ihre Schlussteile.

5 Finden Sie gemeinsam mit Ihrer Lernpartnerin / Ihrem Lernpartner passende Formulierungen, um die Stellungnahme im Schlussteil abzurunden bzw. um ein Fazit zu ziehen.
Somit lässt sich abschließend feststellen …

6 Schreiben Sie die vollständige materialgestützte Stellungnahme in Ihr Heft.

GUT ZU WISSEN – Gliederung einer materialgestützten Stellungnahme

Im Aufbau unterscheidet sich eine materialgestützte Stellungnahme nicht von einem Erörterungsaufsatz (» Kapitel 3, S. 32–34): Beide bestehen aus einer Einleitung, einem Hauptteil und einem Schluss. Ein Unterschied besteht jedoch darin, dass Sie bei der materialgestützten Stellungnahme **auf vorgegebene Materialien Bezug nehmen** können. Das bringt Vorteile mit sich, vorausgesetzt Sie beachten einige Empfehlungen zur korrekten Bezugnahme auf die Materialien.

- **Einleitung:** In den Materialien finden sich häufig Ideen oder Informationen, die sich als Aufhänger für das Thema eignen. Wenn Sie diese aufgreifen, können Sie elegant das Interesse der Leserin / des Lesers wecken und zum Thema überleiten. Sie dürfen sich in Ihren Formulierungen an den Wortlaut in den Materialien annähern, sollten aber darauf hinweisen, dass Sie eine Aussage von jemand anderem wiedergeben.
- **Hauptteil:** Die Informationen aus den Materialien, seien es Expertenmeinungen (Autoritätsargument) oder Zahlen und Fakten aus Diagrammen bzw. Statistiken (Faktenargument), eignen sich, um Ihre Thesen zu begründen und zu belegen. Durch die Bezugnahme verleihen Sie Ihren Argumenten Stichhaltigkeit und bekräftigen Ihren eigenen Standpunkt. Achten Sie aber auch hier darauf, **Fremdmeinungen als solche zu kennzeichnen**. Eine Möglichkeit ist, die **indirekte Rede im Konjunktiv** (» Kapitel 8, S. 101) zu verwenden, oft genügen jedoch auch Zitatverben oder Zitatnomen als Kennzeichnung.
  Führen Sie unbedingt **zusätzlich eigene Argumente** an, die über die Informationen aus den Materialien hinausgehen. Es genügt nicht, nur die Inhalte der Materialien wiederzugeben.
- **Schluss:** Im Schlussteil runden Sie Ihren Aufsatz ab, z. B. durch ein Fazit oder eine Anknüpfung an die Einleitung. Auch hier können Sie noch einmal auf die vorgegebenen Materialien Bezug nehmen.

Gliedern Sie die drei Teile Einleitung, Hauptteil, Schluss durch **Absätze** und verbinden Sie diese durch passende **Überleitungssätze**.

Eine materialgestützte Stellungnahme überarbeiten

Sie haben nun eine vollständige materialgestützte Stellungnahme verfasst. Der nächste und abschließende Schritt besteht darin, den Text noch einmal gründlich zu prüfen und zu überarbeiten.

1 Überarbeiten Sie Ihre Stellungnahme in einer Schreibkonferenz (» Kapitel 3, S. 37). Orientieren Sie sich dabei an der Checkliste.

a) Führen Sie in 3er-Teams eine Schreibkonferenz durch.
Achten Sie auch darauf, ob die Anforderungen der Aufgabenstellung (» S. 134) erfüllt sind.

b) Verbessern Sie Ihre Stellungnahme mithilfe der Anmerkungen aus der Schreibkonferenz. Schreiben Sie den Text neu auf.

c) Tauschen Sie sich darüber aus, welche Hinweise aus der Schreibkonferenz hilfreich waren.

2 Analysieren Sie Ihre Fehlerschwerpunkte.

a) Welche sprachlichen Fehler (Rechtschreibung, Zeichensetzung, Grammatik, Satzbau) sind Ihnen unterlaufen? Wiederholen bzw. bearbeiten Sie die entsprechenden Abschnitte in den Kapiteln 8 und 17 „Richtig schreiben".

b) Untersuchen Sie Fehler auf der inhaltlich-strukturellen und auf der formalen Ebene.
- Ist der Aufsatz entsprechend dem Schreibplan strukturiert und übersichtlich gegliedert?
- Ist die Argumentation schlüssig und nachvollziehbar?
- Sind Fremdmeinungen korrekt wiedergegeben und gekennzeichnet?

Wiederholen Sie ggf. die Inhalte aus GUT ZU WISSEN auf S. 139 und 140.

CHECKLISTE – Materialgestützte Stellungnahme

Einleitung

- ✓ Wird in der Einleitung der Anlass für die Stellungnahme genannt?
- ✓ Ist das Thema der Stellungnahme klar formuliert?
- ✓ Wird das Interesse der Leserin / des Lesers geweckt?
- ✓ Schließt die Einleitung mit einer Überleitung zum Hauptteil?

Hauptteil

- ✓ Werden im Hauptteil genügend Argumente angeführt?
- ✓ Enthält die Stellungnahme sowohl eigene Gedanken als auch Informationen bzw. Argumente aus den vorgegebenen Materialien?
- ✓ Werden Informationen aus den Materialien inhaltlich korrekt wiedergegeben?
- ✓ Werden die Argumente entfaltet, also gut begründet und durch Beispiele belegt?
- ✓ Sind die Argumente durch passende Überleitungen miteinander verknüpft?

Schluss

- ✓ Wird der Text auf geeignete Weise inhaltlich und sprachlich abgerundet, z. B. durch ein Fazit oder einen Lösungsansatz (Kompromiss)?

Äußere Form

- ✓ Sind Einleitung, Hauptteil und Schlussteil durch Absätze gegliedert?
- ✓ Sind Fremdmeinungen als solche gekennzeichnet (z. B. durch indirekte Rede im Konjunktiv, Zitatverben oder Zitatnomen)?
- ✓ Ist der Text sachlich formuliert?
- ✓ Ist die Stellungnahme im Präsens geschrieben?

Fazit, vertiefen, überprüfen

Das haben Sie in diesem Kapitel gelernt:

FAZIT

11.1 Die Aufgabe verstehen

- sich mit den Anforderungen einer Aufgabenstellung auseinandersetzen

11.2 Die Materialien erschließen

- lineare und nicht lineare Texte zielgerichtet auswerten
- Argumentationen nachvollziehen
- Informationen zueinander in Beziehung setzen

11.3 Einen Schreibplan anfertigen

- Struktur und Inhalt eines Aufsatzes planen

11.4 Eine materialgestützte Stellungnahme schreiben

- Argumente formulieren
- Fremdmeinungen korrekt wiedergeben

11.5 Eine materialgestützte Stellungnahme überarbeiten

- eigene Fehlerschwerpunkte erkennen

Wenden Sie Ihr Wissen an:

Material 1: Billig ist nicht alles

von Silvia Liebrich

[…] Verbrauchern wird in diesen Tagen gern unterstellt, sie würden bei Lebensmitteln vor allem auf eines achten: den Preis. Nach dem Motto, je billiger desto besser. […] Zahlen aus dem Naturkostfachhandel […] zeichnen ein anderes Bild. Sie zeigen, dass zumindest einem Teil der Konsumenten auch etwas anderes wichtig ist. Sie wollen sich nicht nur gesund ernähren, sondern legen Wert auf Lebensmittel, deren ökologischer Fußabdruck möglichst gering ist. Und dafür sind sie auch bereit, mehr Geld auszugeben.

Bio entwickelt sich von der Nische zum Massenmarkt

Der Gesamtumsatz im deutschen Biofachhandel stieg demnach 2019 fast um neun Prozent auf 3,7 Milliarden Euro. […]

Die Zuwächse […] sollten jedoch nicht darüber hinwegtäuschen, dass Ökolebensmittel noch immer ein Nischenprodukt sind. Nach Angaben des Einzelhandelsverband EHI lag der Gesamtumsatz mit Lebensmitteln 2018 bei 162 Milliarden Euro. Davon entfielen gerade einmal fünf Prozent auf Ökoware. Dass inzwischen gut 60 Prozent der Biolebensmittel vom normalen Einzelhandel verkauft werden, ist in der Ökoszene durchaus umstritten. Nicht jedem überzeugten Biokäufer gefällt es, dass Aldi und Co. in dem Geschäft mitmischen und auch Bioerzeuger unter Preisdruck setzen. […]

(Süddeutsche Zeitung, 06.02.2020)

Fazit, vertiefen, überprüfen

Material 2: #Faktenfuchs: Ist „Bio“ auch gesünder?

von Georg Wolf

[…] Mit „Bio“ ist die ökologische Herstellung gemeint und nicht, ob die natürlichen Inhaltsstoffe für Menschen gesund sind. Auch alkoholische Getränke oder stark zuckerhaltige oder extrem fette Lebensmittel können das Bio-Siegel tragen. Was klar ist: In ökologisch hergestellten Lebensmitteln finden sich weniger Pestizidrückstände, außerdem enthalten sie laut Experten oft mehr Nährstoffe.

(Bayerischer Rundfunk, 15.09.2019)

Material 3: Gründe für den Kauf von Biolebensmitteln

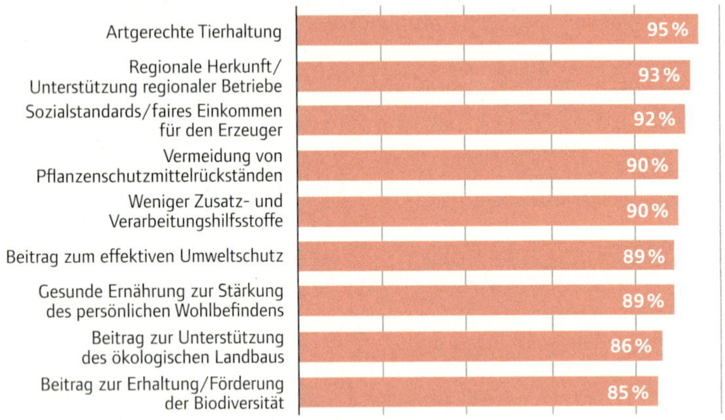

Details: Deutschland; infas; Juli bis August 2019; 911 Befragte; ab 14 Jahre; Personen, die zumindest gelegentlich Biolebensmittel kaufen; Computergestützte Telefoninterviews (CATI)

© Statista 2020/BMEL

Aussage

Produkte aus ökologischer Landwirtschaft sind ein wichtiger Beitrag zum Natur- und Klimaschutz. Nur wenn wir unser Einkaufsverhalten ändern, können wir die Zerstörung der Umwelt aufhalten.

Aufgabe

Nehmen Sie Stellung zu dieser Aussage. Sie können hierbei Informationen aus den Materialien 1–3 verwenden.

1 Verfassen Sie eine materialgestützte Stellungnahme.

a) Erschließen Sie die Materialien 1–3 im Hinblick auf Informationen, die für Ihre Stellungnahme relevant sind.

b) Bereiten Sie Ihre Stellungnahme mithilfe eines Schreibplans vor.

c) Schreiben Sie die materialgestützte Stellungnahme mit Einleitung, Hauptteil und Schluss.

2 Überprüfen und überarbeiten Sie Ihre Ergebnisse gemeinsam mit einer Lernpartnerin / einem Lernpartner. Berücksichtigen Sie die Checkliste auf S. 142.

3 Notieren Sie Ihre individuellen Fehlerschwerpunkte im Bereich Rechtschreibung, Zeichensetzung und Grammatik. Wiederholen bzw. bearbeiten Sie die entsprechenden Abschnitte in den Kapiteln 8 und 17, „Richtig schreiben“.

Projekt
Einen Podcast erstellen

Sie fertigen mithilfe von Tablets einen Podcast zum Thema Nachhaltigkeit an. Das Ziel ist dabei, Ihre Mitschülerinnen und Mitschüler über verschiedene Teilaspekte des Themas zu informieren und sie von der Notwendigkeit eines verantwortungsbewussten Umgangs mit der Natur und unseren Ressourcen zu überzeugen. Bilden Sie zur Bearbeitung der Aufgaben zunächst Projektgruppen.

Die folgenden Informationen helfen Ihnen bei der Umsetzung des Projekts:

Was ist ein Podcast?

Unter einem Podcast versteht man eine Serie von Audiodateien, die man abonnieren kann. Im Internet finden sich Podcasts zu den unterschiedlichsten Themen: Die Inhalte reichen von Comedy über Kriminalgeschichten bis hin zu Fragen rund um Technik und Naturwissenschaft. Manche Podcasts dienen der Information, andere sollen die Hörerschaft von einer bestimmten Position überzeugen und mitunter sind sie auch einfach nur unterhaltsam.

Tablets bieten Ihnen alle technischen Voraussetzungen, um selbst einen Podcast zu erstellen. Sie können sie sowohl zur vorbereitenden Recherche als auch zur Produktion der Audiodateien nutzen. Es gibt eine Vielzahl von Apps – zum Teil kostenlos –, mit deren Hilfe sich die Dateien schneiden oder mit Sounds unterlegen lassen.

Der folgende Text gibt Einblick in verschiedene Aspekte des Themas Nachhaltigkeit und kann ein Ausgangspunkt für Ihre weiteren Recherchen sein.

Wie schaffen wir es, endlich nachhaltiger zu leben?

von Julia Wadhawan

Wir Deutschen sind gern Erster: im Export, im Fußball, im Auto. Leider gilt das auch für die Umweltverschmutzung, zumindest in einigen Bereichen. In der Europäischen Union etwa produziert kein anderer Staat so viel **Verpackungsmüll** wie Deutschland.

Und auch beim globalen Anteil der **CO_2-Emissionen** liegt die Bundesrepublik weit vorn: weltweit an Platz 7. In Europa, natürlich: Erster. […]

Dabei wissen wir alle, was dem Klima, der Umwelt und den Menschen schadet. Wir wissen, dass die meisten unserer Kleider von Menschen in Indien, Bangladesch oder China unter **menschenunwürdigen Bedingungen** produziert werden. Dass wir lieber **Fahrrad** statt Auto fahren sollten, besser Rüben statt Avocados essen und mit der Bahn nach Italien statt mit dem Flugzeug nach Chile fliegen sollten. […]

Wieso ändern wir unser Konsumverhalten nicht endlich, wenn wir doch wissen, dass es schlecht ist? […]

(Bento, 15.09.2018)

Einen Podcast erstellen

1 Erarbeiten Sie in der Gruppe die Inhalte für Ihren Podcast.

a) Notieren Sie die im Text „Wie schaffen wir es, endlich nachhaltiger zu leben?" genannten Teilaspekte des Themas Nachhaltigkeit.

b) Verständigen Sie sich in Ihrer Lerngruppe darauf, welche Teilaspekte Sie bearbeiten möchten und auf welche Sie nicht eingehen.

c) Recherchieren Sie im Internet (» Kapitel 6, S. 64 f.) nach Informationen zu dem von Ihnen ausgewählten Teilaspekt.

d) Werten Sie Ihre Recherche-Ergebnisse aus. Berücksichtigen Sie die Informationsqualität der Internetseiten und wählen Sie geeignete Materialien aus. Achten Sie darauf, dass Sie für Ihren Podcast unterschiedliche Materialien verwenden (z. B. Interviews, Auszüge aus Lexika, Studien, Statistiken etc.).

TIPP

Informationen und Materialien zum Thema Nachhaltigkeit finden Sie auch in Kapitel 11, „Eine materialgestützte Stellungnahme schreiben".

2 Planen Sie Ihren Podcast.

a) Klären Sie in der Lerngruppe folgende Fragen:
- Wie viele Podcast-Folgen sollen entstehen?
- Welche Kleingruppe ist für welchen Teilaspekt des Themas verantwortlich?
- Was ist das Ziel der einzelnen Podcast-Folgen (z. B. informieren, zum Handeln auffordern)?
- Wie soll der Podcast gestaltet sein (Soundeffekte, verschiedene Sprecher etc.)?

b) Verfassen Sie ein Skript auf der Grundlage Ihrer Recherche-Ergebnisse.

c) Verteilen Sie die Aufgaben unter den Gruppenmitgliedern.
- Wer spricht die Texte ein?
- Wer ist für die Aufnahme zuständig?
- Wer übernimmt die Bearbeitung der Audiodateien?

d) Legen Sie einen Ablaufplan an, in dem dargestellt ist, in welcher Reihenfolge die verschiedenen Audios aufgenommen und von wem sie gesprochen werden.

Zeit	Art des Audios	Sprecherin/ Sprecher	Inhalte
20 Sekunden	*Jingle zum Auftakt*	–	–
1 Minute	*Hinführung zum Thema*	*Samira*	*Warum ist das Thema Nachhaltigkeit wichtig?*
…	…	…	…

3 Erstellen Sie den Podcast.

a) Nehmen Sie die Audiodateien auf.

b) Bearbeiten Sie die Audiodateien mithilfe geeigneter Apps (z. B. Schnitt, Soundeffekte).

4 Präsentieren Sie Ihre Ergebnisse im Plenum.

a) Jede Lerngruppe erläutert, mit welchem Teilaspekt sie sich beschäftigt hat und wie sie beim Erstellen ihres Podcasts vorgegangen ist.

b) Spielen Sie Ihre Podcast-Folgen ab.

c) Geben Sie sich gegenseitig Feedback (» Kapitel 15, S. 185).
- Haben die Podcast-Folgen jeweils ihr Ziel erreicht?
- Was hätte man noch besser machen können?

d) Überlegen Sie, wie Sie die Podcast-Folgen auch anderen Schülerinnen und Schülern Ihrer Schule zugänglich machen können.

Kapitel 12

Literarischen Texten begegnen

12.1
Eine Kurzgeschichte inhaltlich erschließen

12.2
Eine Kurzgeschichte analysieren

12.3
Eine Kurzgeschichte interpretieren

Bei einer Textinterpretation geht es darum, die Bedeutung eines Textes zu erschließen. Es gibt unterschiedliche Formen der Interpretation: Man kann einen Text deuten, indem man ihn z. B. kreativ bearbeitet oder indem man eine klassische schriftliche Textinterpretation verfasst. In jedem Fall muss man den Text zuvor genau durchdringen und verstehen. Hierzu nimmt man eine Textanalyse vor, bei der Inhalt, Form und Sprache aufgeschlüsselt und untersucht werden.

Wie Sie bei der Analyse und Interpretation von Texten vorgehen, ist das Thema dieses Kapitels.

Kompetenzen

- ✓ Textgattungen unterscheiden
- ✓ den Inhalt literarischer Texte zusammenfassen
- ✓ die Erzählperspektive bestimmen
- ✓ Zeitstrukturen analysieren
- ✓ sprachliche Mittel untersuchen
- ✓ Figuren charakterisieren
- ✓ eine Textinterpretation verfassen

Methoden und Arbeitstechniken

- ✓ Visualisierung der Figurenkonstellation
- ✓ Think! Pair! Share!

Eine Kurzgeschichte inhaltlich erschließen

Das Schöne am Reisen ist, dass man Menschen kennenlernen und Überraschungen erleben kann.

Katja Reider: Wahnsinnstyp *oder*: Während sie schläft (2006)

Verdammt, jetzt ist mein Fuß eingeschlafen! Kein Wunder! Seit über einer Stunde sitze ich hier eingepfercht und bewegungslos wie ein hypnotisiertes Kaninchen auf meinem Fensterplatz in diesem sogenannten Großraumwagen. Rechts von mir ein verfetteter Anzugträger, der die Zeitung mit den großen Buchstaben liest, vor mir ein Tisch, den die Welt nicht braucht. Und gegenüber? ER!

Er ist mir schon von Weitem aufgefallen. Vorhin, als ich mich mit Sack und Pack durch den schmalen Gang des Waggons schob. Selbst auf gute acht Meter Entfernung hat mich sein Blick derartig verwirrt, dass ich prompt meine Platznummer vergaß. Diese blöde Nummer, die ich beim Einsteigen in Hannover wie ein Mantra vor mich hin gemurmelt hatte. Also, noch mal in die Tasche gegriffen und nach meiner Karte gewühlt.

Wagen 6, Platznummer 95 … Ach ja, klar … Während die Rollkoffer-Karawane in meinem Rücken mich gnadenlos vorwärtsschob, scannten meine Augen die Schildchen über den Sitzplätzen ab. Ah, da: Nummer 95, Fensterplatz mit Tisch. Diesen bescheuerten Platz hätte ich mir selber nie und nimmer reserviert! Den hatte ich natürlich Mama zu verdanken. („Ist doch praktisch, da kannst du schön dein Brot auspacken und dein Buch hinlegen.")

Vor allem, Mama, kann ich mir den Typ gegenüber angucken! Das heißt, ich könnte ihn angucken, wenn ich mich mal trauen würde, endlich von meinem Buch aufzuschauen. Seit über einer Stunde hocke ich hier und bin zur Salzsäule erstarrt. Das heißt, einmal hab ich was gesagt. Gleich zu Anfang, da hab ich meine Platzkarte in die Runde gehalten und „Nummer 95 – ist das hier?" gepiepst, so als könnte ich nicht lesen. Oder als müsste ich meinen Anspruch auf den Platz gegenüber diesem Wahnsinnstypen quasi öffentlich nachweisen. Seitdem bin ich in der Versenkung meines Fensterplatzes verschwunden.

Ach ja, ich glaube, das Schlimmste habe ich noch gar nicht erwähnt. Das Schlimmste ist nämlich nicht, dass ich in Gegenwart von tollen Typen keinen zusammenhängenden Satz mehr rausbringe und mir Charme und Witz schlagartig ferner sind als das Matterhorn – nein, das Schlimmste ist, dass der Wahnsinnstyp nicht alleine ist! Neben ihm sitzt ein Mädchen, seine Freundin, klar. Ihr Kopf mit den langen blonden Haaren lehnt an seiner Schulter, ihr Atem geht ganz ruhig, nicht mal ihre Wimpern flattern. Sie schläft tief und fest. Schon die ganze Zeit. Und das bei dem Lärmpegel hier!

Bestimmt sind die beiden schon lange zusammen. Wenn man sich erst kurze Zeit kennt, pennt man doch nicht einfach neben so einem Wahnsinnstypen ein! Dazu ist seine körperliche Nähe doch viel zu aufregend, zu kribbelig! Da will man alles von ihm wissen und alles über sich selbst erzählen, jede kleine geheime Geschichte: Wie der eigene Vater beim Kirschkern-Weitspucken einmal fast erstickt ist, wie die beste Freundin vom Tennislehrer erpresst wurde, wie die kleine Schwester beinahe ertrunken ist. Besonders gern erzählt man natürlich Geschichten, in denen man selber eine positive Rolle spielt. (Dem Vater knallhart auf den Rücken gehauen, dass der Kirschkern nur so rausfluppte, dem miesen Lehrer vor tausend Leuten die Meinung gegeigt, die Baby-Schwester tapfer den Fluten entrissen.)

So ist das am Anfang, oder etwa nicht?

Jedenfalls schläft frau in dieser Phase nicht neben so einem Wahnsinnstypen ein! Ich zumindest hätte viel zu viel Angst, dass mir der Sabber aus dem Mund läuft oder dass ich schnarche oder dass ich zumindest mit halb offenem Mund einen voll doofen Eindruck mache. All diese Ängste hat die Freundin von dem Wahnsinnstypen offensichtlich nicht. Braucht sie auch nicht. Sie sieht im Schlaf aus wie ein Engel. Leider. Nein, wirklich, ich kann beim besten Willen nichts Hässliches an ihr finden. Die beiden passen super zusammen, ein Paar wie aus dem Werbespot. Der Wahnsinnstyp sitzt ganz ruhig da und liest konzentriert in seinem Buch. Leider kann ich den Titel nicht entziffern. Egal, bestimmt irgendwas Trendiges, oder wenigstens „Harry Potter" im englischen Original. Hin und wieder

Eine Kurzgeschichte inhaltlich erschließen

streicht er scheinbar selbstvergessen seine dunklen Locken nach hinten, um danach nur noch verwuschelter auszusehen. Das weiß er natürlich. Logo. Solche Typen wissen, wie sie wirken. Leider. Ich seufze. Anscheinend zu laut. Er schaut plötzlich von seinem Buch auf, genau in meine Augen. Keine Zeit mehr wegzusehen. Himmel, was hat der Typ für Augen! Grün, mit kleinen braunen Sprengseln drin. Jetzt grinst er leicht. Oh, Grübchen hat er auch! Nicht auszuhalten! Echt, bei Grübchen werde ich schwach. Könnte ich jetzt nicht irgendwas sagen? Ich meine, irgendwas Spritziges, wahnsinnig Witziges, das ihm in null Komma nichts deutlich macht, was für eine Ausnahmeerscheinung ihm hier gegenübersitzt, was für eine unwiderstehliche Mischung aus Sex, Hirn und Coolness?

Pustekuchen! Mein Kopf ist hohl wie eine Kokosnuss. Der Moment ist vorbei. Der Wahnsinnstyp senkt den Kopf und blättert wieder in seinem Buch. Er bewegt sich dabei ganz vorsichtig, um das schlafende Mädchen an seiner Schulter nicht zu stören. Rücksichtsvoll ist er also auch noch. Unglaublich. Andere Typen würden sich ihren Walkman auf die Ohren knallen und die Braut mit Eminem beschallen. Ob's ihr nun passt oder nicht.

Wohin die beiden wohl fahren? Bestimmt zu einer Mega-Party nach Köln oder Düsseldorf. Und nicht zu einer Tante nach Bonn-Bad Godesberg wie ich.

Das Leben ist ungerecht. Wo sind wir eigentlich? Der Anzugträger ist in Bochum ausgestiegen und der Schaffner – nee, Zugbegleiter heißen die ja inzwischen – hat gerade den nächsten Bahnhof angekündigt. Schon quietschen die Bremsen. Ich seh raus auf den Bahnsteig. Ah ja, das hier muss Wuppertal sein. Der zugbegleitende Schaffner pfeift. Die letzten Leute drängen zur Tür.

„Au Scheiße!" Wie von der Tarantel gestochen, schießt die Blonde von gegenüber urplötzlich von ihrem Sitz hoch, greift ihre Klamotten und stürmt grußlos den Gang runter. Der Wahnsinnstyp blickt kaum von seinem Buch auf. WAS?! Jetzt kapier ich überhaupt nichts mehr! Wieso bleibt denn der Typ hier seelenruhig sitzen? Bin ich im falschen Film, oder was? Anscheinend mache ich ein derart dämliches Gesicht, dass der Wahnsinnstyp Mitleid mit mir bekommt. Jedenfalls sagt er plötzlich: „Ich kannte sie gar nicht."

„Hä?", krächze ich verständnislos.

Lieber Himmel, kann ich bitte, bitte bald einen normalen Satz sprechen?

Seltsam, jetzt wirkt der Typ irgendwie verunsichert. So, als frage er sich plötzlich, ob mich diese Info überhaupt interessiert. „Das Mädchen!", fügt er erklärend hinzu. „Die Blonde, die hier ... äh ... geschlafen hat." Er zeigt auf seine linke Schulter, als gäbe es im Zug noch hundert andere schlafende Blondinen, die gemeint sein könnten. „Sie hat mir beim Einsteigen in Berlin nur kurz gesagt, dass sie letzte Nacht durchgemacht hat, und dann war sie auch schon eingepennt."

„Ach so, klar." Ich grinse und nicke dazu wie ein Hund mit Wackelkopf. „Ist ja verrückt ..." Okay, ganz ruhig bleiben! Das war schon fast ein ganzer Satz. Ich werde besser.

Der Wahnsinnstyp klappt sein Buch zu (er klappt sein Buch zu!!! Er will mit mir reden!!!) und lächelt. „Ich fahr nach Bonn, und du?"

„Ich auch. Ich fahr auch nach Bonn."

Wuppertal–Bonn, genaue Fahrzeit mit dem ICE 640 Johannes Brahms: eine Stunde, zwei Minuten. 62 Minuten, um den Wahnsinnstypen zu erobern.

62 Minuten.

Das schaffe ich!

1 **Fassen Sie den Inhalt der Geschichte zusammen.**

- Wo spielt das Geschehen und wer ist beteiligt?
- Was geschieht in der Geschichte? (wichtige Handlungsschritte in chronologischer Reihenfolge)
- Gibt es einen unerwarteten Wendepunkt in der Handlung?

Eine Kurzgeschichte analysieren

Nachdem Sie den Text „Wahnsinnstyp *oder:* Während sie schläft" erschlossen und zusammengefasst haben, untersuchen Sie nun seine Bestandteile und deren Beziehung zueinander.

1 Tauschen Sie sich mit Ihrer Lernpartnerin / Ihrem Lernpartner über Kurzgeschichten aus.
- Welche Texte dieser literarischen Form haben Sie bereits gelesen?
- Woran erkennen Sie, dass es sich dabei um Kurzgeschichten handelt?

2 Setzen Sie sich mit den Merkmalen des Textes „Wahnsinnstyp *oder:* Während sie schläft" auseinander.

a) Ordnen Sie den Text einer der literarischen Hauptgattungen zu (» Kapitel 4, S. 43).

b) Belegen Sie am Text, dass dieser Merkmale einer Kurzgeschichte aufweist (» GUT ZU WISSEN).

3 Untersuchen Sie die Erzählperspektive (» Kapitel 5, S. 53) in der Kurzgeschichte.

a) Bestimmen Sie, welche Erzählperspektive vorliegt.

b) Erläutern Sie, welche Wirkung die Erzählweise auf Sie als Leserin/Leser hat.

4 Analysieren Sie die Zeitstruktur (» Kapitel 5, S. 54) des Textes.
- Wie lange dauert das Geschehen ungefähr?
- An welchen Textstellen werden Ereignisse zeitraffend, zeitdehnend oder zeitdeckend erzählt?
- An welchen Textstellen gibt es Rückblenden?

5 Setzen Sie sich mit den Figuren auseinander.

a) Unterscheiden Sie bei der Darstellung der einzelnen Figuren zwischen Selbstcharakterisierung und Fremdcharakterisierung (» Kapitel 5, S. 57).

b) Verfassen Sie eine Charakterisierung der drei Hauptfiguren (» Kapitel 5, S. 59).
Achten Sie auf Aussehen, Verhalten, Charakter und unterscheiden Sie innere und äußere Merkmale.

c) Stellen Sie die Beziehungen zwischen der Ich-Erzählerin, dem Wahnsinnstypen und dem blonden Mädchen grafisch dar (» Kapitel 5, S. 59).

d) Überprüfen und überarbeiten Sie wechselseitig mit einer Lernpartnerin / einem Lernpartner Ihre Charakterisierungen.

GUT ZU WISSEN | Merkmale von Kurzgeschichten

Die literarische Form der **Kurzgeschichte** ist relativ jung: Die ersten Texte dieser Gattung wurden im 19. Jahrhundert von amerikanischen und englischen Autoren geschrieben und als **„short stories"** bezeichnet. Der Begriff „Kurzgeschichte" ist eine direkte Übersetzung der englischen Bezeichnung.
Kurzgeschichten sind an den folgenden Merkmalen erkennbar:
Wie der Name schon sagt, sind die Geschichten meistens recht kurz. Sie beginnen häufig mit einer **Alltagssituation**, wobei der **Einstieg ins Geschehen unmittelbar** erfolgt, d. h. ohne eine vorangestellte Einleitung. In der Handlung kommen **nur wenige Figuren** vor, die oft namenlos sind. Aus dieser Situation entwickelt sich die Handlung, die oft eine **unerwartete Wendung** nimmt und nicht aufgelöst wird. Daraus ergibt sich ein **offenes Ende**, das zum Nachdenken anregen soll.
Durch die Handlung führt häufig ein **neutraler Erzähler**, der das Geschehen nicht wertet oder kommentiert, manchmal aber auch ein **Ich-Erzähler** (» Kapitel 5, S. 53). Die **erzählte Zeit** ist meistens kurz und oft **ohne Zeitsprünge** gestaltet. Typisch für Kurzgeschichten ist eine **knappe, präzise Sprache**, die Elemente aus der Umgangssprache enthalten kann.

Eine Kurzgeschichte analysieren

6 Analysieren Sie die sprachliche Gestaltung des Textes (» Kapitel 5, S. 56).

a) Erläutern Sie die Bedeutung der folgenden Textstellen:
„wie ein hypnotisiertes Kaninchen" (Z. 2)
„zur Salzsäule erstarrt" (Z. 14 f.)
„Wie von der Tarantel gestochen" (Z. 58)

b) Bestimmen Sie, um welche sprachlichen Mittel es sich dabei handelt, und erläutern Sie die Unterschiede.

c) Untersuchen Sie den Satzbau und beschreiben Sie die Wirkung. Belegen Sie Ihre Ergebnisse am Text.
Welche Satzarten sind vorhanden? Wie lang sind die Sätze?

d) Setzen Sie sich mit den im Text enthaltenen Sprachvarietäten (» Kapitel 16, S. 192) auseinander und nennen Sie Beispiele für Umgangssprache, Jugendsprache und Standardsprache.

e) Tauschen Sie sich in der Gruppe darüber aus, welche Wirkung durch die sprachliche Gestaltung des Textes erzeugt wird.

Muster: Auszug aus einer Textanalyse

[...] Die Gedanken und Äußerungen der Protagonistin enthalten viele Ausdrücke aus der Umgangs- und Jugendsprache, z. B.: „ein verfetteter Anzugträger" (Z. 3); „Mega-Party" (Z. 52); „‚Au Scheiße!'" (Z. 58). Feststellen lässt sich zudem eine Häufung von Fragesätzen (z. B. „Könnte ich jetzt nicht irgendwas sagen?", Z. 45) und Ausrufesätzen (z. B. „Himmel, was hat der Typ für Augen! ", Z. 43 f.). Viele Sätze sind sehr kurz, zum Teil auch unvollständig (z. B. „Braucht sie auch nicht. Sie sieht im Schlaf aus wie ein Engel. Leider", Z. 37). Auffällig ist außerdem die wiederholte Verwendung von Interjektionen, also Ausrufen wie „Ach ja, klar ..." (Z. 9) oder „Ah, da" (Z. 10). Durch all dies fühlt man sich der Protagonistin sehr nah – wie eine Freundin, der sie von ihrer Reise und ihrer Begegnung berichtet. [...]

7 Vergleichen Sie das Muster mit den Anforderungen an eine Textanalyse (» GUT ZU WISSEN).
Welche Aspekte des Textes werden behandelt? Wie werden sie in Beziehung zueinander gesetzt?

8 Verfassen Sie eine eigene Textanalyse, in der Sie auf weitere Bestandteile und Besonderheiten der Kurzgeschichte eingehen.

GUT ZU WISSEN – Texte analysieren

Bei einer Textanalyse geht es darum, einen Text tief gehend zu durchdringen und seine **einzelnen Bestandteile zu untersuchen**. Dabei kann man sich u. a. den folgenden Aspekten widmen:

- **Inhalt:** Wie ist die Handlung aufgebaut? Wo und wann spielt sie? Gibt es Wendepunkte in der Handlung? Wie sind die Figuren und ihre Beziehungen untereinander dargestellt?
- **Struktur:** Aus welcher Sicht wird das Geschehen erzählt? Welche Perspektive hat der Erzähler auf das Geschehen? Wie ist die Zeitstruktur gestaltet (Verhältnis Erzählzeit/erzählte Zeit)?
- **Sprache:** Welche sprachlichen Mittel enthält der Text? In welcher Sprachvarietät ist er verfasst? Wie ist der Satzbau gestaltet (kurze, lange oder unvollständige Sätze)? Welche Wirkung erzeugt die sprachliche Gestaltung?

Eine Textanalyse beschränkt sich nicht nur auf die Beschreibung der Besonderheiten, sondern stellt eine **Beziehung** zwischen dem **Inhalt** und den **formal-sprachlichen Aspekten** her.
Achten Sie darauf, dass Sie Ihre Beobachtungen durch Textstellen belegen. **Textbelege** werden als Zitate in Anführungszeichen und mit Zeilenangabe angeführt.

Eine Kurzgeschichte interpretieren

Die Textinterpretation baut auf den Ergebnissen der Textanalyse auf und legt den Fokus auf die Deutung des Textes im Hinblick auf einen bestimmten Aspekt.

Muster: Auszug aus einer Textinterpretation zur Kurzgeschichte „Wahnsinnstyp *oder:* Während sie schläft" von Katja Reider (» S. 148 f.)

[…] Die Kurzgeschichte ist in der Ich-Form aus der Sicht eines jungen Mädchens verfasst. Es geht um eine Begegnung zwischen zwei jungen Leuten auf einer Reise. Die Protagonistin ist allein mit dem Zug unterwegs nach Bonn zu ihrer Tante. Sie sitzt auf einem Fensterplatz in einem Großraumwagen gegenüber von einem Jungen, der ihr schon beim Einsteigen aufgefallen war. Sie findet den Jungen sehr attraktiv: Er hat grün-braune Augen, Grübchen beim Lächeln und verwuschelte Haare. Sie ist jedoch viel zu schüchtern, um ihn anzusprechen. Außer dass die Protagonistin schüchtern ist, erfährt man nicht viel über sie. Offensichtlich lebt sie zusammen mit ihren Eltern und ihrer kleinen Schwester in Hannover und hat eine Tante in Bonn. Der ihr gegenüber sitzende Junge ist nicht allein: Neben ihm schläft ein blondes Mädchen und lehnt den Kopf an seine Schulter. Die Protagonistin vermutet, dass es sich um die Freundin des Jungen handelt. In Form eines inneren Monologes stellt sie Vermutungen über den Jungen und die Beziehung zu seiner Freundin an. Ihre Gedanken enthalten viele Ausdrücke aus der Umgangs- und Jugendsprache, z. B.: „ein verfetteter Anzugträger" (Z. 3); „Mega-Party" (Z. 52). Feststellen lässt sich zudem eine Häufung von Fragesätzen (z. B. „Könnte ich jetzt nicht irgendwas sagen?", Z. 45) und Ausrufesätzen (z. B. „Himmel, was hat der Typ für Augen! ", Z. 43 f.). Viele Sätze sind sehr kurz, zum Teil auch unvollständig (z. B. „Braucht sie auch nicht. Sie sieht im Schlaf aus wie ein Engel. Leider", Z. 37). Auffällig ist außerdem die wiederholte Verwendung von Interjektionen, also Ausrufen wie „Ach ja, klar …" (Z. 9) oder „Ah, da" (Z. 10). Durch all dies fühlt man sich der Protagonistin sehr nah – wie eine Freundin, der sie von ihrer Reise und ihrer Begegnung berichtet. […]

1 Untersuchen Sie den Auszug aus dem Hauptteil einer Textinterpretation.

a) An welchen Stellen sollte man im Muster Absätze einfügen, da ein neuer Schwerpunkt beginnt?

b) Notieren Sie für jeden Absatz das Thema, um das es jeweils geht. Berücksichtigen Sie auch die Erzählperspektive, sprachliche Mittel und die Charakterisierung der Figuren.

2 Vervollständigen Sie die Textinterpretation. Gehen Sie dabei nach der Methode Think! Pair! Share! (» GUT ZU WISSEN) vor.

a) Verfassen Sie eine Einleitung.
Nennen Sie die Textsorte, den Titel, den Namen der Autorin, das Erscheinungsjahr und das Thema.

b) Ergänzen Sie den Hauptteil mithilfe der Ergebnisse aus Ihrer Textanalyse (» Aufgabe 8, S. 151).

c) Formulieren Sie einen Schluss, in dem Sie z. B. über Ihre persönliche Leseerfahrung reflektieren.

d) Tauschen Sie Ihre Interpretation mit dem Text Ihrer Lernpartnerin / Ihres Lernpartners. Überprüfen und überarbeiten Sie Ihre Ergebnisse mithilfe der Checkliste auf S. 155.

GUT ZU WISSEN – Think! Pair! Share!

Mit dieser Methode lassen sich Aufgaben schrittweise bearbeiten:

- **Überlegen** (ca. zwei Minuten): Bearbeiten Sie die jeweilige Aufgabe zunächst allein und stellen Sie für sich Überlegungen zur Lösung an. Notieren Sie Ihre Ergebnisse.
- **Austauschen** (ca. drei Minuten): Tauschen Sie sich zu zweit über Ihre Ergebnisse aus.
- **Vorstellen** (ca. fünf Minuten): Stellen Sie Ihre Ergebnisse der Gruppe vor und klären Sie dabei offene Fragen.

Eine Kurzgeschichte interpretieren

Auch in der folgenden Geschichte geht es um eine Zufallsbekanntschaft zwischen zwei jungen Menschen.

Marlene Schulz: Versprochen

Nein, sie sind nicht angekommen, entzifferte Eric auf der Pappe, die die junge Frau mit den Dreadlocks in der Hand hielt, sich suchend umsah. Er las den Satz noch einmal, hatte keine Idee, was damit gemeint sein konnte.
Der Minutenzeiger auf der Bahnhofsuhr sprang einen Strich weiter. Drei Uhr nachmittags. Die junge Frau schaute ihn an.
„Hast du sie vielleicht gesehen?", fragte sie Eric.
„Glaube ich kaum."
„Bist du von hier?"
„Ich?"
„Nee du."
Eric steckte die Notizen, die er sich im Zug für das Deutschreferat gemacht hatte, in seinen kleinen Koffer.
„Bist du jetzt von hier oder nicht?"
„Naja, irgendwie schon."
„Wie geht irgendwie?"
„Ab und zu eben."
„Ab und zu bist du von hier. Und jetzt gerade?"
„Jetzt gerade …", Eric strich sich mit dem Handrücken über seine kalte Nase. „Jetzt gerade bin ich von hier."
„Prima."
„Was heißt prima?"
„Na, ich komme gerade aus Berlin. Jetzt bin ich in Frankfurt und kenne keinen."
„Was machst du dann hier?"
„Gucken, was geht."
„Wie? Was geht?"
„Mal gucken eben."
„Und das Schild?"
„Hat nichts zu bedeuten. Wollte nur mal sehen, ob einer reagiert."
„Und was ist, wenn einer reagiert?"
„Dann quatsche ich mit dem."
„Und dann?"
„Dann frag' ich ihn, wenn er nett aussieht, ob er ein Bett für mich hat. Für zwei, drei Nächte. Hast du?"
„Hab' ich was?"
„Ein Bett. Für mich."
Eric schaute auf ihren Mund. „Ich bin nicht nett."
Ihre Lippen sahen aus wie gebügelt.
„Doch. Irgendwie schon." Feli fuhr sich mit der Zungenspitze über die Unterlippe. „Und?"
Ihre Augen waren groß, braun, dunkelbraun, die Wimpern lang.
„Hast du ein Bett?"
„Ein Bett? Natürlich hab' ich ein Bett."
„Für mich?"
„Du. Ich hab' 'ne kranke Mutter zu Hause. Da geht gar nichts mehr."
„Wie, da geht gar nichts mehr?"

Eine Kurzgeschichte interpretieren

„Sie stirbt bald."

„Und du?"

„Was und ich?"

„Was machst du mit einer sterbenden Mutter?"

„Was soll ich schon mit ihr machen? Ich wische ihr die Spucke vom Mund, koche ihr was, sitze an ihrem Bett und sehe ihr dabei zu, wie sie stirbt."

„Lass mich mitkommen."

„Ich weiß nicht, ob ihr das gefällt."

„Wenn du es jetzt nicht weißt, dann wirst du es auch nicht wissen, wenn du mich hier stehen lässt."

„Warum ich?"

„Weil du irgendwie anders aussiehst."

„Anders."

„Ja. So, als würdest du nichts wollen."

„Von wem?"

„Von mir. Von all denen, die hier 'rumlaufen." Feli machte eine ausladende Bewegung mit ihrem rechten Arm. Eric sah den gestrickten Stulpen nach.

„Machst du das immer so?"

„Was immer?"

„Dir eine Bleibe suchen."

„Ich suche keine Bleibe. GEBLIEBEN bin ich viel zu lange. Jetzt bin ich weg. Hier. Und ob ich bleibe? Keine Ahnung. Ich suche einfach nur ein Bett. Mehr nicht. Ich will pennen und in Ruhe gelassen werden." Feli fixierte Erics Augen. „Ich kann kochen."

„Du kannst kochen."

„Ja."

Eric malte sich aus, wie er mit diesem Mädchen in den Hausflur treten, wie Frunzkes aus der Wohnung im Erdgeschoss zuerst ihn und dann sie betrachten würden, ihre schulterlangen, schwarzen Haare, den kurzen Rock über den Leggins, die hohen Stiefel, ihren Rucksack. Der Gedanke begann ihm zu gefallen. Seine Mutter müsste nichts mitbekommen. Das Gästezimmer war ohnehin frei. Ein schmaler Raum mit einem Bett.

„Überlegst du noch? Oder kannst du selber kochen?"

„Ja. Und ja."

„Ja und ja?"

„Genau."

„Ich tu' dir nichts", sagte sie.

Eric lächelte. „Das beruhigt mich. Doch."

Feli reichte ihm die Pappe. Nein, sie sind nicht angekommen.

„Fertig überlegt?"

„Keine Ahnung, warum ich das tu'. Aber okay."

„Okay was?"

„Frag' nicht so viel. Komm' einfach mit." Eric sah sie an, als sie den Rucksack über eine Schulter hob. Der Riemen klemmte ein paar Locken ein. „Aber eines ist klar. Wenn du nervst, gehst du."

„Versprochen."

Eine Kurzgeschichte interpretieren

3 Fassen Sie den Inhalt des Textes kurz zusammen.
- Wann und wo findet die Handlung statt?
- Welche Figuren kommen in der Geschichte vor?
- Was ist ungewöhnlich an der Situation?

4 Analysieren Sie die Kurzgeschichte.
a) Bestimmen Sie, aus wessen Sicht die Geschichte erzählt wird und welche Erzählperspektive vorliegt.
b) Untersuchen Sie die Zeitstruktur. Wie wird die erzählte Zeit gestaltet?
c) Charakterisieren Sie die Figuren und stellen Sie ihre Beziehung zueinander dar.
d) Untersuchen Sie sprachliche Besonderheiten im Text.

5 Verfassen Sie eine Textinterpretation zu der Kurzgeschichte „Versprochen" von Marlene Schulz.
a) Formulieren Sie den Hauptteil.
Verwenden Sie Ihre Ergebnisse aus den Aufgaben 3 und 4. Stellen Sie eine Beziehung zwischen dem Inhalt und den formal-sprachlichen Aspekten her.
b) Schreiben Sie eine Einleitung und den Schluss Ihrer Textinterpretation mithilfe der Checkliste.

6 Überprüfen und überarbeiten Sie wechselseitig mit einer Lernpartnerin / einem Lernpartner Ihre Textinterpretation. Beachten Sie die Checkliste.

CHECKLISTE Aufbau einer Textinterpretation

Einleitung
- ✓ Habe ich in der Einleitung Textsorte, Titel, Autorin/Autor und Erscheinungsjahr (soweit angegeben) genannt? Ist das Thema treffend formuliert?

Hauptteil
- ✓ Habe ich die Handlung des Textes chronologisch und in eigenen Worten wiedergegeben?
- ✓ Wird die Erzählperspektive dargestellt?
- ✓ Ist eine Figurencharakterisierung vorhanden?
- ✓ Werden die Beziehungen der Figuren zueinander beschrieben?
- ✓ Habe ich die Zeitstruktur des Textes analysiert?
- ✓ Werden sprachliche Besonderheiten untersucht?
- ✓ Wird der Inhalt gedeutet?
- ✓ Sind Inhalt und formal-sprachliche Aspekte in Beziehung zueinander gesetzt?

Schluss
- ✓ Habe ich eine eigene Meinung über den Text formuliert?
- ✓ Gebe ich ein Urteil ab, ob ich den Text für lesenswert oder nicht lesenswert halte?
- ✓ Ist beschrieben, welche Gedanken und Gefühle der Text bei mir auslöst?
- ✓ Habe ich eine Verbindung zur Einleitung hergestellt?

Sprache und äußere Form
- ✓ Habe ich die Textinterpretation im Präsens geschrieben?
- ✓ Ist die Sprache sachlich und ohne eigene Wertung?
- ✓ Sind die Sätze klar und verständlich? Werden die Zusammenhänge deutlich?
- ✓ Ist die Textinterpretation durch Absätze übersichtlich gegliedert?
- ✓ Habe ich Textbelege mit Zeilenangaben versehen und wörtliche Zitate in Anführungszeichen gesetzt?
- ✓ Habe ich direkte Aussagen in indirekter Rede wiedergegeben bzw. Gespräche zusammengefasst?

Fazit, vertiefen, überprüfen

Das haben Sie in diesem Kapitel gelernt:

FAZIT

12.1
Eine Kurzgeschichte inhaltlich erschließen

- den Inhalt literarischer Texte zusammenfassen

12.2
Eine Kurzgeschichte analysieren

- Textgattungen unterscheiden
- die Erzählperspektive bestimmen
- Zeitstrukturen analysieren
- sprachliche Mittel untersuchen
- Figuren charakterisieren

12.3
Eine Kurzgeschichte interpretieren

- eine Textinterpretation verfassen

Wenden Sie Ihr Wissen an:

1 **Verfassen Sie eine Textinterpretation zu der Kurzgeschichte „Mehmet" von Rafik Schami (» Kapitel 4, S. 48 f.).**

a) Formulieren Sie das Thema der Kurzgeschichte und fassen Sie den Inhalt kurz zusammen.

b) Analysieren Sie den Text im Hinblick auf die folgenden Aspekte:
- Erzählperspektive
- Zeitstruktur
- Darstellung der Figuren und ihrer Beziehungen zueinander
- sprachliche Besonderheiten

c) Verfassen Sie den Hauptteil Ihrer Textinterpretation. Stellen Sie dabei eine Beziehung zwischen dem Inhalt und den formal-sprachlichen Aspekten her.

d) Formulieren Sie eine Einleitung und einen Schluss zu Ihrer Textinterpretation.

2 **Überprüfen und überarbeiten Sie Ihre Ergebnisse gemeinsam mit einer Lernpartnerin / einem Lernpartner. Berücksichtigen Sie die Checkliste auf S. 155.**

3 **Notieren Sie Ihre individuellen Fehlerschwerpunkte im Bereich Rechtschreibung, Zeichensetzung und Grammatik. Bearbeiten Sie die entsprechenden Abschnitte in Kapitel 17, „Richtig schreiben".**

Kapitel 13

Literarische Texte gestaltend interpretieren

13.1
Einen Romanauszug szenisch gestalten

13.2
Einen Tagebucheintrag verfassen

13.3
Einen Brief schreiben

Man kann auf unterschiedlichen Wegen Zugang zu literarischen Texten bekommen: z. B. indem man sie gestaltend bearbeitet und auf diese Weise interpretiert. Eine kreative Bearbeitung eines Textes kann beispielsweise darin bestehen, dass man einen Perspektivwechsel vornimmt und die Geschichte aus Sicht von einer oder mehreren anderen Figuren schreibt, etwa in Form eines Dialogs, eines Tagebucheintrags oder eines Briefes. Voraussetzung hierzu ist, dass Sie den Text zunächst gründlich erschließen und die Eigenschaften der Figuren herausarbeiten. Wie Sie dabei vorgehen und worauf Sie zu achten haben, erfahren Sie in diesem Kapitel.

Kompetenzen

- ✓ eigene Deutungen eines Textes aufzeigen
- ✓ Figuren charakterisieren
- ✓ Empathie entwickeln
- ✓ kreative Verfahren des Schreibens anwenden

Methoden und Arbeitstechniken

- ✓ Schreibkonferenz
- ✓ Umstellprobe

Einen Romanauszug szenisch gestalten

Als Ausgangstext liegen Ihnen Auszüge aus dem Jugendroman „Dann bleib ich eben sitzen!" von Thorsten Steffens vor. Die Hauptfigur Tim beschließt, absichtlich sitzenzubleiben. Wie es dazu kommt und wie Tim sein Vorhaben umsetzt, das erfahren Sie auf den nächsten Seiten.

Thorsten Steffens: Dann bleib ich eben sitzen (Auszüge, 2019)

Seit der Trennung seiner Eltern lebt der 16-jährige Tim bei seiner Mutter. Gerade erst sind sie von Münster nach Köln umgezogen und Tim hat daher die Schule gewechselt. Auf dem Halbjahreszeugnis, das er noch von seiner alten Schule mit nach Hause bringt, wimmelt es von Vieren und Fünfen. Das führt zu Streit mit seiner Mutter, die ihrem Sohn droht: „Wenn du dieses Schuljahr wieder sitzenbleibst, kannst du zu Papa ziehen!" Die Vorstellung, bei seinem Vater in Gütersloh zu leben, gefällt Tim gar nicht schlecht. Denn dann wäre es nicht so weit zu seinen Freunden in Münster. Da fasst Tim einen Plan: Er will einfach weitermachen wie bisher – keine Hausaufgaben machen, nicht lernen, im Unterricht nicht aufpassen. Seine Mission lautet: Sitzenbleiben! Zu den Regeln dieser Mission gehört unter anderem, dass er in der neuen Klasse keine Freundschaften schließen will.
Am ersten Tag an seiner neuen Schule beobachtet Tim seine Mitschülerinnen und Mitschüler und beschreibt sie so:

In der Pause kommt der Junge von vorhin zu mir. Igor heißt er. Wir gehen zusammen nach unten und er ist nicht übel. Redet nicht so viel, was schon mal gut ist. Vor allem keinen Schwachsinn. Er will nicht groß angeben, hält sich nicht für den Checker des Monats, ganz normal also. Find ich gut.
Dann fällt mir aber wieder meine Mission ein. Ich will ja gar keine Freundschaften. Aber na ja, was soll's? Einen Kumpel zu haben, kann auch nicht schaden.
Inzwischen glaube ich auch schon, die typischen Helden in der Klasse erkannt zu haben:

- Da gibt's einmal den Babo, den Boss der Klasse. So einen gibt's in jeder Klasse. Hier heißt er Mateo. […]
- Dann gibt's die Chefin, die bei den Mädchen das Sagen hat. Hier scheint es Hava zu sein. Jeder Satz fängt an mit „Ischwör" […].
- Dann gibt's noch den Klassenclown. Hier ist das Lukas, der Lutscher […]. Eben im Deutschunterricht beim Sternchen hat er einen flachen Witz nach dem nächsten abgelassen. Nur unnötig!
- Und dann gibt's in jeder Klasse noch die Streber. Manchmal mehr, manchmal weniger. Hier in der Klasse habe ich bisher nur eine erkannt: Ira. Die sitzt in der ersten Reihe. Klar, wo auch sonst? Links vor mir.

Allerdings sieht sie gar nicht wie eine Streberin aus, sondern eigentlich sogar … ziemlich gut.

An Tims zweiten Tag an der neuen Schule will die Deutschlehrerin Frau Stern – von Tim „Sternchen" genannt – das Buch der Woche vorstellen. In der Klasse geht es laut und unruhig zu, wovon Tim genervt ist. Daher brüllt er:

„BOAH, RUHE JETZT!"
Bevor mir klar ist, was ich da gerade gemacht habe, wird's total still. Alle verstummen.
Nicht nur die Klasse, auch das Sternchen.
Shit!
Ira dreht sich überrascht zu mir um und lächelt mir zu. Was will die denn? Aber dann wird mir klar, dass alle denken, ich hätte „Ruhe!" gebrüllt, weil ich die Buchempfehlung der Woche hören will. Mir ist ja egal, was die anderen hier von mir halten, aber der Streber vom Dienst will ich nun wirklich nicht sein! Deshalb schiebe ich schnell hinterher: „Bei dem Krach kann ja keiner schlafen!" Die Klasse fängt an, zu brüllen vor Lachen. Nur Ira findet's nicht witzig. Sie lächelt nicht mehr und dreht sich wieder nach vorne.
Das Sternchen ist natürlich geschockt: „Och ne, Tim! Das ist aber nicht nett von dir! Ich mache hier doch auch nur meinen Job." Und irgendwer brüllt von hinten: „Eine Runde Mitleid!"

Einen Romanauszug szenisch gestalten

Wieder riesiges Gelache.
Ich befürchte schon, dass es richtigen Stress gibt. [...] Aber stattdessen passiert – gar nichts.
Das Sternchen macht mit ihrem Buch der Woche weiter und ich lege wieder den Kopf ab.

1 Lesen Sie die beiden Textauszüge und geben Sie den Inhalt in eigenen Worten wieder, indem Sie ihn Ihrer Lernpartnerin / Ihrem Lernpartner erzählen.

2 Untersuchen Sie die Darstellung der Figuren im ersten Auszug (Z. 1–14).

a) Beschreiben Sie in Stichworten Charaktereigenschaften, typisches Verhalten und Sprechweise der folgenden Figuren: Mateo, Hava, Lukas, Ira.

b) Was könnten Tims Mitschülerinnen und Mitschüler über ihn denken? Versetzen Sie sich in die Figuren hinein und tauschen Sie sich mit Ihrer Lernpartnerin / Ihrem Lernpartner darüber aus.

3 Bereiten Sie einen Dialog vor, in dem sich die vier Figuren über Tim und sein Verhalten im Deutschunterricht unterhalten.

a) Planen Sie die Abfolge der Ereignisse in Ihrem Dialog und machen Sie sich Notizen.

b) Planen Sie den äußeren Rahmen des Dialogs. In welcher Umgebung und Atmosphäre findet er statt?

4 Verfassen Sie den Dialog.

a) Was könnte der Ausgangspunkt der Szene sein? Notieren Sie einen Einleitungssatz zu Ihrem Dialog.
Mateo, Hava, Lukas, Ira treffen sich nach der Deutschstunde …

b) Schreiben Sie den Dialog mit drei Sprechanteilen pro Figur. Gliedern Sie das Gespräch in Hauptteil und Schluss.

c) Ergänzen Sie in dem Dialog Regieanweisungen.

TIPP

Ein einleitender Satz führt in die Situation ein. Im Hauptteil hat die Handlung ihren Höhepunkt. Zum Schluss löst sich die Handlung auf. Regieanweisungen geben Hinweise auf Sprechweise und Eigenschaften der Figuren sowie auf Umgebung und Atmosphäre eines Dialogs, z. B.:
Lukas (lachend): *Das war doch nur ein Spaß!*

5 Überprüfen und überarbeiten Sie wechselseitig mit einer Lernpartnerin / einem Lernpartner Ihre Dialoge. Berücksichtigen Sie dabei die Checkliste.

CHECKLISTE – Einen Dialog schreiben

Inhalt

- ✓ Folgt der Dialog konsequent den Angaben im Ausgangstext?
- ✓ Wurden die Eigenschaften und Charaktermerkmale der Figuren gut wiedergegeben?
- ✓ Habe ich mich in die Figuren, aus deren Sicht ich schreibe, hineinversetzt?

Aufbau

- ✓ Erzählt der Dialog eine vollständige Geschichte mit Einleitung, Hauptteil (mit Höhepunkt der Handlung) und Schluss (mit sinnvoller Auflösung der Handlung)?
- ✓ Ist die Handlung schlüssig aufgebaut?
- ✓ Ist der Dialog fantasievoll und interessant, aber auch realistisch gestaltet?

Sprache und äußere Form

- ✓ Habe ich für den Dialog die direkte Rede verwendet?
- ✓ Enthält der Dialog einleitende und überleitende Sätze?
- ✓ Spiegeln die Äußerungen und Regieanweisungen die Gefühle und die Beziehungen der Figuren glaubhaft wider?

Einen Tagebucheintrag verfassen

Schlechte Noten zu schreiben ist gar nicht so einfach – zumindest wenn man wie Tim die Vokabeln gut beherrscht.

Wegen eines Vorfalls im Mathematikunterricht muss Tim zum Schulleiter. Nach diesem Gespräch nimmt Tim sich fest vor, nicht noch einmal aufzufallen und keine weiteren Vorfälle zu provozieren. Schließlich will er nur sitzenbleiben und nicht von der Schule fliegen.

Ich beschließe, dass der Plan für meine Mission gut funktioniert, nachdem ich die erste Woche ohne weitere Vorfälle überstanden habe.

Wichtig ist nur, nicht aufzufallen. Die Lehrer können mich ja ruhig für faul oder blöd halten, aber es darf keinen Ärger mehr geben.

Ich konzentriere mich einfach weiter darauf, schlechte Noten zu schreiben, weswegen ich auch nicht für den angekündigten Vokabeltest heute gelernt habe.

In der Fünf-Minuten-Pause haben fast alle ihr Englischbuch in der Hand.

„Fragst du mich ab?“ Laura setzt sich an den Tisch neben Ira. Direkt vor meine Nase.

„Okay. Was heißt ‚verfügbar‘ auf Englisch?“

Laura überlegt.

Ohne dass ich es will, schießt mir das Wort „available“ durch den Kopf. Komisch.

Aber in Münster hatten wir dasselbe Buch und als es letztes Jahr wieder Stress mit meiner Mutter gab, habe ich ein paar Wochen einmal richtig gebüffelt. […]

Ich liege mit dem Kopf auf meinen Armen auf dem Tisch und höre, wie Laura sich durch die Vokabeln quält.

Laura: „Available.“

Nach einer Ewigkeit wohlgemerkt.

Ira: „Ermutigen?“

Laura: „Ach Mist, … irgendwas mit in…“

„Encourage“ ploppt es wieder in meinem Kopf auf.

Irgendwann fällt's auch Laura ein.

Ira: „Behinderung.“

Laura: „…“

Ich murmle: „Disability.“

„Ach ja, stimmt“, sagt Laura.

Nun dreht sich Ira zu mir: „Fortgeschritten?“

„Advanced“, sage ich gelangweilt. […]

Ira: „Nachweis?“

Ich: „Certificate.“

Sie: „Bildung?“

Ich: „Education.“

Immer schneller fragt sie ein Wort nach dem nächsten. Und ich sage eins nach dem nächsten auf. Nach ein paar Sekunden werden auch die anderen auf uns aufmerksam und alle beobachten Iras Fragerunde. „Krass, Mann. Der Tim kann die Vokabeln wie 'ne Maschine aufsagen“, brüllt Laura. Wahrscheinlich ein bisschen neidisch.

Schließlich kommt die Montell[1] und als Erstes schreiben wir auch direkt den Test.

Ich drehe das Blatt um. Zehn Vokabeln werden abgefragt. Na super, jetzt muss ich da irgendeinen Mist hinschreiben, sonst kriege ich noch eine Zwei oder so. […]

1 Montell: Tims Englischlehrerin

Einen Tagebucheintrag verfassen

Als wir die Tests in der nächsten Stunde zurückkriegen, steht unter meinem: *Try harder next time. Ungenügend (6)*
Laura, die hinter mir sitzt, sieht meine Note und brüllt: „Was? Wieso hast du denn 'ne Sechs? Du wusstest doch die Vokabeln!" […]
Auch Ira dreht den Kopf herum und guckt mich so skeptisch an.

***

In der nächsten kleinen Pause versammeln sich Ira, Laura und ein paar andere um meinen Tisch.
„Wie kann das denn sein?" Laura ist total außer sich. Sie hat übrigens eine Vier.
„Keine Ahnung", sage ich. „Hatte 'nen Blackout."
„So ein Quatsch!", sagt Ira.

1 Lesen Sie den Textauszug und geben Sie den Inhalt in eigenen Worten wieder, indem Sie ihn Ihrer Lernpartnerin / Ihrem Lernpartner erzählen.

2 Untersuchen Sie die Darstellung der Figur Laura in dem Textauszug.

a) Notieren Sie alle Informationen, die Sie über Laura erhalten.
b) Beschreiben Sie Lauras Stimmung und Gefühle in den folgenden Situationen:
- als Ira die Vokabeln abfragt
- als die Klasse den Vokabeltest zurückbekommen hat

3 Verfassen Sie einen Tagebucheintrag, in dem Laura ihre Gedanken und Gefühle vor und nach dem Vokabeltest schildert. Berücksichtigen Sie GUT ZU WISSEN.

a) Schreiben Sie eine Einleitung.
Leitfragen: Was ist passiert? Was ist der Anlass des Schreibens? Wie fühlt sich Laura gerade?
b) Formulieren Sie den Hauptteil des Tagebucheintrags.
Leitfragen: Warum fühlt sich Laura so? Wie war die Situation und welche Fragen gehen ihr nun durch den Kopf? Was denkt sie über Tim?
c) Verfassen Sie den Schlussteil des Tagebucheintrags.
Leitfragen: Wie geht es jetzt weiter? Was hat Laura vor zu tun? Was wünscht sie sich?

4 Überarbeiten Sie Ihren Tagebucheintrag.

a) Führen Sie in 3er-Teams eine Schreibkonferenz (» Kapitel 3, S. 37) durch.
b) Verbessern Sie Ihren Tagebucheintrag mithilfe der Anmerkungen aus der Schreibkonferenz.

GUT ZU WISSEN – Einen Tagebucheintrag verfassen

Beim Verfassen eines Tagebucheintrags geht es darum, die **Gedanken und Gefühle einer Figur** wiederzugeben. Diese stehen im Vordergrund und nicht der chronologische Ablauf der Handlung.
Deshalb ist es notwendig, aus dem vorgegebenen Text **Informationen zur Figur** zusammenzutragen und zu interpretieren.
Im nächsten Schritt ist es wichtig, **sich in die Figur hineinzuversetzen**, ihre Gefühle und Stimmung zu erspüren sowie zu überlegen, wie sie sprechen bzw. schreiben könnte. Hilfreiche Hinweise geben direkte Äußerungen in der Textvorlage oder charakteristische Merkmale.
Der Eintrag sollte mit dem **Datum** und ohne eine Anrede wie „Liebes Tagebuch!" beginnen. Der Text muss in der **Ich-Form** geschrieben sein. Allzu umgangssprachliche Ausdrücke sowie unvollständige Sätze sollten vermieden werden.

Einen Brief schreiben

Auf einmal fasst Tim doch den Beschluss, zu lernen und bessere Noten zu schreiben. Lesen Sie, wie es dazu kommt.

Nachdem Mitschüler Tim gereizt haben, kommt es zu einer Schlägerei. Der Schulleiter beruft daraufhin eine Konferenz ein, an der unter anderem Ira als Vertreterin der Schulpflegschaft und Tims Mutter teilnehmen. Bei der Konferenz kommt alles ans Licht; Tim erzählt von seiner Mission und davon, dass er absichtlich schlechte Noten schreibt. Alle Anwesenden sind schockiert. Aber Tim bekommt eine letzte Chance: Er soll erst von der Schule fliegen, falls es zu einem weiteren Vorfall kommt. In diesem Fall würde Tim ohne Schulabschluss dastehen.
Am Abend spricht er sich mit seiner Mutter aus und telefoniert mit seinem Vater. Dabei stellt sich heraus, dass der Vater gar kein Interesse daran hat, Tim bei sich aufzunehmen.
Nun bleibt Tim nur noch eine Möglichkeit: den versäumten Lernstoff nachzuholen, um das Klassenziel doch noch irgendwie zu erreichen. Ira will ihn hierbei unterstützen und mit ihm zusammen lernen.

Zusammen mit Ira lernen? Wie das wohl wird?
Ich hoffe, dass es wie folgt wird:
Wir verbringen viel Zeit miteinander, lachen zusammen, machen Witze, ich flirte ein wenig, sie flirtet zurück, vielleicht schauen wir auch einen Film oder so und machen zwischendurch ein wenig Mathe. Alles stabil. Alles chillig. Eins führt zum anderen und SCHWUPP sind wir ein Paar. Ich bin dann so verliebt, dass ich automatisch besser in Mathe werde. Gut, ich weiß noch nicht ganz genau, warum sich die Verliebtheit auf meine Mathefähigkeiten auswirken sollte, aber so stelle ich mir das vor.

***

„Ich habe bis 17 Uhr Zeit", sagt sie beim allerersten Treffen. „Morgen machen wir dann weiter!"
Sie fragt mich nicht mal, ob ich morgen überhaupt Zeit habe. Nein, sie erwartet einfach, dass ich ab jetzt jeden Nachmittag um 16 Uhr bei ihr auflaufe.
Entweder lässt sie mich irgendwelche Aufgaben aus dem Buch rechnen oder sie hat welche aus dem Internet ausgedruckt.
So geht das am ersten Tag. So geht das am zweiten Tag. Am dritten Tag denke ich mir, dass ich langsam mal etwas starten sollte.
„Lernst du eigentlich immer so viel?", frage ich, total interessiert.
„Ja", antwortet sie, ohne auch nur von den Aufgaben aufzuschauen. „Von nichts kommt nichts, sagt meine Oma immer. Also los, weiterrechnen!" [...]
„Was machst du denn außer Hausaufgaben und Lernen? Ich meine, ich weiß fast gar nichts von dir?", sage ich möglichst gleichgültig, während ich weiter aufs Blatt kritzle.
Aber sie nur ganz cool: „Das musst du auch nicht, um diese Funktion zu berechnen!"
„Na, komm schon", bohre ich nach. „Das ist nicht fair. Du weißt viel mehr über mich. Schon alleine durch die Klassenkonferenz."
„Ich weiß im Grunde nur, dass du den blöden Plan hattest, dieses Schuljahr absichtlich sitzenzubleiben. Aber dann ist alles aufgeflogen, du bist zur Vernunft gekommen und jetzt willst du unbedingt die Versetzung schaffen. Und deshalb sitzen wir jetzt hier. Also, weiterrechnen!"

***

Es ist unfassbar. Ich komme einfach nicht weiter. Also muss ich alles auf eine Karte setzen: Ich muss den Komplimente-Hammer herausholen und loskloppen.
„Du hast wirklich schöne, braune Augen", sage ich und hoffe, es klingt schön geschmeidig.
Ira jedoch schaut total entsetzt auf.
„Was wird das denn jetzt?", fragt sie.

Einen Brief schreiben

„Ich sach ja nur.“

„Willst du mich etwa anmachen?“

„Man wird ja wohl mal ein Kompliment machen dürfen“, sage ich.

„Du kannst mir gerne ein Kompliment dafür machen, wie gut ich dir die linearen Gleichungssysteme erkläre. Oder auch einfach nur einmal Danke sagen, dass ich dir jeden Nachmittag bei Mathe helfe. Aber mir Komplimente für mein Aussehen machen? Nee, das bestimmt nicht!“

„Andere Mädchen würden sich darüber freuen!“

„Das glaube ich kaum, denn so ein blödes Kompliment ist völlig unpassend! Wir sind hier, um Mathe zu lernen. Nicht mehr! Verstanden?“

1 Geben Sie den Inhalt des Textauszugs mündlich in eigenen Worten wieder.

2 Charakterisieren Sie Ira.

a) Beantworten Sie die folgenden Fragen und belegen Sie Ihre Antworten am Text:
- Wie verhält sich Ira gegenüber Tim während der Nachhilfestunde?
- Was für eine Einstellung hat sie zum Lernen?
- Wie reagiert sie auf Tims Annäherungsversuche?

b) Beschreiben Sie Iras Stimmung und Gefühle während des gemeinsamen Lernens mit Tim.

3 Verfassen Sie einen Brief, in dem Ira einer Freundin über Tim und das gemeinsame Lernen mit ihm berichtet. Berücksichtigen Sie GUT ZU WISSEN.

a) Schreiben Sie den Briefanfang und nennen Sie dabei den Anlass des Schreibens.

Köln, 13. Mai 20XX

Liebe …, danke für deinen Brief. Ich habe mich sehr darüber gefreut.

Du wolltest wissen, wie sich die Geschichte mit Tim nach der Konferenz weiterentwickelt hat. …

b) Formulieren Sie den Hauptteil und schildern Sie dabei das Geschehen aus Iras Sicht.

c) Überprüfen Sie mit Ihrer Lernpartnerin / Ihrem Lernpartner wechselseitig Ihre Briefe und überarbeiten Sie sie.

4 Die Sprache in einem Brief sollte abwechslungsreich sein. Überarbeiten Sie die folgenden Sätze, indem Sie die Umstellprobe (» Kapitel 8, S. 106) anwenden und Satzglieder umstellen.

Ich habe mich sehr über deinen Brief gefreut. Ich will dir heute berichten, was ich in den letzten Tagen erlebt habe. Ich habe ja einen neuen Mitschüler, wie du weißt – Tim. Ich habe mich gestern nach der Schule mit ihm zum Lernen getroffen. Ich finde Tim eigentlich ganz nett, aber ich habe mich diesmal über ihn geärgert.

GUT ZU WISSEN – Einen Brief zu einer Textvorlage schreiben

Beim Schreiben eines Briefes zu einer Textvorlage geht es darum, **sich in eine Figur hineinzuversetzen** und deren **Gedanken und Gefühle wiederzugeben**. Hierzu müssen Sie im ersten Schritt den Ausgangstext sorgfältig erschließen. Auch die **Beziehung der Figur zum Empfänger** des Briefes muss berücksichtigt werden. Der Inhalt sollte kreativ und gleichzeitig realistisch gestaltet werden. Der Brief beginnt mit einer **Anrede** und endet mit einer **Grußformel**. Achten Sie darauf, die Empfängerin bzw. den Empfänger angemessen anzureden und das **Anredepronomen** *Sie* großzuschreiben, falls es vorkommt.

Fazit, vertiefen, überprüfen

Das haben Sie in diesem Kapitel gelernt:

FAZIT

13.1
Einen Romanauszug szenisch gestalten

- Figuren charakterisieren
- einen Dialog verfassen
- inhaltliche und sprachliche Analyse berücksichtigen

13.2
Einen Tagebucheintrag verfassen

- Empathie entwickeln
- Informationen über eine Figur aus der Textvorlage verwerten
- Gefühle und Gedanken aus der Perspektive der Figur wiedergeben

13.3
Einen Brief schreiben

- Geschehen aus der Perspektive einer Figur an einen Adressaten weitergeben

Wenden Sie Ihr Wissen an:

1 Verfassen Sie einen Dialog, in dem sich die Figuren Laura und Ira über Tim und sein Verhalten austauschen.

a) Lesen Sie noch einmal die Textauszüge auf S. 160 f. und S. 162 f.
b) Beschreiben Sie in Stichworten Charaktereigenschaften, typisches Verhalten und Sprechweise der Figuren Laura und Ira.
c) Was könnten Laura und Ira über Tim denken? Versetzen Sie sich in die Figuren hinein und machen Sie sich Notizen.
Berücksichtigen Sie, dass Laura und Ira einen unterschiedlichen Wissensstand bezüglich Tims Plan und Verhalten haben.
d) Planen Sie die Abfolge der Ereignisse und den äußeren Rahmen des Dialogs. Machen Sie sich Notizen.
e) Schreiben Sie den Dialog mit drei Sprechanteilen pro Figur.
Gliedern Sie die Handlung in Einleitung, Hauptteil, Schluss und denken Sie an die Regieanweisungen.

2 Überprüfen und überarbeiten Sie Ihre Ergebnisse gemeinsam mit einer Lernpartnerin / einem Lernpartner. Berücksichtigen Sie die Checkliste auf S. 159.

3 Notieren Sie Ihre individuellen Fehlerschwerpunkte im Bereich Rechtschreibung, Zeichensetzung und Grammatik. Bearbeiten Sie die entsprechenden Abschnitte in Kapitel 17, „Richtig schreiben".

Projekt
Eine Fabel als Theaterstück inszenieren

Sie schreiben und inszenieren in Projektgruppen ein Theaterstück, das die Fabel „Die Schildkröte und der Hase" zur Grundlage hat. Zunächst setzen Sie sich mit der Fabel auseinander, indem Sie deren Handlung und Kernaussage auf eine Situation aus Ihrem eigenen Leben übertragen. Anschließend schreiben Sie ausgehend von dieser Situation Dialoge für die Darsteller. Dann planen Sie ein Bühnenbild mit Kulissen, Kostümen und Requisiten und proben die Aufführung. Schließlich führen Sie das Theaterstück vor Ihren Mitschülerinnen und Mitschülern auf.

Die folgenden Informationen helfen Ihnen bei der Umsetzung des Projekts:

Was ist eine Fabel?

Fabeln sind kurze Geschichten, in denen Tiere wie Menschen handeln, sprechen und denken. Die Tiere haben typische Charaktereigenschaften, z. B. wird der Fuchs häufig als schlau dargestellt oder der Löwe als mutig. Ein weiteres Merkmal von Fabeln ist die Lehre, in der oft eine allgemeingültige Weisheit oder Moral formuliert ist.

In der folgenden Fabel liefern sich zwei Konkurrenten mit sehr unterschiedlichen Voraussetzungen ein Wettrennen: ein Hase und eine Schildkröte.

Äsop: Die Schildkröte und der Hase (ca. 6. Jahrhundert v. Chr.)

Schildkröte und Hase stritten sich, wer der Schnellste sei. Und nachdem sie eine Zeit und eine Strecke festgelegt hatten, liefen sie los. Der Hase machte sich wegen seiner natürlichen Schnelligkeit keine Sorgen um den Lauf, sondern legte sich an den Wegesrand nieder und schlief. Die Schildkröte aber war sich ihrer Langsamkeit bewusst und lief immer weiter, und so lief sie am schlafenden Hasen vorbei und kam als Siegerin ins Ziel. Die Fabel zeigt, dass oft Mühe und Arbeit das sorglose Talent besiegen.

1 Erschließen Sie die Fabel.

a) Geben Sie die Handlung in eigenen Worten wieder, indem Sie sie Ihrer Lernpartnerin / Ihrem Lernpartner erzählen.

b) Untersuchen Sie die Darstellung der Figuren und notieren Sie ihre typischen Charaktereigenschaften.

c) Was soll mit der Lehre am Ende der Fabel ausgesagt werden? Ordnen Sie eine passende Bedeutung zu.

1. Sich mit etwas abzumühen ist besser als sorglos vor sich hin zu leben.

2. Wenn man begabt, aber faul ist, erreicht man oft weniger, als wenn man unbegabt, aber fleißig ist.

3. Wer langsam läuft, kommt schneller ans Ziel.

4. Manchen Menschen gelingt alles, ohne dass sie sich dafür anstrengen müssen.

2 Übertragen Sie die Handlung der Fabel in die Gegenwart. Denken Sie sich eine Situation aus, die gut zu der Lehre passt, und verfassen Sie eine Geschichte mit Menschen als handelnde Figuren.

Übertragen Sie die typischen Charaktereigenschaften der Fabeltiere auf die Figuren in Ihrer Geschichte. Wenn Sie möchten, können Sie die Handlung durch Nebenfiguren ergänzen.

Eine Fabel als Theaterstück inszenieren

3 Verfassen Sie einen Dialog zu Ihrer Geschichte (» Kapitel 13, S. 159).

a) Planen Sie die Abfolge der Ereignisse in Ihrem Dialog und machen Sie sich Notizen.

b) Planen Sie den äußeren Rahmen des Dialogs. In welcher Umgebung und Atmosphäre findet er statt?

c) Schreiben Sie den Dialog mit mindestens drei Sprechanteilen pro Figur. Verfassen Sie auch Regieanweisungen und ggf. Texte, um von einer Szene zur nächsten überzuleiten.

4 Planen Sie Ihre Theaterinszenierung.

a) Verteilen Sie die Rollen und erarbeiten Sie die Darstellung der Figuren.
Welche Körperhaltung ist für die einzelnen Figuren typisch? Wie sprechen und wie bewegen sie sich?

b) Legen Sie fest, wer die Regie übernimmt, wer das Bühnenbild gestaltet, wer bei der Aufführung die Texte souffliert (einsagt) und wer ggf. zwischen den einzelnen Szenen überleitet.

c) Gestalten Sie das Bühnenbild und suchen Sie nach passenden Gegenständen bzw. Kleidungsstücken. Überlegen Sie auch, ob Sie die Szenen mit Musik untermalen oder die Bühne besonders beleuchten wollen.

d) Proben Sie Ihr Theaterstück mehrfach und besprechen Sie nach jeder Probe, was Sie anders bzw. besser machen wollen.

TIPP

Zum Bühnenbild gehören Kulissen, Requisiten wie Möbel und andere Gegenstände sowie Kostüme und Masken für die Darsteller.

5 Tauschen Sie sich darüber aus, wie Sie mit Lampenfieber umgehen, und notieren Sie hilfreiche Tipps.

TIPP

Lampenfieber gehört zu Auftritten vor Publikum dazu und hilft, gute Leistungen zu erbringen. Damit die Aufregung nicht überhandnimmt, sollte man sie akzeptieren und als etwas Positives annehmen.

6 Präsentieren Sie Ihre Ergebnisse im Plenum.

a) Führen Sie Ihr Theaterstück vor Ihren Mitschülerinnen und Mitschülern auf.

b) Geben Sie sich gegenseitig Feedback (» Kapitel 15, S. 185).

- Ist die Handlung schlüssig?
- Ist die Figurendarstellung überzeugend?
- Ist das Bühnenbild gelungen?
- Sind Musik und Beleuchtung passend gewählt?

Kapitel 14

Medien verstehen und nutzen

14.1
Das eigene Medienverhalten reflektieren

14.2
Medien kritisch beurteilen

14.3
Digitalisierung und ihre Folgen

Mit Freunden chatten, Filme auf dem Tablet anschauen, online bestellen – digitale Technologien und Geräte prägen zunehmend unser Leben. Das bringt viele Vorteile mit sich, aber gleichzeitig drohen Gefahren wie Datenmissbrauch oder Überwachung der Nutzer. Daher ist es zum einen wichtig zu wissen, wie wir Medien als Werkzeuge nutzen können. Zum anderen sollten wir zum kritischen Umgang mit ihnen fähig sein.

In diesem Kapitel erwerben Sie Grundlagen der Medienkompetenz, indem Sie Ihr eigenes Medienverhalten reflektieren und digitale Technologien kritisch beurteilen. Darüber hinaus setzen Sie sich mit der Digitalisierung und ihren Folgen auseinander.

Kompetenzen

- ✓ das eigene Medienverhalten reflektieren
- ✓ mit Medien kritisch und sachgerecht umgehen
- ✓ mit Daten verantwortungsvoll umgehen
- ✓ sich mit Chancen/Risiken digitaler Technologie auseinandersetzen

Methoden und Arbeitstechniken

- ✓ Medientagebuch
- ✓ Arbeit mit dem Wörterbuch
- ✓ Lernplakat
- ✓ Mind-Map
- ✓ Fishbowl

Das eigene Medienverhalten reflektieren

Die Medienlandschaft unterliegt einem ständigen Wandel, der sich insbesondere in den letzten Jahrzehnten sehr beschleunigt hat. Parallel dazu ändert sich das Verhalten bei der Nutzung von Medien.

1 Tauschen Sie sich in der Gruppe über das Bild aus.

a) Beschreiben Sie, was auf dem Foto dargestellt ist und welchen Eindruck es vermittelt.

b) Erläutern Sie, was sich durch die Erfindung des neuen Geräts verändert hat.

c) Vergleichen Sie das Gerät Flash-Matic mit einer modernen TV-Fernbedienung.

2 Setzen Sie sich mit der Geschichte des Fernsehens auseinander.

a) Recherchieren Sie im Internet (» Kapitel 6, S. 64 f.), wie weit das Medium Fernsehen in den 1950er-Jahren entwickelt war und welchen Stellenwert es hatte.

b) Informieren Sie sich darüber, wie sich die Rolle des Fernsehens von seiner Erfindung bis heute verändert hat. Berücksichtigen Sie dabei auch die Entwicklung und Bedeutung anderer Medien (» GUT ZU WISSEN).

c) Recherchieren Sie, wie sich das Nutzungsverhalten der Fernsehzuschauer von den 1950er-Jahren an bis heute verändert hat.

1955 erfand Eugene Polley das Gerät Flash-Matic, die erste TV-Fernbedienung. Mittels eines Lichtstrahls konnte man den Fernseher ein- und ausschalten sowie zwischen den Sendern wechseln. Bequem im Sessel sitzend durchs Fernsehprogramm zu zappen, das war in den 1950er-Jahren eine Sensation.

3 Tauschen Sie sich mit Ihrer Lernpartnerin / Ihrem Lernpartner darüber aus, wie Sie selbst das Medium Fernsehen nutzen.

- Wozu nutzen Sie das Fernsehen (z. B. Information, Unterhaltung, Bildung)?
- Wie häufig sehen Sie fern (am Tag, in der Woche)?
- Wie oft nutzen Sie das Fernsehen im Vergleich mit anderen Medien?

GUT ZU WISSEN | Medien

Mithilfe von Medien können sich Menschen austauschen, bilden, unterhalten und informieren. Dabei ist die Art der Vermittlung vielfältig und verschieden, z. B. mithilfe gedruckter Produkte (**Printmedien** wie Buch, Zeitung, Zeitschriften) oder mithilfe digitaler Verfahren (DVD, Handy, MP3-Player, Computer, Internet etc.). Im Bereich der **digitalen Medien** verfeinert sich das Angebot an Geräten immer mehr: Smartphones, Tablet-PCs, Spielekonsolen, Digitalkameras, Fernseher etc.

Meist sind die sogenannten **Massenmedien** gemeint, wenn man „die Medien" sagt. Mit ihrer Hilfe können viele Menschen zeitnah oder gleichzeitig mit Informationen versehen werden. So tragen sie auch entscheidend zur Meinungsbildung bei, z. B. bei politischen oder gesellschaftlichen Ereignissen.

Das eigene Medienverhalten reflektieren

4 Setzen Sie sich mit Motiven für den Gebrauch von Medien auseinander.

a) Sammeln Sie unterschiedliche Motive für den Gebrauch von Medien.
Entspannung, Wissenserwerb …

b) Legen Sie in Ihrem Heft eine Tabelle an und ordnen Sie die Motive passenden Einsatzbereichen für Medien zu.

Kommunikation	Freizeit	Schule	Ausbildung/Beruf
Kontaktbedürfnis	*Entspannung*	*Wissenserwerb*	*Wissenserwerb*
…	…	…	…

5 Analysieren Sie Ihr eigenes Medienverhalten.

a) Schätzen Sie, wie lange und wie oft Sie während eines Tages die folgenden Medien nutzen: Smartphone, Fernsehen, Tablet-PC, Spielekonsole. Notieren Sie Ihre Schätzung.

b) Legen Sie ein Medientagebuch (» GUT ZU WISSEN) an. Notieren Sie eine Woche lang täglich, wie oft und wie lange Sie auf die jeweils gewählten Medien zugreifen.

c) Vergleichen Sie Ihre vorherige Schätzung mit den Ergebnissen des Medientagebuchs.

d) Vergleichen Sie Ihre Medientagebücher in einer 4er-Gruppe und halten Sie Unterschiede und Gemeinsamkeiten fest.

e) Diskutieren Sie: Gibt es Situationen, in denen der Mediengebrauch reduziert und durch andere Aktivitäten ersetzt werden könnte?

6 Setzen Sie sich mit der Strategie „Digital Detox" auseinander.

a) Informieren Sie sich, was der Begriff bedeutet, und erläutern Sie ihn in eigenen Worten.

b) Tauschen Sie sich mit Ihrer Lernpartnerin / Ihrem Lernpartner darüber aus, welchen Zweck „Digital Detox" haben kann und auf welche Weise sich die Strategie umsetzen lässt.

GUT ZU WISSEN – Ein Medientagebuch führen

Mithilfe eines Medientagebuchs kann man den eigenen **Medienkonsum dokumentieren** und **kontrollieren**. Innerhalb eines bestimmten Zeitraums wird festgehalten, welche Medien man nutzt, wie oft und wie lange man sie gebraucht und zu welchem Zweck:

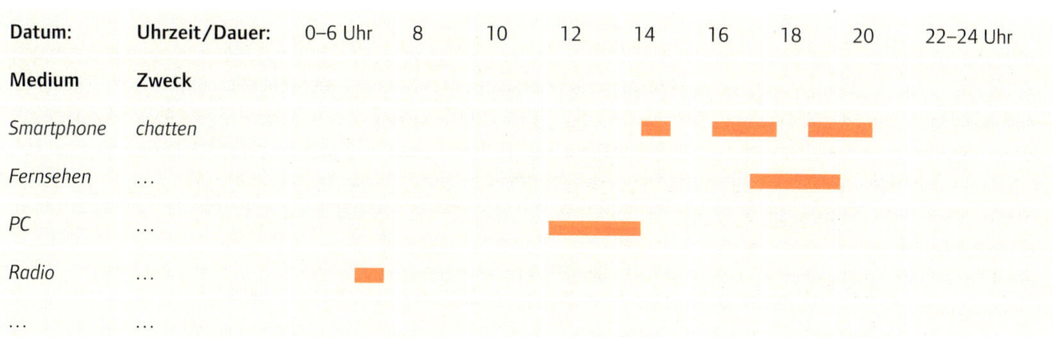

Medien kritisch beurteilen

Digitale Medien und Geräte erleichtern uns den Alltag und das Arbeiten auf vielerlei Weise. Manchmal können wir uns kaum noch vorstellen, wie man früher ohne sie ausgekommen ist. Aber man sollte sich auch möglicher Gefahren bewusst sein, die ein allzu leichtfertiger Umgang mit den neuen Medien mit sich bringen kann.

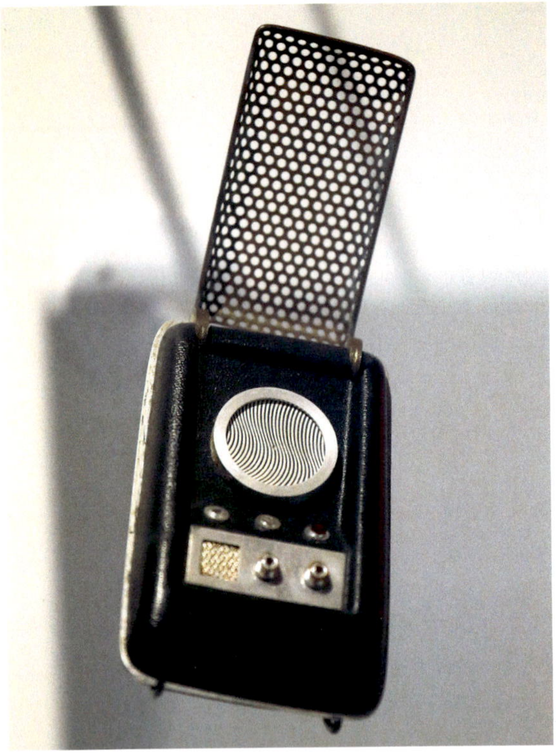

Der „Communicator" ist ein fiktives Kommunikationsgerät aus der Science-Fiction-Serie „Star Trek". Zum ersten Mal tauchte es 1964 in einer „Star Trek"-Folge auf, die im 23. Jahrhundert angesiedelt war – so stellte man sich in den 1960er-Jahren also die Technik der Zukunft vor. Der auf dem Foto abgebildete „Communicator" wurde in einer Ausstellung präsentiert, die 2016 anlässlich des 50-jährigen Jubiläums der Fernsehserie in Seattle stattfand.

1 Tauschen Sie sich mit Ihrer Lernpartnerin / Ihrem Lernpartner über das Bild aus.

a) Beschreiben Sie, was auf dem Foto dargestellt ist, und wie es auf Sie wirkt.

b) Stellen Sie Vermutungen darüber an, welche Funktionen das Gerät „Communicator" besitzen könnte.

2 Vergleichen Sie das Gerät „Communicator" mit einem Smartphone.

a) Notieren Sie die Funktionen, die Sie an Ihrem Smartphone nutzen.

b) Überlegen Sie, ob Ihr Smartphone weitere Funktionen besitzt, die Sie nicht nutzen, und notieren Sie diese.

c) Beurteilen Sie, ob die Vorstellung von zukünftigen Kommunikationsgeräten in der Serie „Star Trek" realistisch war. Begründen Sie.

3 Setzen Sie sich mit den Vorteilen von Smartphones auseinander.

a) Nennen Sie Erleichterungen, die Smartphones im Alltag mit sich bringen. Belegen Sie Ihre Ergebnisse durch konkrete Beispiele.

b) Stellen Sie sich einen Tag in Ihrem Leben ohne Smartphone vor. Verfassen Sie einen Text in Form eines Tagebucheintrags.

16. April 20XX
Heute Morgen habe ich verschlafen. Gestern Abend hatte ich den Wecker meines Smartphones auf 6.45 Uhr gestellt, aber morgens gab es keinen Ton von sich. Als ich gegen 9 Uhr durch ein hupendes Auto geweckt wurde, schaute ich zuerst auf mein Handy und stellte fest: Es funktioniert nicht mehr. …

Medien kritisch beurteilen

Bei unserer Nutzung neuer Medien und unseren Aktivitäten im Internet hinterlassen wir ständig Spuren.

Was vom peinlichen Selfie übrig bleibt

von Meike Laaff

[...] Ein Selfie vom Smartphone zu löschen ist zunächst in etwa so, als würde man die eigene Telefonnummer aus dem Telefonbuch entfernen lassen. Die Nummer existiert zwar noch, kann aber nur noch von Menschen angerufen werden, die sie kennen. Für das Selfie bedeutet das: Die Bilddatei ist weiter im Speicher vorhanden, kann aber nicht mehr ohne Weiteres wiedergefunden werden, weil der Verweis auf den Speicherort des Fotos im entsprechenden Verzeichnis entfernt wurde. Expertinnen und Experten könnten sie noch immer auf dem Speicher des Telefons wiederfinden, wenn sie ihn auslesen. Bedeutet: Die Datei wird vom System zwar als freier Speicherplatz gekennzeichnet – sie existiert dort aber weiter, bis sie mit neuen Daten überschrieben wird.
Das ist bei allen Computern so: Um ein Speichermedium wirklich von allen privaten Informationen zu bereinigen – etwa, weil man einen alten PC entsorgen will –, genügt es nicht, den Speicher zu löschen oder zu formatieren. Das Gerät muss entweder zerstört – zum Beispiel geschreddert – oder mit einer speziellen Software bestenfalls mehrfach überschrieben werden, damit die darauf verbliebenen Daten nicht mehr rekonstruierbar sind. [...]

(Zeit online, 08.09.2019)

4 Setzen Sie sich mit der im Text dargestellten Problematik auseinander.

a) Erläutern Sie, warum die beschriebenen Sachverhalte problematisch sind.

b) Benennen Sie weitere Gefahren, die bei der Nutzung von Smartphones bestehen.

c) Informieren Sie sich über Empfehlungen zur Sicherheit bei der Smartphone-Nutzung.
Wie lässt sich verhindern, dass Fremde Zugriff auf persönliche Daten bekommen können? Wie kann man Geräte vor Viren schützen? Worauf sollte man beim Installieren von Apps achten?

5 Analysieren Sie Ihr eigenes Verhalten im Umgang mit persönlichen Daten.

a) Benennen Sie Daten (Informationen, Bilder, Sprache), die Sie selbst in soziale Netzwerke einstellen.

b) Beurteilen Sie, welche Daten z. B. beim Berufsstart zum Hindernis werden können und welche nützlich sind.

6 Welche Regeln gelten für die Daten anderer? Tauschen Sie sich über den Umgang mit Daten im Internet aus. Berücksichtigen Sie GUT ZU WISSEN.

a) Fassen Sie zusammen, was Sie über die Nutzung von Materialien aus dem Netz wissen.
Umgehen von Kopierschutzvorrichtungen – privater Gebrauch – Urheberrecht – Creative Commons – öffentliche Nutzung – Plagiat – Zitat – kommerzielle Nutzung – IP-Adresse – Fotos – Quelle

b) Recherchieren Sie die aktuellen rechtlichen Regeln und stellen Sie sie übersichtlich zusammen.

GUT ZU WISSEN – Datensicherheit und Datenschutz

Nicht nur Aktivitäten in einem sozialen Netzwerk, sondern jede Bewegung im Internet, von der Chatnachricht über die Recherche bis zum Online-Einkauf, hinterlässt eine Spur. So entsteht ein **digitales Ich**. Gleichzeitig nimmt der kommerzielle und kriminelle **Zugriff auf persönliche Daten** zu. Das oberste Gebot ist also, äußerst sparsam mit persönlichen Daten umzugehen. Das Internet vergisst nichts. Aber auch andere haben das Recht auf fairen Umgang mit ihren Daten und ihrem geistigen Eigentum (**Urheberrecht, Persönlichkeitsrechte**).

Digitalisierung und ihre Folgen

Digitale Technologien wurden in den letzten Jahrzehnten sehr schnell weiterentwickelt. Dass es für uns Nutzer nicht immer einfach ist, bei diesem hohen Tempo Schritt zu halten, schildert der folgende Text.

Fürchtet euch nicht

von Lisa Hegemann

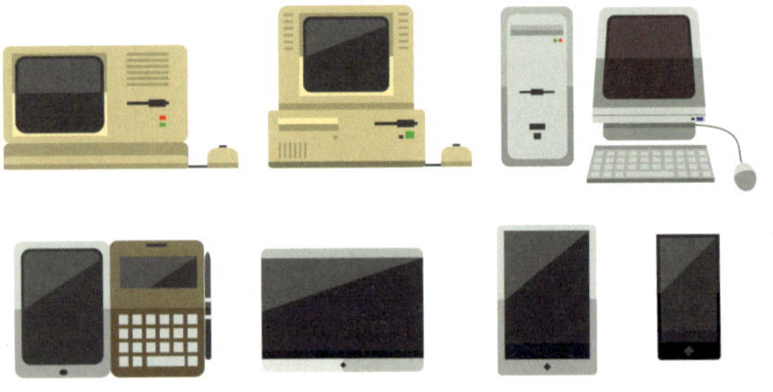

[…] Innerhalb weniger Jahre ist digitale Technologie so allgegenwärtig geworden, dass sie heute wirklich jeden betrifft. Noch vor 25 Jahren kommunizierten nur wenige, technikbegeisterte Menschen auf Usenet-Seiten[1]. Um das Internet zu verwenden, brauchte es damals mindestens ein bisschen technisches Verständnis. Heute kann so gut wie jeder […] Freunde kontaktieren, im Netz surfen und online einkaufen. […] Auf dem Smartphone oder Tablet wischt es sich ganz intuitiv […]. Doch vieles, was unsere digitalen Geräte tun, verstehen selbst Erwachsene im Kern nicht. Das digitale Leben ist nicht nur irrsinnig schnell geworden – es ist auch irrsinnig kompliziert.

Eigentlich müssten wir also ab und an eine Pause einlegen. Wir müssten unsere private und berufliche Nutzung neuer Technologien überdenken, beim Technikverständnis aufholen, die Einstellungen checken und unsere Geräte regelmäßig updaten.

Aber wir tun es nicht, weil wir es im Alltag nicht brauchen. Und solange wir persönlich nicht Opfer eines Kreditkartenbetrugs geworden sind oder jemand anders unseren Social-Media-Account gekapert hat, denken wir: Mach ich irgendwann mal. […]

Auch das eigene Verhalten sollten wir hinterfragen. Wenn wir uns sorgen, dass wir abhängig vom Smartphone sein könnten, warum es nicht ab und an bewusst ausschalten? […] Wenn wir uns ängstigen, dass Hacker uns über die Kamera unserer Geräte ausspionieren könnten, warum die nicht einfach abkleben? Wir haben alle gewisse Spielräume, ohne dass wir Technologie gleich aus unserem Leben verbannen müssen.

Vor allem müssen wir verstehen, was digitale Technologie kann und was nicht, um ihren Einfluss auf unser Leben besser einschätzen zu können. Und dann sollten wir darüber reden, was sie können soll und was nicht. […] Das Auto kam ja auch nicht sofort mit Verbundsicherheitsglas und Sicherheitsgurt auf den Markt, über Geschwindigkeitsbegrenzungen für Fahrzeuge reden wir bis heute. Ängste lassen sich nicht einfach abschaffen. Also müssen wir mit ihnen umgehen und das richtige Maß an Misstrauen lernen. […]

(Zeit online, 19.08.2019)

---

1 Usenet: ein weltweites Netzwerk mit Diskussionsforen zu vielen unterschiedlichen Themen. Es existiert unabhängig vom World Wide Web und entstand lange vor diesem.

1 Erschließen Sie den Text sprachlich.

a) Klären Sie die Bedeutung unbekannter Wörter. Nutzen Sie das Wörterbuch (» Kapitel 17, S. 200).

b) Geben Sie die Bedeutung des folgenden Satzes in eigenen Worten wieder:
„Wir müssten unsere private und berufliche Nutzung neuer Technologien überdenken, beim Technikverständnis aufholen, die Einstellungen checken und unsere Geräte regelmäßig updaten." (Z. 21–24)

Digitalisierung und ihre Folgen

2 Setzen Sie sich mit dem Text inhaltlich auseinander und reflektieren Sie Ihr persönliches Verhalten.

a) Beantworten Sie die folgenden Fragen.
- Welche Folgen der Digitalisierung werden genannt?
- Welche Probleme resultieren daraus?
- Was für Lösungsmöglichkeiten werden vorgeschlagen?
- Was fordert die Autorin von den Nutzern digitaler Technologien?

b) Tauschen Sie sich in der Gruppe darüber aus, ob Sie die von der Autorin genannten Empfehlungen selbst befolgen.

3 Beurteilen Sie Risiken und Chancen der digitalen Technologie.

a) Legen Sie in Ihrem Heft eine Tabelle mit zwei Spalten an und tragen Sie die im Text genannten Risiken ein.
b) Ergänzen Sie in der Tabelle weitere Risiken, die mit der Nutzung digitaler Technologie verbunden sind.
c) Stellen Sie in der zweiten Tabellenspalte den Risiken Chancen gegenüber, die sich aus der Digitalisierung ergeben.
d) Stellen Sie Ihre Ergebnisse in der Gruppe vor.

4 Gestalten Sie ein Plakat (» Kapitel 8, S. 92) zu Risiken der Digitalisierung und Lösungsmöglichkeiten.

a) Legen Sie eine Mind-Map (» Kapitel 11, S. 139) an und halten Sie zunächst in roter Schrift Risiken fest, die bei der Nutzung digitaler Technologie bestehen.
b) Ergänzen Sie in grüner Schrift Empfehlungen zum Umgang mit den Risiken.

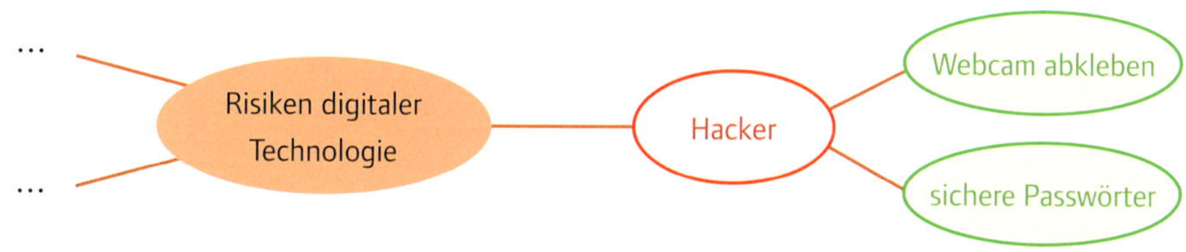

5 Diskutieren Sie: Sollte im Rahmen der Schulausbildung ein „digitaler Führerschein" eingeführt werden, bei dem Schülerinnen und Schüler ihre Medienkompetenz unter Beweis stellen müssen?

a) Erstellen Sie eine Pro- und Kontra-Liste.
b) Teilen Sie sich je nach persönlichem Standpunkt auf und führen Sie eine Diskussion zu der oben genannten Fragestellung. Wenden Sie dabei die Fishbowl-Diskussionsmethode an (» GUT ZU WISSEN).

GUT ZU WISSEN | Fishbowl-Methode

Die Teilnehmer/-innen bilden einen Innen- und Außenkreis. Im Innenkreis sitzen drei Teilnehmer/-innen sowie die **Diskussionsleitung**. Ein Stuhl im Innenkreis bleibt frei. Im Außenkreis sitzen die restlichen Teilnehmenden, einer oder zwei von ihnen **protokollieren** den Diskussionsverlauf.
Nachdem die Diskussionsleitung in die Diskussion eingeführt hat, nehmen die Teilnehmer/-innen im Innenkreis zu dem vorgegebenen Sachverhalt Stellung und **diskutieren** darüber. Die Teilnehmer/-innen des Außenkreises können sich an dieser Diskussion beteiligen, indem sie sich auf den freien Stuhl setzen. Setzt sich eine Person in den Innenkreis, erhält sie als nächste das Wort. Nachdem sie ihren Standpunkt vertreten hat, kehrt sie wieder in den Außenkreis zurück. Alle Teilnehmer/-innen des Innenkreises können diesen jederzeit verlassen.

Fazit, vertiefen, überprüfen

Das haben Sie in diesem Kapitel gelernt:

FAZIT

14.1 Das eigene Medienverhalten reflektieren

- mit Medien kritisch und sachgerecht umgehen
- ein Medientagebuch führen

14.2 Medien kritisch beurteilen

- mit Daten verantwortungsvoll umgehen

14.3 Digitalisierung und ihre Folgen

- sich mit Chancen/Risiken digitaler Technologie auseinandersetzen

Wenden Sie Ihr Wissen an:

Interview mit Vinton Cerf: „Das ist bestimmt nicht die Welt, die ich wollte" (Auszug)

[…] **Zeit online:** […] Jetzt haben wir mit all unserer intellektuellen Kraft dieses Internet erfunden – und alles, was ihr damit macht, ist blöde Videos darin zu teilen.

Cerf: Das ist wie Graffiti, in gewisser Weise. Warum sprühen Menschen Graffiti auf die Wände? Manchmal einfach, weil es ihnen Freude bereitet, die Wand von jemand anderem zu beschmieren. Manchmal geht es ihnen um Sichtbarkeit. Manchmal ist es eine Herausforderung: Jemand sprüht ein besonders riskantes Graffiti und ein paar Freunde applaudieren ihm dafür. Das ist die Extremsituation, die wir in sozialen Medien haben: Menschen äußern, tun oder zeigen mitunter extreme Dinge, nur um Aufmerksamkeit zu erregen. Darum geht es auch bei Vandalismus oft. […]

(Interview: Meike Laaff; Zeit online, 26.01.2020)

1 Vinton Cerf gilt als einer der Väter des Internets. Nehmen Sie Stellung zu seiner Aussage.

a) Fassen Sie in eigenen Worten zusammen, welches Problem die Interviewerin anspricht.

b) Geben Sie den Standpunkt von Vinton Cerf in eigenen Worten wieder.

c) Formulieren Sie Ihren eigenen Standpunkt zu der Thematik.

d) Sammeln Sie Argumente und Argumentationsstützen (» Kapitel 3, S. 31), die zu Ihrem Standpunkt passen.

e) Verfassen Sie eine Stellungnahme mit Einleitung, Hauptteil und Schluss.

2 Überprüfen und überarbeiten Sie Ihre Ergebnisse gemeinsam mit einer Lernpartnerin / einem Lernpartner. Berücksichtigen Sie die Checkliste im Kapitel 10 auf S. 131.

3 Notieren Sie Ihre individuellen Fehlerschwerpunkte im Bereich Rechtschreibung, Zeichensetzung und Grammatik. Bearbeiten Sie die entsprechenden Abschnitte in Kapitel 17, „Richtig schreiben".

Projekt
Ein Lernvideo erstellen

Bei diesem Projekt planen und drehen Sie ein Lernvideo, in dem Sie Tipps und Empfehlungen zu einem verantwortungsvollen Umgang mit dem Smartphone geben. Bilden Sie dafür Projektgruppen. Zunächst erarbeiten Sie die Inhalte, die Sie in dem Film vermitteln möchten, und erstellen ein Konzept. Auf dieser Grundlage drehen Sie das Lernvideo, das anschließend noch geschnitten und nachbearbeitet werden muss. Für alle Arbeitsschritte benötigen Sie nicht mehr als ein Tablet oder Smartphone.

Die folgenden Informationen helfen Ihnen bei der Umsetzung des Projekts:

Was ist ein Lernvideo?

Ein Lernvideo hat zum Ziel, auf anschauliche und oft unterhaltsame Weise Lerninhalte zu vermitteln. Im Internet finden sich Lernvideos zu den unterschiedlichsten Fachgebieten und Themen: Sie unterstützen z. B. beim Sprachenlernen, informieren über Geschichte, Geografie, Musik oder bereiten Wissen aus naturwissenschaftlichen Fächern auf. Viele Schülerinnen und Schüler nutzen Lernvideos zur Vorbereitung auf Prüfungen.

Lernvideos sollten nicht mit Informationen überfrachtet sein, sondern sich auf die wesentlichen Inhalte beschränken. Für die Vermittlung detaillierter Informationen sind Lernvideos nicht geeignet, sie dienen vielmehr dazu, einen Überblick über ein Thema zu geben oder in die Grundlagen eines Wissensgebietes einzuführen. Ein gut gemachtes Lernvideo trägt dazu bei, dass man sich Informationen leicht einprägen und im Gedächtnis behalten kann.

Damit die Inhalte verständlich sind, muss ein Lernvideo stringent aufgebaut sein. Zu Beginn des Films gibt es üblicherweise eine kurze Einführung, die klarmacht, worum es in der folgenden Sequenz geht. Zum Schluss sollte es ein knappes Resümee des Inhalts geben.

Damit die Nutzerinnen und Nutzer die Informationen leicht aufnehmen und nachvollziehen können, sollten die Inhalte in einer verständlichen und möglichst einfachen Sprache aufbereitet sein. Wichtig ist außerdem eine gute Bildqualität. Idealerweise dauert ein Lernvideo zwei bis fünf Minuten.

1 Tauschen Sie sich in der Gruppe über Lernvideos aus. Berücksichtigen Sie auch den oben stehenden Text.

- Welche Lernvideos haben Sie sich selbst schon angesehen?
- Warum und zu welchem Zweck sehen Sie sich Lernvideos an?
- Was erwarten Sie von einem Lernvideo?
- Erfüllen die Ihnen bekannten Lernvideos Ihre Erwartungen?

2 Sammeln Sie Informationen für Ihr Lernvideo.

a) Grenzen Sie das Thema „verantwortungsvoller Umgang mit dem Smartphone" enger ein. Welche Teilaspekte möchten Sie behandeln?
Zum Beispiel Verhaltensregeln für einen Gruppenchat, Sicherheitseinstellungen, Schutz der eigenen Daten, Umgang mit den Daten anderer …

b) Recherchieren Sie im Internet (» Kapitel 6, S. 64 f.) nach Informationen zu dem ausgewählten Teilaspekt.

Ein Lernvideo erstellen

3 Planen Sie Ihr Lernvideo.

a) Klären Sie in der Lerngruppe folgende Fragen:
- An wen richtet sich das Lernvideo?
- Welches Vorwissen kann bei den Nutzerinnen und Nutzern vorausgesetzt werden?
- Welches neue Wissen soll den Nutzerinnen und Nutzern vermittelt werden?
- Welchen Stil soll Ihr Lernvideo haben (z. B. Stop-Motion, Schrifttafeln, Comicstil, mit Voice-over)?
- Wollen Sie Musik oder Soundeffekte einsetzen?
- Wo möchten Sie das Lernvideo drehen?
- Welche Materialien werden benötigt?

b) Erstellen Sie ein Skript für Ihr Lernvideo.
Verpacken Sie die Inhalte in eine Geschichte, eine sogenannte Storyline. Unterteilen Sie diese in mehrere Szenen. Verfassen Sie Texte, die eingesprochen oder auf Schrifttafeln eingeblendet werden.

Zeit	Szene	Sprecherin/ Sprecher	Inhalte/Text
30 Sekunden	*Begrüßung und Einführung ins Thema*	*Sina*	*Hallo, ich bin Sina. Welche persönlichen Informationen über dich postest du in Chats und sozialen Netzwerken? …*
…	…	…	…

c) Verteilen Sie die Aufgaben unter den Gruppenmitgliedern.
- Wer fertigt Schrifttafeln, Figuren oder Bilder an?
- Wer spricht die Texte ein?
- Wer ist für die Aufnahme zuständig?
- Wer übernimmt die Bearbeitung des Films?

4 Drehen Sie Ihr Lernvideo.

a) Drehen Sie die einzelnen Szenen Ihres Lernvideos. Achten Sie beim Filmen auf folgende Punkte:
- Kameraperspektive
- Bildausschnitt
- günstige Beleuchtung

b) Bearbeiten und schneiden Sie den Film mithilfe geeigneter Apps.

5 Präsentieren Sie Ihre Lernvideos im Plenum.

a) Jede Projektgruppe erläutert, mit welchem Teilaspekt sie sich beschäftigt hat und wie sie beim Erstellen ihres Films vorgegangen ist.

b) Führen Sie Ihre Filme vor.

c) Geben Sie sich gegenseitig Feedback (» Kapitel 15, S. 185).
- Sind die Inhalte gut und nachvollziehbar aufbereitet?
- Ist der Text verständlich gesprochen?
- Sind die Schrifttafeln gut erkennbar?
- Sind Musik und Soundeffekte sinnvoll eingesetzt?
- Ist der Film technisch störungsfrei?

Kapitel 15

Im Alltag kommunizieren – Gespräche führen

15.1
Wie stehen wir zueinander?

15.2
Kommunikationsstörungen vermeiden

Kommunikation verläuft nicht immer störungsfrei. Sicherlich haben Sie selbst schon Missverständnisse und Fehlinterpretationen bei Gesprächen im Freundeskreis, in der Familie oder in der Schule erlebt. Je genauer wir wissen, wie Kommunikation funktioniert, umso besser können wir Störungen vermeiden.

In diesem Kapitel vertiefen Sie Ihr Wissen über die Grundlagen von Kommunikation und lernen, wie Sie Gespräche gezielt und erfolgreich führen können.

Kompetenzen

- ✓ symmetrische und komplementäre Gesprächssituationen richtig einschätzen
- ✓ Missverständnisse erkennen und vermeiden
- ✓ Kommunikationssituationen höflich gestalten
- ✓ sich interkulturell verständigen
- ✓ Reflexionsgespräche zielorientiert führen
- ✓ Feedback geben und annehmen

Methoden und Arbeitstechniken

- ✓ Rollenspiel
- ✓ aktives Zuhören
- ✓ kontrollierter Dialog
- ✓ Brainstorming
- ✓ Feedbackregeln
- ✓ Kugellager

Wie stehen wir zueinander?

In einer Gesprächssituation nimmt man immer eine Rolle ein. Je nachdem, mit wem und in welchem Umfeld man mit jemandem spricht, kann sich die eigene Rolle ändern.

Gespräch zwischen Lehrer und Schüler

Timo: Könnten Sie mir bitte noch mal zeigen, wie ich den Zeilenabstand in diesem Dokument ändern kann?
Lehrer: Passen Sie auf. Zunächst klicken Sie auf Format und dann auf Absatz. Dort wählen Sie den gewünschten Zeilenabstand aus.
Timo: Vielen Dank. Das schreibe ich mir auf.
Lehrer: Das hätten Sie schon beim ersten Mal machen sollen. So muss ich Ihnen alles mehrfach erklären.
Timo: Tut mir leid, beim nächsten Mal denke ich gleich ans Mitschreiben.

Gespräch zwischen Schülerin und Schüler

Timo: Zeigst du mir mal, wie das mit dem Zeilenabstand funktioniert?
Janine: Ja, du markierst einfach den Text und dann änderst du hier im Menü den Zeilenabstand. Das haben wir doch im Unterricht besprochen.
Timo: Ja, ich weiß. Ich sag doch, dass ich das nicht kann. Die Sache mit dem Textlayout ist einfach nicht mein Ding! So ein Mist.
Janine: So schwer ist das doch gar nicht. Also jetzt noch mal zur Wiederholung. Aber ich zeig es dir nur noch einmal.
Timo: Immer musst du die Oberlehrerin raushängen lassen! Dich frage ich nie wieder was.

1 **Erläutern Sie die Unterschiede zwischen den beiden Gesprächen. Begründen Sie, warum Timo so unterschiedlich reagiert. Beachten Sie dabei GUT ZU WISSEN.**

2 **Setzen Sie sich mit Gesprächen zwischen Eltern und Jugendlichen auseinander.**
a) Erläutern Sie, wie Jugendliche und Eltern als Gesprächspartner zueinander stehen.
b) Finden Sie einen Gesprächsanlass und führen Sie ein Rollenspiel (» Kapitel 2, S. 25) zu einem Gespräch zwischen Eltern und Jugendlichen durch.
c) Erläutern Sie, warum Gespräche zwischen Eltern und Jugendlichen häufig problematisch verlaufen. Berücksichtigen Sie GUT ZU WISSEN.

3 **Finden Sie Beispiele für symmetrische und für komplementäre Gesprächssituationen, die Sie selbst erlebt haben.**

GUT ZU WISSEN – Wie Gesprächspartner zueinander stehen können

Der Kommunikationsforscher Paul Watzlawick unterscheidet zwei Arten von Gesprächssituationen:

Symmetrisch	Komplementär
Beide Gesprächspartner sind gleichberechtigt (z. B. Schülerinnen und Schüler einer Lerngruppe, Auszubildende des gleichen Jahrgangs).	Einer der Gesprächspartner ist übergeordnet, der andere untergeordnet (z. B. Chefin/Chef und Angestellte/Angestellter, Ärztin/Arzt und Patientin/Patient.

Damit Kommunikation gelingen kann, sollten die am Gespräch beteiligten Personen das Verhältnis zueinander gleich definieren.

Kommunikationsstörungen vermeiden
Missverständnisse erkennen und vermeiden

Kommunikation ist komplex und anfällig für Störungen. Misslingende Kommunikation kann zu Konflikten führen, daher gilt es, Kommunikationsstörungen zu vermeiden.

Gespräch zwischen Freundinnen

Jennifer: Sind die Schuhe neu?
Natascha: Was hast du denn gegen meine neuen Schuhe?
Jennifer: Nichts. Ich wollte nur wissen, ob sie neu sind.
Natascha: Klar, sind sie nicht so schick wie deine …
Jennifer: Warum hast du sie dann gekauft?
Natascha: Hab ich doch recht, dass sie dir nicht gefallen!
Jennifer: Mit dir ist heute nicht zu reden.

1 Analysieren Sie gemeinsam mit Ihrer Lernpartnerin / Ihrem Lernpartner den Gesprächsverlauf. Berücksichtigen Sie GUT ZU WISSEN.

a) Was misslingt in diesem Gespräch? Tauschen Sie sich darüber aus.
b) Was könnte die Ursache für die Kommunikationsstörung sein? Stellen Sie Vermutungen über die Ursache von Nataschas Reaktion an.
c) Entwerfen Sie ein Gespräch, in dem die beiden Freundinnen auf das Missverständnis eingehen und es zu beseitigen versuchen.

Gespräch in der Kfz-Werkstatt

Mira absolviert zurzeit ein Praktikum in einer Kfz-Werkstatt. Als sie am dritten Praktikumstag die Werkstatt betritt, empfängt sie ihr Praktikumsleiter mit der Bemerkung: „Na, auch schon da?“ Er lächelt dabei freundlich und will ein Gespräch mit Mira beginnen. Sie fragt misstrauisch nach: „Wie meinen Sie das?“ Ihrer Freundin erzählt sie später: „Meinem Chef kann ich auch gar nichts recht machen.“

2 Untersuchen Sie die Gesprächssituation. Beachten Sie dabei GUT ZU WISSEN.

a) Beschreiben Sie die Art, wie der Praktikumsleiter sich äußert.
b) Beurteilen Sie Miras Reaktion. Welche Gründe könnte es für ihr Misstrauen geben?

GUT ZU WISSEN – Ursachen für Missverständnisse

Kommunikationsstörungen können auf Missverständnissen beruhen. Auf der Seite des Empfängers unterscheidet der Psychologe Schulz von Thun zwei mögliche Ursachen für Missverständnisse, wie sie manchmal in Gesprächen auftreten:

1. Das Selbstbild des Empfängers: Wenn der Empfänger unsicher ist, interpretiert er die neutrale Äußerung eines Senders schnell als Kritik.

2. Das Bild, das der Empfänger vom Sender hat: Wenn er ihn für distanziert und kritisch hält, wird er dessen neutrale Äußerung auch so interpretieren.

Missverständnisse erkennen und vermeiden

Gespräch zwischen einer Schülerin und einem Mitschüler

Melike: So ein Ärger, jetzt habe ich meinen Block vergessen.
Lenny: Vergiss es, ich leihe dir nicht schon wieder ein Blatt. Kauf dir selbst einen Block!
Melike: Jetzt beruhig dich wieder. Ich habe doch nur gesagt, dass ich meinen Block vergessen habe.

3 Untersuchen Sie das Gespräch zwischen Melike und Lenny. Beachten Sie GUT ZU WISSEN.

a) Wenden Sie das Modell „vier Seiten einer Äußerung" (» Kapitel 7, S. 80) auf die Gesprächssituation an. Formulieren Sie vier Botschaften, die Melikes erste Äußerung enthalten kann.
b) Welche Botschaft hat Lenny wahrgenommen? Interpretieren Sie seine Reaktion.
c) Beurteilen Sie die Reaktionen von Lenny und Melike. Wie gehen sie jeweils mit dem Missverständnis um?
d) Formulieren Sie Lennys Äußerung so um, dass sie zu einer erfolgreichen Kommunikation beiträgt.

4 Setzen Sie sich mit Missverständnissen auseinander.

a) Tauschen Sie sich in der Gruppe darüber aus, in welchen Gesprächssituationen Sie selbst Missverständnisse erlebt haben.
b) Bestimmen Sie die Ursachen der Missverständnisse.
c) Entwickeln Sie Strategien, wie Sie in ähnlichen Situationen in Zukunft Missverständnisse vermeiden bzw. ausräumen können. Berücksichtigen Sie GUT ZU WISSEN.

5 Beurteilen Sie die Formulierungen. Welche eignen sich für die Metakommunikation (» GUT ZU WISSEN) und welche nicht?

1. *„Ich finde es blöd von dir, dass du mir ständig Vorwürfe machst."*
2. *„Ich möchte konstruktiv mit dir über dieses Thema sprechen, aber über deine Äußerung habe ich mich geärgert. Wie hast du das genau gemeint?"*
3. *„Mein Eindruck ist, dass wir gerade das Ziel unseres Gesprächs aus den Augen verlieren. Lass uns noch einmal darüber reden, was wir erreichen wollen."*
4. *„Das ist typisch für dich, dass du das so siehst. Jetzt erkläre ich dir mal, wie alle anderen das finden."*
5. *„Ich verstehe nicht, warum wir jetzt streiten. Wir möchten das Problem doch gemeinsam lösen."*

GUT ZU WISSEN | Missverständnisse erkennen und vermeiden

Mithilfe des Modells „vier Seiten einer Äußerung" (» Kapitel 7, S. 80) von Friedemann Schulz von Thun lassen sich Missverständnisse identifizieren. Denn Missverständnisse entstehen oft, weil nicht eindeutig ist, auf welcher Ebene (Sachinhalt, Appell, Beziehungsaussage, Selbstkundgabe) das Gegenüber kommuniziert. Um Missverständnisse zu vermeiden, sollte der Sender seine Botschaft **exakt formulieren** und der Empfänger sollte dem Gesprächspartner rückmelden, welche Botschaft er wahrgenommen hat.
Entsteht bei den Gesprächspartnern dennoch das Gefühl, dass sie aneinander vorbeigeredet oder sich gegenseitig missverstanden haben, dann sollten Sie darüber sprechen, wie sie miteinander reden. Das Sprechen über das Sprechen nennt man **Metakommunikation**. Ziel der Metakommunikation ist herauszufinden, warum ein Gespräch nicht so verlaufen ist wie gewünscht und wie ein Missverständnis entstanden ist.
Hilfreiche Techniken und Methoden hierbei sind **Ich-Botschaften** (» Kapitel 7, S. 82), **aktives Zuhören** (» Kapitel 7, S. 83) und der **kontrollierte Dialog** (» Kapitel 7, S. 83).

Höflich kommunizieren

Zu einer gelungenen Kommunikation gehört auch, dass man sich den Situationen entsprechend angemessen verhält und ausdrückt.

1 Setzen Sie sich in Lerngruppen mit Höflichkeit auseinander.

a) Tauschen Sie sich über Verhaltensweisen aus, die Ihrer Ansicht nach höflich sind.

b) Gibt es allgemeingültige Normen und Verhaltensweisen für Höflichkeit? Recherchieren Sie.

c) Vergleichen Sie Ihre Ergebnisse aus der Gruppenarbeit.

In der Straßenbahn

Sie fahren mit der Straßenbahn nach Hause. Neben Ihnen hört eine junge Frau mit einem Smartphone laute Musik. Das stört Sie. Sie überlegen, wie Sie die Frau dazu bringen können, die Musik leiser zu stellen und sich rücksichtsvoller zu verhalten. Hierfür gibt es unterschiedliche Möglichkeiten: verbal – nonverbal, direkt – indirekt, Frage – Aufforderung.

2 Setzen Sie sich mit möglichen Reaktionen auf diese Situation auseinander und bewerten Sie sie.

a) Ordnen Sie die folgenden Äußerungen bzw. Verhaltensweisen den in der Situation genannten Möglichkeiten zu. Einige Reaktionen können mehreren Möglichkeiten zugeordnet werden.

1. *Sie fragen: „Könnten Sie bitte die Musik leiser machen?"*
2. *Sie nehmen Blickkontakt zu der jungen Frau auf und signalisieren mit dem Zeigefinger vor dem Mund, dass Sie die Musik zu laut finden.*
3. *Sie bemerken: „Mir ist das zu laut."*
4. *Sie sagen: „Hey, du, mach die Musik aus."*
5. *Sie blicken in die Runde, schütteln den Kopf und halten sich die Hände vor die Ohren.*

b) Welche der beschriebenen Reaktionen sind Ihrer Ansicht nach höflich, welche eher unhöflich? Begründen Sie Ihre Bewertung.

3 Formulieren Sie die folgenden Äußerungen in höfliche Formulierungen um. Beachten Sie GUT ZU WISSEN.

1. *„Sagen Sie mal, wie spät es ist."*
2. *„Ruhe jetzt!"*
3. *„Mach mal Platz."*
4. *„Fenster zu!"*
5. *„Ich kriege zwei Brötchen."*

GUT ZU WISSEN | Höfliche Kommunikation

Zur höflichen Kommunikation mit anderen Menschen gehören u. a. die folgenden Verhaltensweisen: sich für etwas **bedanken**, andere **begrüßen** und **zurückgrüßen**, das Gegenüber **ausreden lassen**, statt ihm ins Wort zu fallen, anderen **zuhören, Wünsche** mit ***bitte*** oder **als Frage** formulieren. Darüber hinaus gibt es weitere Möglichkeiten, sich höflich auszudrücken, z. B.:

- Verwenden Sie **Modalverben**, z. B. *mögen, können, wollen, sollen, müssen, dürfen.*
- Formulieren Sie im **Konjunktiv**: *„Könnten Sie …?"; „Ich möchte gerne …"*
- Nutzen Sie Formulierungen mit ***würde***: *„Würden Sie …?"*

Sich interkulturell verständigen

Unserer Gesellschaft gehören Menschen aus unterschiedlichen Kulturkreisen an. Nicht nur ihre Sprachen unterscheiden sich, sondern zum Teil auch ihre Werte, Normen und Verhaltensweisen.

1 Setzen Sie sich mit den interkulturellen Unterschieden auseinander.

a) Erörtern Sie, wie die Begrüßung durch Wangenküsse, z. B. in Frankreich oder Tunesien, auf Deutsche wirken kann.

b) Welche Funktion hat ein Handkuss? Unterscheiden Sie den Handkuss in alten Filmen vom Handkuss, wie er beispielsweise in der türkischen Kultur üblich ist.

2 Bilden Sie Kleingruppen und tauschen Sie sich über verschiedene Formen der Begrüßung aus. Berücksichtigen Sie dabei folgende Fragen:

- Welche Formen der Begrüßung unter guten Freunden in Ihrem Alter kennen Sie?
- Wie begrüßen Sie Mitschülerinnen und Mitschüler, zu denen Sie weniger Kontakt haben?
- Welche Formen von Begrüßungen unter Erwachsenen sind Ihnen bekannt?
- Welche kulturellen Unterschiede bei der Begrüßung kennen Sie?

Stellen Sie Ihre Ergebnisse im Plenum vor, indem Sie die Begrüßungsformen vorführen und kommentieren.

Tischgespräch in Spanien

Marie ist im Rahmen eines Austauschprogramms ihrer Stuttgarter Schule bei einer Familie in der spanischen Stadt Sevilla zu Gast. Beim ersten gemeinsamen Abendessen geht es laut und lebhaft zu. Die Familienmitglieder sprechen oft gleichzeitig und fallen sich gegenseitig ins Wort.

3 Setzen Sie sich mit den kulturellen Unterschieden in der Situation auseinander.

a) Verfassen Sie eine E-Mail, in der Marie einer Freundin von der Situation und vom Eindruck, den die spanische Gastfamilie auf sie macht, berichtet.

b) Welche Gepflogenheiten gibt es in Ihrer Familie? Erläutern Sie, wie diese auf Außenstehende wirken könnten.

4 Tauschen Sie sich in der Gruppe über kulturelle Unterschiede und daraus resultierende Kommunikationsprobleme aus. Berücksichtigen Sie GUT ZU WISSEN.

a) Sammeln Sie die verschiedenen Erfahrungen und sprechen Sie in der Lerngruppe darüber.

b) Diskutieren Sie, wie man mit kulturellen Unterschieden in der Kommunikation umgehen kann.

GUT ZU WISSEN — Interkulturelle Kommunikation

Mit Körpersprache kann man sich ohne gute Sprachkenntnisse verständigen, doch sie kann missverstanden werden:

- **Kopfschütteln** kann auch Zustimmung bedeuten (im türkischen oder indischen Raum).
- Eine **Begrüßung durch Händeschütteln** kann zu Problemen führen, denn in einigen Kulturen ist es nicht üblich, dass Männer und Frauen sich die Hand geben.

Schwierig wird es, wenn Verhaltensweisen, die in der eigenen Kultur als angemessen gelten, zu Irritationen und Ablehnung führen. Hier helfen ein **vorsichtiger Umgang miteinander** und **Interesse für das Gegenüber**.

Reflexionsgespräche führen

Im beruflichen Kontext und im Rahmen der Ausbildung gibt es besondere Gesprächsformen wie z. B. das Reflexionsgespräch. Steht ein solches Gespräch an, ist eine gründliche Vorbereitung wichtig.

1 Reflexionsgespräche stellen besondere Anforderungen an die Beteiligten. Führen Sie in Lerngruppen ein Brainstorming (» GUT ZU WISSEN) zu den folgenden Fragen durch.

- Was können der Zweck und mögliche Themen von Reflexionsgesprächen sein?
- Welche Vorteile ergeben sich für die beteiligten Gesprächspartner aus Reflexionsgesprächen?
- Welche Probleme können sich für die Beteiligten ergeben?

Vergleichen Sie Ihre Ergebnisse aus der Gruppenarbeit.

GUT ZU WISSEN — Brainstorming

Bei einem Brainstorming sammelt man **spontan, ungeordnet** und **stichwortartig** alles, was einem zu einem Thema oder einer Aufgabe einfällt. Die Ideen notiert man z. B. auf Klebezetteln, die anschließend auf ein Flipchart o. Ä. geklebt werden.

Reflexionsgespräch im Praktikum

Sie absolvieren ein zweiwöchiges Praktikum in einem Gartencenter. Dabei läuft nicht alles reibungslos ab: Sie haben den Eindruck, dass Sie nicht ernst genommen werden und dass man Ihnen vorwiegend langweilige oder sinnlose Tätigkeiten überträgt. So mussten Sie drei Tage lang am Stück Aktenordner aus- und umsortieren. Sie hatten eigentlich gehofft, während des Praktikums Wissen über Gartenbau und Pflanzen zu erwerben. Nach der ersten Woche ist ein Reflexionsgespräch mit der Chefin des Gartencenters geplant. Sie möchten sich auf das Gespräch vorbereiten und machen sich Gedanken, wie Sie Ihre Erfahrungen ansprechen wollen.

2 Bereiten Sie das anstehende Reflexionsgespräch mit der Chefin des Gartencenters vor.

a) Erstellen Sie dazu am PC einen Vorbereitungsbogen mit den wichtigsten Fragestellungen für ein Reflexionsgespräch. Formulieren Sie so allgemein, dass der Bogen später auch in unterschiedlichen Gesprächssituationen Verwendung finden kann.

b) Erstellen Sie aus dem Vorbereitungsbogen einen Ablaufplan für das Reflexionsgespräch. Übertragen Sie den Ablaufplan auf ein Blatt und füllen Sie ihn für das anstehende Gespräch aus.

Gesprächspartner/-in: …	**Datum: …**
Phasen: *Begrüßung* … *Verabschiedung*	**Fragestellungen/Anmerkungen/Formulierungen:** …

c) Stellen Sie die Probleme dar, die während des Praktikums aufgetreten sind. Erarbeiten Sie passende Tipps, die zur Problemlösung beitragen können.

Probleme	**Tipps**
Unzufriedenheit mit den zu verrichtenden Tätigkeiten …	das Problem benennen und konkrete Vorschläge machen, z. B.: *„Ich hatte mir die Tätigkeiten anders vorgestellt. …“*

Reflexionsgespräche führen

3 Führen Sie in der Lerngruppe ein Rollenspiel zu dem Reflexionsgespräch durch.

a) Verteilen Sie die Rollen: Praktikantin/Praktikant und Chefin. Denken Sie sich in die jeweiligen Personen ein und nutzen Sie den erarbeiteten Ablaufplan für die Gesprächsplanung.
Welche Erwartungen hat die Chefin gegenüber der Praktikantin / dem Praktikanten? Welche Sichtweise hat sie im Hinblick auf die angesprochenen Probleme? Welche Wünsche oder Lösungsvorschläge haben Sie als Praktikantin/Praktikant?

b) Notieren Sie für die schwierigen Themen passende Formulierungen, die Sie nutzen möchten (» GUT ZU WISSEN).

c) Präsentieren Sie das Rollenspiel im Plenum. Bilden Sie Teams zur Beobachtung des Gesprächs.

d) Die Zuschauerinnen und Zuschauer achten insbesondere auf das sprachliche und das nicht sprachliche Verhalten (» Kapitel 7, S. 78) und machen sich dazu Notizen.

e) Tauschen Sie sich im Anschluss an das Rollenspiel über Ihre Beobachtungen aus.

4 Formulieren Sie die folgenden Aussagen so um, dass sie für ein Reflexionsgespräch angemessen und zielführend sind. Beachten Sie GUT ZU WISSEN.

1. *„Ständig lassen Sie mich blöde Aufgaben machen."*
2. *„Alle Kollegen finden, dass Sie unzuverlässig sind."*
3. *„Wie Sie schon wieder angezogen sind!"*
4. *„Dank meiner Berufserfahrung weiß ich das eben besser als Sie."*

GUT ZU WISSEN | Reflexionsgespräche führen

In Schulen und Betrieben werden Reflexions- oder Mitarbeitergespräche durchgeführt. Dieser Austausch ermöglicht eine Art Zwischenbilanz und thematisiert z. B. erzielte und noch zu verbessernde Arbeitsergebnisse. Diese „offiziellen" Kommunikationssituationen erfordern ein angemessenes Kommunikations- und Sprachverhalten.

Die Beteiligten achten auf eine **höfliche Ausdrucksweise**, zeigen sich **offen, stellen Fragen** und sind bereit, diese auch zu beantworten. **Kritik darf geäußert**, muss aber auch **angenommen** werden. **Konstruktiv** geführte Gespräche erfordern eine angemessene **Formulierung der Aussagen**:

destruktiv	Verbesserung	konstruktiv
„Du bist immer unpünktlich."	Ich-Botschaften statt Du-Botschaften	*„Ich finde, du solltest konzentrierter arbeiten."*
„Das ist typisch für dich."	konkrete Hinweise statt allgemeiner Vorwürfe	*„Ich finde, du überziehst deine Pausenzeiten."*
„Das sehen hier alle so."	eigene Kritik äußern statt Kritik aus zweiter Hand	*„Mir missfällt deine Einstellung zu deiner Arbeit."*
„Was nicht ist, kann ja noch ..." *„hoffnungsloser Fall"*	beim Problem bleiben statt abwertende/verletzende Bemerkungen und Ironie	*„Deine häufigen Raucherpausen und diese negative Körpersprache empfinde ich als sehr störend."*
von *„oben herab"* reden	keine Überlegenheit demonstrieren	*„Wir suchen gemeinsam nach Lösungen."*

Feedback geben und annehmen

Anderen Menschen kritische Rückmeldung zu geben ist weniger schwierig, wenn man Feedbackregeln beachtet. Diese erleichtern ebenso das Annehmen von Kritik.

1 Tauschen Sie sich in der Gruppe über Ihre persönlichen Erfahrungen mit dem Geben und Annehmen von Feedback aus.

a) In welchen Situationen haben Sie selbst schon Feedback gegeben und bekommen?

b) Wie lief das Feedback jeweils ab? Was war gut, was hätte besser sein können? Beschreiben Sie.

2 Üben Sie, Feedback zu geben und anzunehmen. Berücksichtigen Sie die Feedbackregeln in GUT ZU WISSEN.

a) Bilden Sie einen Innen- und einen Außenkreis und geben Sie sich reihum positive Feedbacks (» Kugellager, Kapitel 16, S. 195).

Mir gefällt an dir, dass … Ich mag an dir vor allem, dass … Ich finde gut an dir …

b) Überlegen Sie sich Situationen und geben Sie sich mit Ihrer Lernpartnerin / Ihrem Lernpartner wechselseitig Feedback bzw. nehmen Sie es an.

Mögliche Situationen: Sie fühlen sich durch das Tuscheln einer Mitschülerin während des Unterrichts gestört. – Ein Mitschüler ist mit Ihrer Mitwirkung an einer Gruppenarbeit unzufrieden. – Sie finden die Folien, die ein Mitschüler für seine Präsentation erstellt hat, nicht gelungen.

GUT ZU WISSEN Feedbackregeln

Feedback geben

- Zu Beginn werden immer positive Bemerkungen geäußert (*„Mir hat gefallen, dass …“, „Besonders gelungen fand ich …“, „Sehr verständlich war für mich …“*).
- Wertende Begriffe werden vermieden (nicht: *„Die Schrift auf dem Plakat ist krakelig“*, sondern z. B. *„Die Schrift ist schwer zu lesen“*).
- Ich-Botschaften (» Kapitel 7, S. 82) werden verwendet (*„Mir ist aufgefallen …“, „Ich habe beobachtet …“*).
- Man äußert sich konstruktiv, konkret und sachlich (*„Die Präsentation war zu lang …“*).
- Verbesserungsvorschläge können angeboten werden, wenn die Feedback annehmende Person einverstanden ist (*„Man könnte …“, „Ich schlage vor …“*).
- Feedback bezieht sich nicht auf die Person, sondern nur auf den Sachverhalt.

Feedback annehmen

- Die Feedback gebende Person lässt man ungehindert aussprechen.
- Man nimmt eine offene, aktiv zuhörende Haltung ein (» Kapitel 7, S. 83).
- Man vermeidet Rechtfertigungen oder Diskussionen.
- Man bedankt sich für das Feedback, auch wenn man nicht allen geäußerten Punkten zustimmen kann.
- Ob und wie man das Feedback annimmt, kann man in einem zweiten Schritt überlegen. Zum Beispiel ist eine kurze Rückmeldung in Form einer Ich-Botschaft möglich (z. B.: *„Zunächst möchte ich mich für die Rückmeldung bedanken. Die Tipps zur Gestaltung des Plakats fand ich sehr hilfreich. Unangemessen und unangenehm waren für mich die Aussagen …“*).

Fazit, vertiefen, überprüfen

Das haben Sie in diesem Kapitel gelernt:

FAZIT

15.1
Wie stehen wir zueinander?

- symmetrische und komplementäre Kommunikationssituationen richtig einschätzen

15.2
Kommunikationsstörungen vermeiden

- Missverständnisse erkennen und vermeiden
- Kommunikationssituationen höflich gestalten
- sich interkulturell verständigen
- Reflexionsgespräche zielorientiert führen
- Feedback geben und annehmen

Wenden Sie Ihr Wissen an:

Gespräch zwischen Lehrer und Schüler

Nach der Unterrichtsstunde sagt der Lehrer zu einem Schüler: „Lucas, kommen Sie morgen ganz pünktlich. Ich möchte in der ersten Stunde mit Ihrer Präsentation den Unterricht beginnen."
Lucas reagiert barsch und antwortet: „Herr Tomaselli, was soll diese Unterstellung? Ich bin noch nie zu spät gekommen."

1 Analysieren Sie das Gespräch und notieren Sie die Ergebnisse in Ihrem Heft.

a) Wie stehen die beiden Kommunikationspartner zueinander? Bestimmen Sie die Art der Gesprächssituation.
b) Was misslingt in diesem Gespräch? Beschreiben Sie.
c) Was könnte die Ursache für die Kommunikationsstörung sein? Stellen Sie Vermutungen über die Ursache der Reaktion von Lucas an.
d) Entwerfen Sie ein Gespräch, in dem der Lehrer und der Schüler auf das Missverständnis eingehen und es zu beseitigen versuchen.

2 Überprüfen und überarbeiten Sie Ihre Ergebnisse gemeinsam mit einer Lernpartnerin / einem Lernpartner. Berücksichtigen Sie GUT ZU WISSEN auf S. 178–180.

3 Notieren Sie Ihre individuellen Fehlerschwerpunkte im Bereich Rechtschreibung, Zeichensetzung und Grammatik. Bearbeiten Sie die entsprechenden Abschnitte in Kapitel 17, „Richtig schreiben".

Kapitel 16

Wie Sprache sich wandelt

16.1 Sprachwandel verstehen

16.2 Fremdwörter und Anglizismen untersuchen

16.3 Sprachvarietäten kennenlernen und angemessen einsetzen

16.4 Mehrsprachigkeit – Wie Sprache uns beeinflusst

Sprache ist lebendig und verändert sich, sie ist außerdem mehr als reiner Informationsaustausch: Die Art, wie wir sprechen, welchen Wortschatz und welchen Sprachstil wir gebrauchen, hat Einfluss auf unsere Kommunikation mit anderen. Wie sehr Sprache uns in unserem Alltag und unseren Lebensläufen prägt, lässt sich am Phänomen von Mehrsprachigkeit nachvollziehen.

In diesem Kapitel setzen Sie sich mit unterschiedlichen Aspekten von Sprache auseinander und stärken auf diese Weise Ihre kommunikativen Kompetenzen sowie Ihr schriftliches Ausdrucksvermögen.

Kompetenzen

- ✓ Phänomene des Sprachwandels kennen und beurteilen
- ✓ Merkmale von Fremdwörtern und Anglizismen kennen
- ✓ Sprachvarietäten unterscheiden und angemessen einsetzen
- ✓ Merkmale von Fachsprachen kennen
- ✓ Phänomene der Mehrsprachigkeit erläutern

Methoden und Arbeitstechniken

- ✓ Arbeit mit dem Wörterbuch
- ✓ Rollenspiel
- ✓ Kugellager

Sprachwandel verstehen

Sprache wandelt sich ständig. Manche alten Wörter geraten in Vergessenheit, gleichzeitig entstehen immer wieder neue Wörter und finden Eingang in den allgemeinen Sprachgebrauch.

Warum ändert sich die Sprache?

von Rudi Keller

[…] Sprachen sind in permanentem Wandel begriffen. Walther von der Vogelweide[1] ist von uns etwa fünfundzwanzig Generationen entfernt. Wenn wir durch eine Zeitmaschine zu ihm ins Jahr 1200 versetzt werden würden, hätten wir größte Mühe, uns auch nur annähernd mit ihm zu verständigen. […] Mit Goethe, von dem uns etwa 180 Jahre trennen, hätten wir zwar keine fundamentalen Verständigungsschwierigkeiten wie mit Walther, aber wir würden auf Schritt und Tritt anecken und nachfragen müssen. „Der beste *Champion* für meines Weibes Ehre“[2] soll kein Boxer sein, sondern ein ritterlicher Beschützer. *Chapeau* war das geläufige Wort für einen Tanzherrn; wir würden nicht verstehen, was es heißt, *brustkrank* zu sein oder *beythätig*[3] sein zu wollen. […]

Die Beispiele ließen sich beliebig fortsetzen.

Selbst wenn wir uns nur eine Generation zurückversetzen und beispielsweise eine Zeitung aus den fünfziger Jahren durchblättern, ist uns manches recht fremd. […]

Warum ist das so? Warum ändert sich Sprache überhaupt? Ist unsere Sprache von heute nicht, so wie sie ist, in Ordnung? […]

Könnten wir uns eine Sprache vorstellen, die sich nicht verändert? Ist das überhaupt eine vernünftige Frage? Müssten wir nicht vielmehr die Frage stellen, ob wir uns ein Volk vorstellen können, das seine Sprache nicht verändert? […]

(aus: Rudi Keller, Sprachwandel, Tübingen 2015)

1 Walther von der Vogelweide: bedeutendster deutscher Dichter des Mittelalters (* um 1170, † um 1230)
2 Goethe-Wörterbuch 1985, 2. Bd.
3 „brustkrank“ heißt „lungenkrank“; „ich will beythätig sein“ heißt „ich will mitmachen“

1 Erschließen Sie den Text sprachlich.

a) Klären Sie die Bedeutung unbekannter Wörter. Nutzen Sie das Wörterbuch (» Kapitel 17, S. 200).

b) Der Text enthält Wörter, deren Bedeutung sich verändert hat, und Wörter, die heute nicht mehr gebräuchlich sind. Übertragen Sie die Tabelle in ihr Heft und ordnen Sie die Wörter zu.

Bedeutungswandel	Verschwundene Wörter
…	…

2 Setzen Sie sich mit dem Inhalt des Textes auseinander.

a) Geben Sie in eigenen Worten wieder, worum es in dem Text geht.

b) In den letzten beiden Abschnitten (Z. 25–29) stellt der Autor mehrere Fragen. Diskutieren Sie darüber in der Gruppe und finden Sie mögliche Antworten.

3 Recherchieren Sie, welchen sprachlichen Perioden Walther von der Vogelweide und Johann Wolfgang von Goethe angehörten.

4 Welche Wörter aus dem heutigen Sprachgebrauch hätten Walther von der Vogelweide und Johann Wolfgang von Goethe vermutlich nicht verstanden? Notieren Sie zehn Begriffe.

Sprachwandel verstehen

5 **Untersuchen Sie die folgenden Wörter.**
poussieren – flirten – drahten – simsen – das Entertainment – die Lustbarkeit – cool – hold – der Mumpitz – Fake News – lustwandeln – joggen – der Influencer – der Geck – der Dandy – das Konterfei – das Selfie

a) Klären Sie die Bedeutung von Wörtern, die Sie nicht kennen. Nutzen Sie das Wörterbuch (» Kapitel 17, S. 200).

b) Welche Wörter sind heute veraltet oder verschwunden? Welche Wörter sind relativ neu im Deutschen? Ordnen Sie die Wörter in eine Tabelle ein.

Veraltete Wörter (Archaismen)	Neue Wörter (Neologismen)
poussieren	*flirten*
...	...

c) Warum sind die neuen Wörter entstanden und warum werden die veralteten Wörter nicht mehr (oder selten) gebraucht? Stellen Sie in der Gruppe Vermutungen über die Gründe an. Nutzen Sie GUT ZU WISSEN.

6 **Suchen Sie in Büchern, Zeitungen oder im Internet nach neuen und veralteten Wörtern. Befragen Sie dazu auch Ihre Eltern und Großeltern.**

7 **Informieren Sie sich in einem Lexikon über den Bedeutungswandel der folgenden Wörter:**
toll – die Hochzeit

8 **Setzen Sie sich mit veränderten Schreibweisen auseinander.**

a) Recherchieren Sie, wie sich die Schreibweisen der folgenden Wörter gewandelt haben:
die Fotografie – der Frisör – die Kusine

b) Finden Sie weitere Wörter, deren Schreibweise sich verändert hat.

9 **Setzen Sie sich mit der Bewertung des Sprachwandels auseinander.**

a) Erläutern Sie, warum Sprachwandel oft als Sprachverfall angesehen wird. Berücksichtigen Sie GUT ZU WISSEN.

b) Stellt der Sprachwandel eine Bereicherung oder einen Sprachverfall dar? Diskutieren Sie in der Gruppe und belegen Sie Ihre Position durch Beispiele.

GUT ZU WISSEN **Sprachwandel**

Unter Sprachwandel versteht man

- die **Entstehung neuer Wörter** (Neologismen),
- das **Verschwinden von Wörtern** aus dem allgemeinen Sprachgebrauch (Archaismen) und
- die **Veränderung von Wortbedeutungen** und **Schreibweisen**.

Gründe für den Wandel der Sprache sind u. a. der **Einfluss von anderen Sprachen, Veränderungen in Alltag und Gesellschaft** sowie **technologische Innovationen**.

Die Phänomene des Sprachwandels werden unterschiedlich bewertet: Zum einen werden Wortneuschöpfungen, die Übernahme von fremdsprachlichen Begriffen oder grammatikalische Vereinfachungen als Bereicherung der Sprache und Ausdruck ihrer Lebendigkeit angesehen. Zum anderen werden Veränderungen von Sprache seit jeher auch als Sprachverfall angesehen, den man bereits in der Antike beklagte. Heutzutage werden z. B. Phänomene wie der übermäßige Gebrauch von Fremdwörtern – insbesondere von Anglizismen –, aber auch grammatikalische Regelabweichungen oder der Einfluss von Jugendsprache auf die Hochsprache kritisiert.

Fremdwörter und Anglizismen untersuchen

Zahlreiche Wörter aus anderen Sprachen sind in die deutsche Sprache eingeflossen und haben sie geprägt. Manche Begriffe sind so ans Deutsche angepasst, dass wir sie gar nicht als Fremdwörter wahrnehmen.

1 Untersuchen Sie den folgenden Text im Hinblick auf Fremdwörter.

Die Journalistin recherchierte für ihre Publikation ausgiebig im Internet. Da sie sich nicht auf Spekulationen verlassen und die Qualität ihrer Arbeit sicherstellen wollte, befragte sie außerdem zahlreiche Experten in stundenlangen Interviews. Das Resultat stellte sie bei einer internationalen Konferenz vor. Die Präsentation war ein voller Erfolg, wie die begeisterte Reaktion eines Kollegen beweist: „Das war auf extraordinär hohem Niveau! Ich prognostiziere, dass die Kollegin zu einer Koryphäe auf diesem Terrain avancieren wird.“

a) Bestimmen Sie die Fremdwörter in dem Text.
b) Woran haben Sie erkannt, dass es sich um Fremdwörter handelt? Übertragen Sie die Tabelle in Ihr Heft und ordnen Sie die Wörter den Merkmalen zu.

Typische Merkmale von Fremdwörtern	Fremdwörter
Vorsilben, z. B. *Prä-*, *Pro-*, *Inter-*, *Ex-*, *Ko-/Kon-*	
Wortendungen, z. B. *-tion/-ion*, *-tat/-tät*, *-anz/-enz*	
Besondere Aussprache von Buchstaben oder Buchstabenfolgen, z. B. *j = dsch*, *ou = u*, *ch = sch*, *eau = o*, *ph = f*, *ain = ä* (nasal), *an = o* (nasal), *c = s*	

c) Erläutern Sie die Bedeutung der Fremdwörter.
d) Übersetzen Sie die letzten beiden Sätze in ein Deutsch, das jeder versteht.

2 Setzen Sie sich mit Fremdwörtern und Lehnwörtern auseinander. Berücksichtigen Sie GUT ZU WISSEN.

a) Ordnen Sie die Wörter der passenden Bedeutung und Ursprungssprache zu.
das Restaurant – das Fenster – der Cappuccino – der Becher – das Team – der Kaffee

von lat. fenestra, Öffnung in Wand oder Mauer	von lat. bicarium/bicarius, Trinkgefäß	von türk. kahve, koffeinhaltiges Aufgussgetränk
franz., Gastbetrieb	ital., Heißgetränk mit Milchschaum	engl., Mannschaft

b) Bestimmen Sie, ob es sich um Fremdwörter oder Lehnwörter handelt.

GUT ZU WISSEN — Fremdwörter und Lehnwörter

Ein **Fremdwort** ist ein Wort, das aus einer anderen Sprache übernommen wurde und dem Deutschen in Aussprache, Schreibung und Flexion (Beugung) nicht bzw. nur wenig angepasst ist, z. B.: *das Trottoir*, *der Friseur*, *die Osteoporose*, *das Mobbing*.
Man spricht von einem **Lehnwort**, wenn das übernommene Wort der deutschen Sprache in Schreibung, Aussprache und Flexion angepasst ist, sodass es nicht mehr als fremdes Wort empfunden wird, z. B.: das *Fenster*, die *Bluse*, *schick*.

Fremdwörter und Anglizismen untersuchen

3 Setzen Sie sich mit Fremdwörtern in Ihrem eigenen Sprachgebrauch auseinander.

a) Welche Fremdwörter nutzen Sie selbst? Erstellen Sie eine Liste mit mindestens 15 Wörtern.

b) Welchen Ursprungssprachen entstammen die Wörter? Ordnen Sie zu.

4 Auch deutsche Wörter werden in andere Sprachen übernommen und dort als Fremdwörter verwendet. Welche Wörter mit deutschen Wurzeln kennen Sie aus anderen Sprachen? Notieren Sie.

pretzel – englisch; rucksac – französisch; bagger – arabisch; kurort – russisch …

5 Setzen Sie sich mit Anglizismen (» GUT ZU WISSEN) auseinander. Seit 2010 wählt eine Jury regelmäßig den Anglizismus des Jahres, z. B.: … for future, Gendersternchen, Influencer, Fake News, Refugees welcome, Blackfacing.

a) Erläutern Sie die Bedeutung der genannten Begriffe. Nutzen Sie das Wörterbuch (» Kapitel 17, S. 200).

b) Stellen Sie in der Gruppe Vermutungen darüber an, warum die Jury diese Anglizismen ausgewählt hat.

c) Welche Anglizismen nutzen Sie selbst? Erstellen Sie gemeinsam mit Ihrer Lernpartnerin / Ihrem Lernpartner eine Liste mit mindestens 15 Wörtern.

6 Unterscheiden Sie verschiedene Erscheinungsformen von Anglizismen. Beachten Sie GUT ZU WISSEN.

a) Übertragen Sie die Tabelle in Ihr Heft und ordnen Sie die folgenden Anglizismen zu. Begründen Sie Ihre Zuordnung.
downloaden – das Handy – die Gehirnwäsche – der Oldtimer – gemanagt – der Wolkenkratzer – trendig – die Herzattacke – der Beamer – das Mobbing – joggen – die Kurzgeschichte – das Public Viewing – des Laptops

Wortentlehnung	Eins-zu-eins-Übersetzungen	Scheinanglizismus
downloaden	*die Gehirnwäsche (engl. brain wash)*	*das Handy*
…	…	…

b) Erläutern Sie die Bedeutungen der Wörter und finden Sie deutsche Entsprechungen, wenn möglich.

7 Wie bewerten Sie den Gebrauch von Anglizismen? Diskutieren Sie in der Gruppe und stärken Sie Ihren Standpunkt durch Beispiele.

GUT ZU WISSEN **Anglizismen**

Ein **Anglizismus** ist ein Wort, das aus dem Englischen in eine andere Sprache übernommen wurde, z. B.: *das Internet, chillen, cool, die Teamarbeit, das Make-up*. Die Gründe für die Übernahme der englischen Wörter sind vielfältig: Oft etablieren sie sich in Fachsprachen, weil keine deutschen Entsprechungen für bestimmte Bezeichnungen existieren. Manchmal werden Anglizismen aber auch einfach verwendet, weil sie modern und international wirken, z. B. in der Werbesprache.

Man unterscheidet zwischen den folgenden Erscheinungsformen von Anglizismen:

- **Wortentlehnungen:** ein entlehntes bzw. übernommenes Wort, das in Schreibung, Lautung und Flexion an die deutsche Sprache angepasst wird, z. B.: *streamen, des Internets*
- **Eins-zu-eins-Übersetzungen**, z. B. *die Kreditkarte* (engl. *credit card*)
- **Scheinanglizismen:** Ausdrücke, die im Englischen etwas anderes bedeuten oder gar nicht existieren, z. B.: *der Servicepoint, das Happy End*

16.3

Sprachvarietäten kennenlernen und angemessen einsetzen

Je nachdem, mit wem und in welcher Situation Sie sprechen, benutzen Sie unterschiedliche Sprachvarietäten.

Dialog 1

A: Hey, was geht, Bruder?

B: Jo, Digga, läuft bei mir …

Dialog 2

A: Guadda Morga. Wie gohd's d'r?

B: Guad gohd's m'r!

Dialog 3

A: Guten Morgen, Frau Müller.

B: Einen schönen guten Morgen, Fatih. Wie geht es dir denn heute?

1 Lesen und untersuchen Sie die Dialoge.

a) Bestimmen Sie, um welche Sprachvarietät es sich jeweils handelt. Berücksichtigen Sie GUT ZU WISSEN.

b) Bereiten Sie ein Rollenspiel (» Kapitel 2, S. 25) vor. Legen Sie dazu mit Ihrer Lernpartnerin / Ihrem Lernpartner fest, welche Rolle oder Position die Sprechenden A und B jeweils innehaben könnten (z. B. Schulleiterin, Lehrerin, Mitschüler, Eltern, Freunde …).

c) Lesen Sie die Dialoge mit verteilten Rollen.

d) Bewerten Sie, ob die jeweilige Sprachvarietät angemessen ist, wenn die Gesprächsteilnehmer die Rollen einnehmen, die Sie Ihnen zugewiesen haben.

2 Entwickeln Sie eigene Dialoge in unterschiedlichen Sprachvarietäten.

a) Denken Sie sich eine Situation aus und wählen Sie eine Sprachvarietät.

b) Führen Sie die Dialoge vor der Klasse im Rollenspiel (» Kapitel 2, S. 25) auf. Achten Sie auch auf Ihre Körpersprache (» Kapitel 7, S. 78).

c) Beurteilen Sie, ob die Dialoge der jeweiligen Situation angemessen waren oder nicht, und begründen Sie Ihre Bewertung.

GUT ZU WISSEN | Sprachvarietäten (Sprachebenen)

Der Begriff **Sprachvarietät** bezeichnet die verschiedene Ausprägungen einer Sprache, die diese abwandeln. Eine solche Variante kann jedoch nicht unabhängig von der abgewandelten Sprache existieren. Sprachvarietäten sind z. B.:

- **Standardsprache:** überregionale mündliche und schriftliche Sprachform; unterliegt als öffentliches Verständigungsmittel festgelegten Regeln (in Grammatik, Aussprache und Rechtschreibung); Verwendung: in Medien, Anschreiben, Schriftwechsel in Firmen usw.
- **Jugendsprache:** Sprachform, die die gruppenorientierte Verständigung Jugendlicher in den Vordergrund stellt; orientiert sich an der Standardsprache und ist gekennzeichnet durch Wortneubildungen, Anglizismen, Kürzungen, Füllwörter, Übertreibungen, Kürzungen, Interjektionen usw.; Verwendung: in der jeweiligen Gruppe (z. B. Schülersprache, Szenesprache, Netzjargon etc.)
- **Dialekt:** regional gefärbte Sprachform in einem begrenzten geografischen Gebiet; betont die Zugehörigkeit zu diesem Gebiet; Verwendung: im privaten Bereich

Abhängig davon, mit wem und in welcher Situation man spricht, kann dieselbe Sprachvarietät **angemessen** sein oder nicht. Wenn Sie Ihre Sprache nicht der jeweiligen Situation anpassen, kann das sehr unhöflich wirken. So dürfen Sie z. B. im Gespräch mit Ihren Mitschülerinnen und Mitschülern Ausdrücke aus der Jugendsprache verwenden. In einem Bewerbungsgespräch wäre dies dagegen nicht angemessen.

Sprachvarietäten kennenlernen und angemessen einsetzen

Auch Fachsprachen stellen eine Sprachvarietät dar, die für die Allgemeinheit manchmal schwer verständlich ist.

Die präventive Wirkung von Yoga

von Jessica Fink

Aufgrund seiner Wirkungen auf der körperlichen, emotionalen und geistig-spirituellen Ebene kann Yoga unterschiedlichen Beschwerden vorbeugen und als Präventionsangebot eingesetzt werden.
Unter anderem für folgende positive Wirkungen von Yoga gibt es wissenschaftliche Erkenntnisse:

- Verlangsamung der Herzfrequenz im Ruhezustand
- Normalisierung des Blutdrucks
- Vertiefung und Verlangsamung der Atmung
- Abbau von Stresshormonen
- gezielterer und effizienterer Einsatz der Muskulatur

Yoga fördert die Entspannung und wirkt regulierend in akuten Stresssituationen. Daher ist Yoga von den Krankenkassen als verhaltensbezogene primärpräventive Maßnahme zur Förderung von Stressbewältigungskompetenzen anerkannt.
Die präventive Wirkung von Yoga beschränkt sich aber nicht nur auf Stressabbau. Yoga wirkt auch kräftigend auf die Muskulatur. Dabei werden nicht nur einzelne Muskeln, sondern Muskelgruppen angesprochen, so dass das Zusammenspiel der Muskeln gefördert wird. Durch die achtsame Körperarbeit werden Bewegungsmuster bewusst gemacht und neue Bewegungsmuster erlernt. Kraft und Beweglichkeit des gesamten Bewegungsapparats werden verbessert.

(Berufsverband der Yogalehrenden in Deutschland e.V.)

3 Untersuchen Sie den Text.

a) Ordnen Sie den Text einem beruflichen Bereich zu.
b) Notieren Sie im Text enthaltene Fachbegriffe.
c) Erläutern Sie die Bedeutung der Fachbegriffe in eigenen Worten. Nutzen Sie das Wörterbuch (» Kapitel 17, S. 200).
„Präventionsangebot“ (Z. 4): Angebot zur Vorbeugung, Vermeidung von Erkrankungen …
d) Geben Sie den Inhalt des Textes wieder, indem Sie ihn Ihrer Lernpartnerin / Ihrem Lernpartner erzählen. Verwenden Sie dabei allgemein verständliche Ausdrücke für die Fachbegriffe.

4 Setzen Sie sich mit Fachsprachen auseinander. Beachten Sie GUT ZU WISSEN.

a) Nennen Sie eine Fachsprache, der Sie in Ihrem Alltag selbst schon begegnet sind, z. B. im Rahmen eines Praktikums. Aus welchem Bereich stammt die Fachsprache und welche Fachbegriffe sind typisch für sie?
b) Verfassen Sie einen kurzen Fachtext zu einem selbst gewählten Thema aus dem jeweiligen Bereich.

GUT ZU WISSEN **Fachsprache**

Fachsprachen ermöglichen eine **präzise** und **schnelle Verständigung** im **beruflichen Kontext**, z. B. in den Bereichen IT, Medizin, Elektrotechnik, Recht oder Musik. Typisch für Fachsprachen ist ein **spezifischer Wortschatz** mit Fachbegriffen und Fremdwörtern, die meistens nur Fachleute und interessierte Laien verstehen. Für ein breiteres Publikum sind Fachsprachen oft schwer verständlich.
Im Allgemeinen sind in fachsprachlichen Texten die dargestellten Handlungen wichtiger als die ausführenden Personen. Daher wird häufig das **Passiv** (» Kapitel 17, S. 204) verwendet oder es finden sich **unpersönliche Formulierungen** mit *man*.

Mehrsprachigkeit – Wie Sprache uns beeinflusst

Viele Menschen in Deutschland sprechen und verstehen mehr als eine Sprache.

Muhterem Aras im Gespräch: „Frauen am Steuer, das war mir neu“

[…] Im Mai 2016 wurde Frau Aras zur Präsidentin des Landtags von Baden-Württemberg gewählt. Sie ist die erste Frau und Migrantin, die dieses Amt bekleidet. […]

[…] Sie sind 1978 mit zwölf Jahren aus Anatolien nach Deutschland gekommen.
Ich stamme aus einem kurdischen Gebiet in Ostanatolien. Mein Vater war Gastarbeiter. Er kam erst allein, hat dann später meine Mutter und uns fünf Kinder nach Filderstadt-Sielmingen bei Stuttgart nachgeholt. Das war für mich ein Sprung ins kalte Wasser.
[…]

Sie kamen, ohne ein Wort Deutsch zu sprechen?
So ist es.

Wenn Frau Aras erzählt […] entstehen plastische Bilder aus einer unendlich fernen Welt ihrer Herkunft. Ihre Muttersprache ist Kurdisch. Später lernte sie Türkisch […]. […]

Was ist Ihre erste Erinnerung an Deutschland?
Alles war neu: am aufregendsten war es, Frauen am Steuer eines Autos zu sehen. Das gab es bei uns nicht.

Hat die Mutter Deutsch gelernt?
Sie blieb Analphabetin, konnte bis zum Ende ihres Lebens vor einem Jahr weder lesen noch schreiben.

Kann man das nicht später nachholen?
Wahrscheinlich hätte sie es machen können. Später hat sie uns Kindern auch vorgeworfen, ihr nicht geholfen zu haben, einen Deutschkurs zu machen. […] Auf mich war sie sehr stolz, Artikel über mich hat sie versucht zu entziffern, oder sie hat sie sich von uns Kindern vorlesen lassen. […] Sie hat darauf gepocht, dass wir rasch die deutsche Sprache lernen, alle studieren. […]

Wann war entschieden, dass die Familie für immer hierbleibt?
Als die Eltern beschlossen, anders als viele andere Gastarbeiter, ihr Erspartes nicht in die Türkei zu schicken, sondern in unsere Ausbildung zu stecken. Unser Vermögen ist eure Bildung, so hieß der Wahlspruch.
[…]

In der Familie wurde Türkisch gesprochen?
Mein Vater hat ganz gut Deutsch gelernt. Aber untereinander haben die Eltern nur türkisch gesprochen. Der Vater hat unsere Schulnoten belohnt: für eine Eins gab es fünf D-Mark, für eine Zwei gab es zwei D-Mark. Für schlechtere Noten gab es nichts. Ich war das erste kurdische Mädchen unserer Schule, das am Schwimmunterricht teilgenommen hat. Auch in die Tanzschule wurden wir geschickt, wo ich Foxtrott und andere Standardtänze gelernt habe.

Keine Vorbehalte der Eltern?
Sie haben immer gesagt: Wir verlassen uns darauf, dass ihr anständig seid.

Deutsche Kinder lernen spielerisch zu Hause, sich an die hier geltenden Werte und die „Leitkultur“ anzupassen. Wie haben Sie das gelernt?
Wir hatten mehrere Anker. Ganz wichtig war für uns eine Bauernfamilie im Ort. Da sind wir Kinder ein- und ausgegangen. Ein Kind, die Christel, ist quasi zu unserer Schwester geworden. Wir waren fast jeden Tag bei ihr, haben viel ferngesehen und Pucki-Bücher[1] gelesen, was sehr hilfreich war. Sonntags haben diese Bauern uns mitgenommen zu Ausflügen. Sie sind sogar mit uns in die neue Stuttgarter Staatsgalerie gegangen. […]

(Interview: Rainer Hank; F. A. Z., 17.02.2018)

1 Pucki-Bücher: Kinderbuchserie, verfasst von Magda Trott (*1880, †1945)

Mehrsprachigkeit – Wie Sprache uns beeinflusst

1 Setzen Sie sich mit dem Interview auseinander.

a) Fassen Sie das Thema des Textes in einem Satz zusammen.

b) Beantworten Sie die Fragen:

- Welche Umstände haben Muhterem Aras beim Erlernen der deutschen Sprache geholfen?
- Welche Art der Mehrsprachigkeit liegt bei Muhterem Aras vor? Berücksichtigen Sie GUT ZU WISSEN.

GUT ZU WISSEN Mehrsprachigkeit

Mehrsprachigkeit bedeutet, dass man mehr als eine Sprache beherrscht und aktiv gebraucht. In vielen Regionen der Welt ist Mehrsprachigkeit der Normalfall.

Es gibt unterschiedliche Arten von Mehrsprachigkeit, z. B.:

- **Individuelle Mehrsprachigkeit** liegt vor, wenn sich jemand in mehreren Sprachen verständigen und zwischen diesen Sprachen hin- und herwechseln kann (Codeswitching).
  Man unterscheidet zwischen
  a) **lebensweltlicher** Mehrsprachigkeit, wenn man im Alltag in mehr als einer Sprache kommuniziert, und
  b) **fremdsprachlicher** Mehrsprachigkeit, wenn man Sprachkenntnisse im Unterricht erworben hat.
- **Territoriale Mehrsprachigkeit** gibt es in Staaten, die in unterschiedliche Sprachräume unterteilt sind (z. B. in Belgien). In den einzelnen Gebieten herrscht jeweils eine Sprache vor.

2 Übertragen Sie die Tabelle in Ihr Heft und erstellen Sie Ihr eigenes Sprachprofil.

- Welche Sprachen sprechen Sie?
- Auf welchem Wege haben Sie die Sprachen erlernt?
- Wie schätzen Sie Ihre Sprachkompetenz in den einzelnen Sprachen ein?

Sprache	**Erlernt in Familie oder Alltag** (lebensweltliche Mehrsprachigkeit)	**Erlernt im Unterricht** (fremdsprachliche Mehrsprachigkeit)	**Sprachkompetenz (gut ☺ – mittel 😐 – schlecht ☹)**
Deutsch	*X*		☺
…	…	…	

3 Tauschen Sie sich über Vor- und Nachteile der unterschiedlichen Arten von Mehrsprachigkeit aus.

a) Notieren Sie drei Vor- und Nachteile auf einem Notizzettel.

b) Verfahren Sie nach der Methode Kugellager (» GUT ZU WISSEN unten). Wechseln Sie nach drei Minuten das Gegenüber und tauschen Sie sich mit insgesamt drei Personen über die Vor- und Nachteile aus.

GUT ZU WISSEN Kugellager

Setzen Sie sich in einem **Außen-** und einem **Innenkreis** einander gegenüber. Jeder hat dabei eine Gesprächspartnerin bzw. einen Gesprächspartner. Erläutern Sie Ihrem Gegenüber Ihre Überlegungen anhand Ihrer Notizen.

Nach einer vorher festgelegten Zeit **drehen sich Innen- und Außenkreis in gegensätzlicher Richtung** einen Platz weiter. So kommen neue Paare zustande. Erklären Sie Ihrem neuen Gegenüber wieder Ihre Überlegungen anhand Ihrer Notizen und Ihrer Erkenntnisse aus dem vorherigen Gespräch. Fahren Sie fort, bis Sie sich mit mehreren Gesprächspartnerinnen/-partnern ausgetauscht haben.

Fazit, vertiefen, überprüfen

Das haben Sie in diesem Kapitel gelernt:

FAZIT

16.1 Sprachwandel verstehen
- Phänomene des Sprachwandels kennen und beurteilen

16.2 Fremdwörter und Anglizismen untersuchen
- Merkmale von Fremdwörtern und Anglizismen kennen

16.3 Sprachvarietäten kennenlernen und angemessen einsetzen
- Sprachebenen unterscheiden und anwenden
- Merkmale von Fachsprachen kennen und über diese reflektieren

16.4 Mehrsprachigkeit – Wie Sprache uns beeinflusst
- Phänomene der Mehrsprachigkeit erläutern
- sich mit persönlichen Spracherfahrungen auseinandersetzen

Wenden Sie Ihr Wissen an:

Position A

Durch den Einfluss der neuen Medien verkommt die deutsche Sprache zu einer Kurzsprache, die zudem durch Anglizismen und Grammatikfehler oft fast nicht mehr verständlich ist.

Position B

Die deutsche Sprache wird nicht untergehen, sie wandelt sich nur ständig, nimmt Neues auf und vergisst Überkommenes – so wie die Welt, in der wir leben und kommunizieren.

1 In den beiden Aussagen wird die Veränderung von Sprache unterschiedlich bewertet. Verfassen Sie eine Stellungnahme zu den beiden Positionen.

a) Geben Sie die unterschiedlichen Standpunkte in eigenen Worten wieder.
b) Formulieren Sie Ihre eigene Position zu der Thematik.
c) Sammeln Sie Argumente und Argumentationsstützen (» Kapitel 3, S. 31), die zu Ihrem Standpunkt passen.
d) Schreiben Sie eine Stellungnahme mit Einleitung, Hauptteil und Schluss.

2 Überprüfen und überarbeiten Sie Ihre Ergebnisse gemeinsam mit einer Lernpartnerin / einem Lernpartner. Berücksichtigen Sie die Checkliste in Kapitel 10 auf S. 131.

3 Notieren Sie Ihre individuellen Fehlerschwerpunkte im Bereich Rechtschreibung, Zeichensetzung und Grammatik. Bearbeiten Sie die entsprechenden Abschnitte in Kapitel 17, „Richtig schreiben“.

Kapitel 17

Richtig schreiben

17.1
Richtig rechtschreiben

17.2
Zeichen setzen

17.3
Grammatik kennen und anwenden

Rechtschreibstrategien helfen, die für die deutsche Sprache geltenden Regeln richtig anzuwenden und Fehler zu vermeiden. Dazu trägt ebenso die Kenntnis grundlegender Grammatikregeln bei. Werden die Regeln nicht beachtet, ergeben sich oft witzig klingende oder vollkommen unverständliche Sätze und Formulierungen. Sicherlich sind Sie selbst schon auf Übersetzungen von Computerprogrammen gestoßen, die nicht den Grammatikregeln entsprechen und deren Sinn sich daher nur schwer erschließen lässt. Auch die fehlerhafte Verwendung von Satzzeichen kann zu Missverständnissen führen. Fällt Ihnen z. B. der Unterschied auf zwischen „Du hast das schönste Gesicht weit und breit!" und „Du hast das schönste Gesicht, weit und breit!"?

Kompetenzen

- ✓ Rechtschreibstrategien und -regeln anwenden
- ✓ Regeln der Zeichensetzung anwenden
- ✓ Grundlagen der Grammatik kennen

Methoden und Arbeitstechniken

- ✓ Rechtschreibstrategien
- ✓ Arbeit mit dem Wörterbuch
- ✓ Lerntempoduett
- ✓ Merkhilfen

Richtig rechtschreiben
Wichtige Rechtschreibstrategien und -regeln

Wenn Sie nicht sicher sind, wie ein Wort geschrieben wird, können Rechtschreibstrategien hilfreich sein. In diesem Teilkapitel vertiefen Sie Ihr Wissen über wichtige Strategien und deren Anwendung.

1 Setzen Sie sich mit Rechtschreibstrategien auseinander.

a) Tauschen Sie sich mit Ihrer Lernpartnerin / Ihrem Lernpartner darüber aus, welche Rechtschreibstrategien Sie kennen, in welchen Fällen und wie Sie diese anwenden.

b) Erläutern Sie sich gegenseitig die in GUT ZU WISSEN genannten Strategien.

2 Wenden Sie jeweils die richtige Rechtschreibstrategie an.

a) Notieren Sie, mit welcher Strategie Sie bei den folgenden Wörtern und Sätzen die korrekte Schreibweise ermitteln können. Berücksichtigen Sie GUT ZU WISSEN.

gefährden oder *gefehrden*
der Schedling oder *der Schädling*
viel schönes oder *viel Schönes*
sehend oder *seend*
die Lehrung oder *die Leerung*
ein Band oder *ein Bant*
der Treger oder *der Träger*
der Staubsauger oder *der Staupsauger*
Das ist zum lachen oder *Das ist zum Lachen*

Achtung, Fehler!

b) Notieren Sie die Wörter und Sätze in korrekter Schreibweise in Ihrem Heft.

GUT ZU WISSEN | Wichtige Rechtschreibstrategien

Deutlich aussprechen und Silben mitschwingen: Bei vielen Wörtern kann man die Rechtschreibung erschließen, wenn man die Wörter deutlich ausspricht und evtl. die Silben mitschwingt.
Beispiel: ge sche hen

Wortfamilie bilden: Wörter, die zu einer Wortfamilie gehören, haben meist denselben Wortstamm. Er wird in der Regel gleich geschrieben.
Beispiele: ***lehr**en* – ***Lehr**er* – ***Lehr**ling; **Macht*** – ***mächt**ig*

Wörter verlängern: Bei den auslautenden Buchstaben b/p, d/t und g/k lässt sich die richtige Schreibweise ermitteln, indem man das Wort verlängert (z. B. Plural, Steigerung, Genitivform bilden, Adjektiv ableiten).
Beispiele: *Wal**d*** – *Wäl**d**er; passen**d*** – *passen**d**er; fleißi**g*** – *fleißi**g**er; Gedul**d*** – *gedul**d**ig*

Ersatzprobe bei *das/dass*: Die Ersatzprobe hilft zu entscheiden, ob *das* oder *dass* die richtige Schreibweise ist. Lässt sich anstelle des fraglichen Wortes *dieses*, *jenes* oder *welches* einsetzen, wird es mit einem s geschrieben, also *das*.
Beispiele: *Das Getränk, **das** er mir angeboten hat, hat mir nicht geschmeckt.*
*Das Getränk, **welches** er mir angeboten hat, hat mir nicht geschmeckt.*
*Ich finde, **dass** dieses Getränk wirklich erfrischend ist.*
*Ich finde, ~~welches~~ **dass** dieses Getränk wirklich erfrischend ist.*

Nominalisierungen an Begleitern erkennen: Artikel, ein mit einer Präposition verschmolzener Artikel, Possessivpronomen und Indefinitpronomen zeigen an, dass es sich um ein Nomen bzw. eine Nominalisierung handelt. Diese schreibt man groß.
Beispiele: *das Essen, beim Essen, sein Essen, genug Gutes*

Wichtige Rechtschreibstrategien und -regeln

Achtung, Fehler!

Die Geschichte des Kinos begint in der zweiten Hälfte des 19. Jahrhunderts auf Jahrmerkten. Dort werden zum Beispiel optische Teuschungen gezeigt. Etliche Erfindungen tragen zur Entwicklung des Kinos bei, wobei sich vor allem der Kinematograf der Brüder Lumière durchsetzt. Dieser vereint Kamera und Projektor in einem Gerät. Dadurch ist es möglich, das der Betrachter nicht durch einen Guckasten schauen muß. Das schauen von Filmen wird zu einem Gemeinschaftserlebnis. 1895 findet in Berlin die erste Filmvorfürung vor zahlendem Publikum statt. Neun Kurtzfilme werden gezeigt, die jeweils etwa eine Minute dauern. Später werden in Gasthäusern und Hotels Filme gezeigt. Wanderkinos ziehen von Ord zu Ord, Räume werden zu Kinos umgestalltet. 1910 wird der erste Film in Hollywood produziert und 1912 entsteht in Potsdam-Babelsberg das erste große Filmstudio weltweid. In der ersten Hälfte des 20. Jahrhunderts breitet sich das Kino immer mehr aus. Aber Ende des Jahrhunderts bekommt es durch das Fernseen eine große Konkurrenz und gerät in eine große Kriese. Seit einigen Jahren erfreut sich das Kino wider größerer Beliebtheit.

3 **Überarbeiten Sie den Text mithilfe von Rechtschreibstrategien.**

a) Die farbig markierten Wörter sind falsch geschrieben. Übertragen Sie die Begriffe in korrekter Schreibweise in eine Tabelle.

b) Notieren Sie jeweils hinter jedem Wort, welche Rechtschreibstrategie geholfen hätte, den Fehler zu vermeiden.

c) Schreiben Sie den gesamten Text korrekt in Ihr Heft.

GUT ZU WISSEN **Merkhilfen für Rechtschreibregeln**

Merksätze und Regeln

- **Nach l, m, n, r** – das merke ja, steht **nie tz** und **nie ck**!

Beispiele: *die Sülze, der Umzug, die Grenze, der Arzt; der Alkohol, der Imker, tanken, die Marke*

- Diese Regel ist wirklich nett, auch **nach ei, äu, eu steht nie tz**!

Beispiel: *die Heizung*

- **wider/wieder:** Das Wort *wider* hat die Bedeutung „gegen“, *wieder* bedeutet „noch einmal“.

Beispiele: *der Widerspruch; wiederholen*

- **i oder ie:** Am Ende einer Silbe wird meistens ie geschrieben, in der Mitte einer Silbe meistens i:

Beispiele: *das Fieber, der Riegel; gibt*

- **Stimmloser s-Laut:** Wenn vor dem s-Laut ein kurzer Vokal steht, schreibt man ss, nach einem langen Vokal oder Doppelvokal ß:

Beispiele: *muss; die Straße, heißen*

- **Getrennt oder zusammen:** Adjektiv + Verb oder Verb + Verb werden zusammengeschrieben, wenn das zusammengesetzte Verb eine Bedeutung im übertragenen Sinn hat.

Beispiele: *offen bleiben* (z. B. *ein offen gebliebenes Fenster*); *offenbleiben* (z. B. *eine offengebliebene Frage*)

Merkwörter: z. B. *das Klima, der Tiger, die Margarine, die Krise, mahlen/malen*

Mit dem Wörterbuch arbeiten

Duden – Die deutsche Rechtschreibung

Silbentrennung · Artikel · gelb: empfohlene Schreibweise · Bedeutung · Endung im Genitiv · Endung im Plural · Aussprache · Sprachvarietät · ugs. = umgangssprachlich · Verweise: vgl. = vergleiche

Ki|ne|ma|thek, die; -, -en <griech.> (Sammlung von Filmen; Filmarchiv)

Ki|ne|ma|tik, die; - (*Physik* Lehre von den Bewegungen); **ki|ne|ma|tisch** (die Kinematik betreffend)

Ki|ne|ma|to|graf, **Ki|ne|ma|to|graph**, der; -en, -en (der erste Apparat zur Aufnahme u. Wiedergabe bewegter Bilder; *Kurzform* Kino)

Ki|ne|ma|to|gra|fie, **Ki|ne|ma|to|gra|phie**, die; - (Filmwissenschaft u. -technik, Aufnahme u. Wiedergabe von Filmen)

ki|ne|ma|to|gra|fisch, **ki|ne|ma|to|gra|phisch**

Ki|ne|sio|lo|gie, die; - (Lehre von den Bewegungsabläufen); **ki|ne|sio|lo|gisch** (die Kinesiologie betreffend); **Ki|ne|sio|the|ra|pie** (Bewegungstherapie)

Ki|ne|tik, die; - (*Physik* Lehre von den Kräften, die nicht im Gleichgewicht sind); **ki|ne|tisch**; kinetische Energie (Bewegungsenergie)

Ki|ne|to|se, die; -, -n (Bewegungs- od. Reisekrankheit)

King, der; -[s], -s <engl.> (*engl. für* König; *ugs. für* Anführer; jmd., der größtes Ansehen genießt)

King|size […saɪ̯s], die, *auch* das; - (Großformat, Überlänge [von Zigaretten])

Kings|ton […tn̩] (Hauptstadt Jamaikas)

Kings|town […taʊ̯n] (Hauptstadt des Staates St. Vincent u. die Grenadinen)

Kink, der; -en, -en, *auch* die; -, -en (*Seemannsspr. u. nordd. für* Knoten, Fehler im Tau)

Kin|ker|litz|chen *Plur.* (*ugs.* für Nichtigkeiten)

Kinn, das; -[e]s, -e

Kinn|ba|cke[n]; **Kinn|ha|ken**; **Kinn|la|de**; **Kinn|län|ge**; die Haare auf Kinnlänge schneiden lassen; **Kinn|rie|men**; **Kinn|spit|ze**

Ki|no, das; -s, -s (Lichtspieltheater); *vgl.* Kinematograf

Ki|no|abend

Ki|no|be|sit|zer; **Ki|no|be|sit|ze|rin**

1 Bearbeiten Sie im Lerntempoduett (» GUT ZU WISSEN) die folgenden Aufgaben.

a) Wie heißt der Genitiv von „Kino“? Bilden Sie mit dem Genitiv einen Satz.
b) Wie lautet der Plural von „Kinematograf“?
c) Welche Bedeutung hat das Wort „King“ in der Umgangssprache?
d) Wie lautet der Singular des Wortes „Kinkerlitzchen“?
e) Bilden Sie einen sinnvollen Satz mit dem Wort „Kinkerlitzchen“.
f) Was ist der Bedeutungsunterschied zwischen „King“ und „Kink“?
g) Wie wird „Kinobesitzerin“ getrennt? Welche Rechtschreibstrategie (» S. 198) hilft Ihnen, dies zu erkennen?

GUT ZU WISSEN **Lerntempoduett**

Bei dieser Methode arbeiten zunächst alle für sich allein in ihrem **eigenen Lerntempo**. Wer den Arbeitsauftrag beendet hat, steht auf und wartet, bis jemand anderes fertig ist. Nun arbeiten diese beiden in **Partnerarbeit**. Die Lerntempo-Partner/-innen tauschen sich über ihre Arbeitsergebnisse aus und ergänzen sie. Eventuell bearbeiten sie gemeinsam weitere Arbeitsaufträge. Am Ende werden die Ergebnisse in der **Gruppe** besprochen.

Getrennt- und Zusammenschreibung – Zusammensetzungen mit Verben

GUT ZU WISSEN Verben – getrennt oder zusammen?

Getrennt schreibt man Verbindungen

- mit **sein**: *beisammen sein, auseinander sein, beieinander sein*
- aus **zwei Verben** (üblicherweise, » GUT ZU WISSEN, S. 199): *spazieren gehen, schreiben üben*
- aus **Nomen und Verb**: *Auto fahren, Basketball spielen*

Zusammen schreibt man Verbindungen

- aus einem **Verb** und einem **Nomen, das kaum noch als solches erkennbar ist:** *teilnehmen, heimkommen, leidtun*
- **Verben mit Präpositionen oder Adverbien:** *absagen, herauskommen, zusammenschreiben*
- **Nominalisierungen:** *durch das Korrekturlesen, beim Fußballspielen*

1 **Schreiben Sie den folgenden Text in Ihr Heft und setzen Sie die Wörter in der korrekten Schreibweise an der richtigen Stelle ein.**

ab / sagen | statt / finden | aus / toben | spazieren / gehen | Fußball / spielen | teil / nehmen

Es ist einfach schön, mit meinen Freunden zusammen zu sein. Manchmal planen wir einen gemeinsamen Ausflug, wobei wir gern __(1)__. Beim __(2)__ kann ich mich __(3)__ und den Arbeitsstress vergessen. Kaum einer von uns will einen solchen Termin __(4)__, jeder will __(5)__ und tut alles dafür, dass die Treffen __(6)__.

2 **Notieren Sie, …**

a) … bei welcher Sportart Sie Kraft tanken.
Verwenden Sie Nominalisierungen: *Beim Handballspielen kann ich abschalten.*

b) … was Ihnen Freude macht.
Gehen Sie nach folgendem Muster vor: *Musikhören macht mir Freude. Es macht mir Freude, Musik zu hören.*

3 **Schreiben Sie den folgenden Text in Ihr Heft. Wählen Sie die richtige Schreibweise aus den hervorgehobenen Wörtern.**

Natürlich sorgt das (1) aufeinander treffen / Aufeinandertreffen / aufeinander Treffen so vieler Menschen immer für Reibungspunkte. Das (2) sauber halten / Sauberhalten / sauber Halten unseres Schulgebäudes müsste eine Selbstverständlichkeit für alle sein. Das (3) instand halten / Instandhalten / instand Halten der alten Bausubstanz hat oberste Priorität. So lautete das Ergebnis einer Konferenz, die letzte Woche (4) statt fand / Statt fand / stattfand.

Getrennt- und Zusammenschreibung – Zusammensetzungen mit Verben

GUT ZU WISSEN Verbindungen von Adjektiv und Verb

Es gibt Kombinationen von Adjektiven und Verben, bei denen Getrennt- oder Zusammenschreibung möglich ist. Bei diesen Verbindungen hängt es von der Bedeutung ab, ob getrennt oder zusammengeschrieben wird.

Bedeutung

ursprünglich, direkt

*Die Brandschutztür soll nicht **offen bleiben**.*

neu, im übertragenen Sinne

*Einige eurer Fragen konnten wir nicht beantworten, sie müssen **offenbleiben**.*

Die folgenden Verbindungen kommen nur in übertragener Bedeutung vor:
totlachen, schwarzärgern, wichtigmachen, hochrechnen, krankschreiben

4 **Erklären Sie die übertragene Bedeutung der folgenden Verben:**

kaltlassen | schiefgehen | klarsehen | hochhalten | freisprechen

5 **Lesen Sie den Text. Entscheiden Sie, ob die hervorgehobenen Wörter getrennt oder zusammengeschrieben werden.**

Vom Arbeiter zum Schriftsteller

Charles Dickens hatte keine leichte Kindheit. Als Zwölfjähriger musste er hart arbeiten / hartarbeiten. Er klebte täglich zwölf Stunden lang Etiketten auf Schuhcremedosen. Da mussten viele Wünsche offen bleiben / offenbleiben. Man konnte sich nicht einfach krank schreiben / krankschreiben lassen, wenn es einem schlecht ging / schlechtging. Auch wenn es Dickens noch so schwer fiel / schwerfiel, musste er zur Arbeit gehen. Seine Familie hatte wenig Geld und musste gut planen / gutplanen, um einigermaßen klar zu kommen / klarzukommen. Dennoch reichte das Geld nie, der Vater musste sich hoch verschulden / hochverschulden und kam dafür hinter Gitter. Da konnte man sich noch so schwarz ärgern / schwarzärgern, es half nichts. Diese Lebensumstände prägten Dickens. Heute fragt man sich, wie er es schaffte, einigermaßen fröhlich zu sein / fröhlichzusein.
Die Situation der Familie hat dem Jungen sehr schnell klar gemacht / klargemacht, dass er sich seine Welt zum Träumen woanders suchen musste. Schon mit fünf Jahren konnte er gut lesen / gutlesen und schnappte sich jedes Buch, das er entdeckte. Die schlimme Kindheit ließ ihn nicht mehr los, in seinen Werken schrieb er darüber.

Zeichen setzen

Satzzeichen, z. B. Kommas und Schlusspunkte, strukturieren Sätze und verdeutlichen den Sinn von Aussagen.

1 Tauschen Sie sich darüber aus, welche Satzzeichen und welche Regeln dazu Sie kennen.

2 Schreiben Sie den folgenden Text ab und ergänzen Sie die Kommas. Begründen Sie Ihre Zeichensetzung. Berücksichtigen Sie GUT ZU WISSEN.

Achtung, Fehler!

Die künstliche Frau Holle

Viele Zuschauer haben jedes Jahr Spaß daran Skirennen anzuschauen und die Leistung der Athleten zu bestaunen. Was ist wenn kein Schnee vom Himmel fällt? Statt das Rennen absagen zu müssen arbeiten die Betreiber von Skipisten mit Kunstschnee. Schneekanonen werden eingesetzt um diesen Schnee auf die Abfahrtsstrecken rieseln zu lassen. Ein Ventilator wird benötigt um Luft mit hoher Geschwindigkeit durch die Schneekanonen zu blasen. Viele Düsen helfen dabei das Wasser in den Luftstrom zu sprühen. In kalter Luft gefriert das Wasser zu Eiskristallen um dann als Schnee zu Boden zu fallen. Vielleicht hat man aber mehr Freude daran auf Schnee zu fahren der vom Himmel gefallen ist? Oder man hat Bedenken Kunstschnee herstellen zu lassen? Trotz allem ist es aber ein schönes Gefühl einen Berg hinunterzufahren.

GUT ZU WISSEN – Das Komma bei Infinitivgruppen

Die **Infinitivgruppe** wird vom Hauptsatz getrennt, wenn …

- … sie mit ***um, ohne, anstatt, statt, außer, als*** eingeleitet wird:

Beispiele: ***Ohne*** *auf die Anregungen der anderen ein**zu**gehen**,** beendete er das Projekt letzte Woche.*
*Er beendete das Projekt letzte Woche**, ohne** auf die Anregungen der anderen ein**zu**gehen.*
*Er beendete das Projekt**, ohne** auf die Anregungen der anderen ein**zu**gehen**,** letzte Woche.*

- … ein **hinweisendes Wort** (Verweiswort) im Hauptsatz diese ankündigt. Hinweisende Wörter: *daran, damit, es.*

Beispiele: *Er dachte nicht **daran,** auf die anderen ein**zu**gehen.*
*Er liebt **es,** selbstständig **zu** arbeiten.*
*Wir haben ihm **damit** gedroht, die nächsten Projekte ohne ihn durch**zu**führen.*

- … sie von einem **Nomen im Hauptsatz abhängt**.

Beispiel: *Wir gaben ihm den **Rat,** das nächste Mal in Ruhe **zu** überlegen.*

Infinitivgruppen (Infinitiv + *zu* + mindestens ein weiteres Wort), auf welche die oben genannten Fälle nicht zutreffen, können durch ein Komma abgetrennt werden. Man darf aber auch auf das Komma verzichten.

Beispiel: *Es gefällt uns**,** mit anderen zusammenzuarbeiten.*
Es gefällt uns mit anderen zusammenzuarbeiten.

3 Verfassen Sie Beispielsätze zu den folgenden Schwerpunkten:

- das Komma zwischen Haupt- und Nebensatz
- das Komma bei Infinitivgruppen
- das Komma bei Aufzählungen

Grammatik kennen und anwenden

Aktiv und Passiv

Aktiv und Passiv sind Handlungsformen, die ein Geschehen aus verschiedenen Blickwinkeln darstellen.

GUT ZU WISSEN **Aktiv und Passiv**

Mit Verbformen im **Aktiv** kann man die **handelnde Person** in den **Vordergrund** stellen. Mit Verbformen im **Passiv** kann man ausdrücken, **was** mit einer Person oder Sache **geschieht**. Es wird häufig zur Beschreibung von Vorgängen oder Arbeitsabläufen verwendet.

Wenn man einen Satz vom Aktiv ins Passiv umwandelt, betrachtet man, grammatisch gesehen, zunächst das Akkusativobjekt.

Die Sekretärin schreibt die Rechnung.

Akkusativobjekt (Wen oder was?)

Die Rechnung wird von der Sekretärin geschrieben.

Aus dem Akkusativobjekt bildet man das Subjekt (Wer oder was?): *Die Rechnung …*

Das Passiv wird mit ***werden*** (in der jeweiligen Tempusform) und dem **Partizip II** gebildet.

Tempus	**Aktiv**	**Passiv**
Präsens	*Die Sekretärin schreibt die Rechnung.*	*Die Rechnung wird von der Sekretärin geschrieben.*
Perfekt	*Die Sekretärin hat die Rechnung geschrieben.*	*Die Rechnung ist von der Sekretärin geschrieben worden.*
Präteritum	*Die Sekretärin schrieb die Rechnung.*	*Die Rechnung wurde von der Sekretärin geschrieben.*
Plusquamperfekt	*Die Sekretärin hatte die Rechnung geschrieben.*	*Die Rechnung war von der Sekretärin geschrieben worden.*
Futur I	*Die Sekretärin wird die Rechnung schreiben.*	*Die Rechnung wird von der Sekretärin geschrieben werden.*
Futur II	*Die Sekretärin wird die Rechnung geschrieben haben.*	*Die Rechnung wird von der Sekretärin geschrieben worden sein.*

1 **Begründen Sie, warum in den folgenden Sätzen das Passiv bzw. das Aktiv verwendet wird. Welcher Inhalt steht im Vordergrund?**

1. Das Spielfeld wurde geräumt.

2. Der Schiedsrichter brach das Spiel ab.

2 **Unterscheiden Sie Sätze im Aktiv und Sätze im Passiv.**

1. Unsere Eltern haben uns vermisst. 2. Wir werden schon sehnsüchtig erwartet. 3. Mutter hatte das Essen zubereitet. 4. Der Tisch war schon von ihr gedeckt worden. 5. Morgen wird keine Entschuldigung von den Eltern akzeptiert werden.

a) Aktiv oder Passiv? Bestimmen Sie jeweils die Handlungsform der Sätze.

b) Formen Sie die Sätze um: Aktiv in Passiv, Passiv in Aktiv. Ergänzen Sie ein passendes Subjekt, wenn nötig.

Sätze sinnvoll verbinden

GUT ZU WISSEN | **Satzgefüge und Satzreihen**

Haupt- und Nebensätze können zu einem **Satzgefüge** verbunden werden. Nebensätze lassen sich z. B. mit den **Konjunktionen** *als, sobald, weil, wenn, obwohl* einleiten. Sie werden vom Hauptsatz durch **Komma** getrennt.

Beispiele: ***Weil*** *Bertha Benz die Fahrt mit dem Automobil unternommen* ***hatte, konnten*** *die Bedenken gegen die Erfindung aus dem Weg geräumt werden. – Die Bedenken gegen die Erfindung* ***konnten*** *aus dem Weg geräumt werden****, weil*** *Bertha Benz die Fahrt mit dem Automobil unternommen* ***hatte****.*

Auch mit einem **Relativpronomen** können Nebensätze eingeleitet werden. Es bezieht sich meist auf ein vorangehendes **Nomen**.

Beispiel: ***Die Fahrt, die*** *Bertha Benz unternahm, ging in die Geschichte ein.*

Hauptsätze können zu einer **Satzreihe** verbunden werden. Diese Hauptsätze können z. B. mit den Konjunktionen *denn, aber* verbunden werden.

Beispiel: *Carl Benz gelang eine bahnbrechende Erfindung****, aber*** *er hatte zunächst keinen Erfolg.*

1 Lesen Sie die folgenden Texte und beschreiben Sie ihre unterschiedliche Wirkung.

Text A

Am Samstag besuchte ich das Fest der Firma Maier. Dort arbeitet mein Vater. Die Firma hat 25-jähriges Jubiläum. Es war sehr viel los. Es wurden Reden gehalten. Eine Band machte Musik. Es gab sogar ein Programm für die Kleinsten. Im Verkaufsraum wurde ein Film gezeigt. Er gewährte Einblicke in die Firmengeschichte. Die angebotenen Speisen sahen sehr lecker aus. Ich habe nichts zu mir genommen. Ich hatte kurz zuvor schon sehr viel gegessen.

Text B

Am Samstag besuchte ich das Fest der Firma Maier, bei der mein Vater arbeitet. Die Firma hat 25-jähriges Jubiläum, deshalb war sehr viel los. Es wurden Reden gehalten, eine Band machte Musik und es gab sogar ein Programm für die Kleinsten. Im Verkaufsraum wurde ein Film gezeigt, der Einblicke in die Firmengeschichte gewährte. Obwohl die angebotenen Speisen sehr lecker aussahen, habe ich nichts zu mir genommen, da ich kurz zuvor schon sehr viel gegessen hatte.

2 Setzen Sie sich mit Text B auseinander.

a) Schreiben Sie den Text ab. Unterstreichen Sie die Wörter, die Sätze miteinander verbinden.
b) Bestimmen Sie, ob die unterstrichenen Wörter Konjunktionen oder Relativpronomen sind.
c) Markieren Sie in den Nebensätzen das konjugierte (gebeugte) Verb.

3 Verbinden Sie die folgenden Sätze sinnvoll. Bestimmen Sie, ob Sie ein Satzgefüge oder eine Satzreihe gebildet haben.

1. *Carl Benz hat im Mannheimer Mercedes-Benz-Werk noch den ersten „Stift" ausgebildet. Die Ausbildung hatte damals andere Inhalte als heute.*
2. *Mit seinem Fahrzeug gelang Carl Benz eine bahnbrechende Erfindung. In der Presse wurde über die pferdelose Kutsche gespottet.*
3. *Das Berufsbild des Automechanikers bzw. Kfz-Mechatronikers hat sich gewandelt. Die Lerninhalte der Ausbildung wurden verändert.*
4. *Der Auszubildende hat keine Probleme, die Prüfung zu bestehen. Er beherrscht die Lerninhalte.*

Sätze sinnvoll verbinden

GUT ZU WISSEN Konjunktionen richtig wählen

Wenn Sie inhaltliche Zusammenhänge darstellen wollen, müssen Sie das passende Verknüpfungswort wählen.

Inhaltlicher Zusammenhang	Mögliche Verknüpfung	Beispiel
Grund, Begründung	*weil, da, denn, deshalb, deswegen*	*Ich habe die Stelle bekommen, weil ich einen guten Eindruck gemacht habe.*
Folge, Wirkung	*dass, sodass*	*Ich habe einen guten Eindruck hinterlassen, sodass ich die Stelle erhalten habe.*
zeitliches Verhältnis	*während, als, bevor, nachdem, bis, sobald, solange*	*Man erteilte mir eine Zusage, nachdem ich mich vorgestellt hatte.*
Absicht, Zweck	*damit, dass*	*Ich habe mich um einen guten Eindruck bemüht, damit ich die Stelle erhalte.*
Bedingung	*wenn, sofern, falls*	*Ich werde sicher eingestellt, falls ich einen guten Eindruck mache.*
Einschränkung, Gegensatz	*obwohl, aber, jedoch, sondern, anstatt*	*Ich habe die Stelle erhalten, obwohl mein Zeugnis nicht so gut ist.*
Art und Weise	*indem, dadurch dass, ohne dass*	*Man kann seine Chancen verbessern, indem man einen guten Eindruck hinterlässt.*
Aufzählung, Reihung	*und, sowie*	*Ich kann ein gutes Zeugnis sowie praktische Erfahrungen vorweisen.*

4 Verknüpfen Sie Sätze sinnvoll miteinander.

a) Verbinden Sie die beiden folgenden Sätze durch die Konjunktionen *weil, wenn, solange, obwohl:*
Ein Fest kann erfolgreich sein. Alle beteiligen sich.

b) Tauschen Sie sich über den veränderten Sinnzusammenhang in den unterschiedlichen Sätzen aus.

5 Bilden Sie Satzreihen und Satzgefüge, indem Sie die folgenden Sätze in verschiedenen Kombinationen und mit unterschiedlichen Konjunktionen verbinden. Wie viele sinnvolle Möglichkeiten finden Sie?

Die Firma Maier stellt hochwertige Produkte her. – Der Verkauf läuft gut. – Die Herstellung der Ware dauert einige Tage. – Die Preise sind gestiegen. – Die Kundschaft ist zufrieden.

6 Verfassen Sie zehn Satzgefüge oder Satzreihen zu einem Thema Ihrer Wahl. Nutzen Sie Konjunktionen aus GUT ZU WISSEN.

a) Lassen Sie Ihre Lernpartnerin / Ihren Lernpartner ermitteln, welcher inhaltliche Zusammenhang hergestellt wird.

b) Tauschen Sie sich aus, wo es Schwierigkeiten gibt und wie diese beseitigt werden können.

TIPP

Beachten Sie, dass Konjunktionen auch am Anfang eines Satzes stehen können.

7 Bilden Sie bei den folgenden Sätzen aus der adverbialen Bestimmung einen Nebensatz. Formen Sie dabei die Präpositionen zu Konjunktionen um. Schreiben Sie die Satzgefüge auf.

1. *Trotz des schlechten Wetters sind viele zu der Jubiläumsfeier gekommen.*
2. *Nach dem Ende des Festes bin ich gleich nach Hause gegangen.*
3. *Wegen des guten Umsatzes wurde den Mitarbeiterinnen und Mitarbeitern eine Prämie gezahlt.*

Die Struktur von Sätzen

1 Analysieren Sie die folgenden Sätze.

1. *Da die Firma ein Jubiläum feiert, hat Herr Maier die Presse eingeladen, die einen größeren Artikel veröffentlichen wird.*
2. *Damit ein schönes Foto mit abgedruckt werden kann, hat der Fotograf der ortsansässigen Zeitung, die über das Jubiläum berichten will, mehrere Bilder gemacht.*
3. *Die Angestellten haben dem Seniorchef, der sichtlich gerührt war, ein Geschenk überreicht, nachdem er über die Entwicklung der Firma gesprochen hatte.*
4. *Da die Geschäfte gut laufen, wird die Firma die Belegschaft vergrößern, indem sie noch einige Mitarbeiterinnen und Mitarbeiter einstellt.*

a) Legen Sie eine Tabelle nach dem Feldermodell an und tragen Sie die Sätze ein.

Vorfeld	Verb (linke Klammer)	Mittelfeld	Verb (rechte Klammer)	Nachfeld
Da die Firma ein Jubiläum feiert,	...	...	...	...

b) Markieren Sie in den Sätzen die Kommas und erläutern Sie, warum sie gesetzt wurden.

2 Ergänzen Sie die unten stehenden Sätze jeweils um einen Nebensatz ...

a) ... im Vorfeld oder Nachfeld.
b) ... im Mittelfeld.

1. *Mit seiner Rede dankte der Firmenchef allen.*
2. *Die letzten Jahre haben der Firma große Gewinne eingebracht.*
3. *Alle haben dazu einen Beitrag geleistet.*
4. *Das Essen kann man nur weiterempfehlen.*

Vorfeld	Verb (linke Klammer)	Mittelfeld	Verb (rechte Klammer)	Nachfeld
Mit seiner Rede	*dankte*	*der Firmenchef allen,*		*die gekommen waren.*
Allen, die gekommen waren,	*dankte*	*der Firmenchef mit seiner Rede.*		
Mit seiner Rede	*dankte*	*der Firmenchef, der sehr gerührt war, allen.*		
...	...	...	...	...

3 Bearbeiten Sie die folgenden Sätze, in denen Kommas fehlen.

Achtung, Fehler!

Das Essen das der Partyservice geliefert hatte schmeckte allen. Es gab eine große Auswahl die für jeden etwas bot. Die Speisen zu denen auch vegetarische Gerichte gehörten waren appetitlich angerichtet. Pünktlich und zuverlässig war geliefert worden. Genauso verlief auch der Abbau nachdem die letzten Gäste gegangen waren. Man kann diese Firma nur empfehlen.

a) Legen Sie in Ihrem Heft eine Tabelle nach dem Feldermodell an und tragen Sie die Sätze ein.
b) Ergänzen Sie die Kommas und erläutern Sie Ihre Zeichensetzung.

Fazit, vertiefen, überprüfen

Das haben Sie in diesem Kapitel gelernt:

FAZIT

17.1
Richtig rechtschreiben

- Rechtschreibstrategien und -regeln anwenden
- Arbeit mit dem Wörterbuch
- Getrennt- und Zusammenschreibung

17.2
Zeichen setzen

- Komma bei Infinitivgruppen

17.3
Grammatik kennen und anwenden

- Aktiv und Passiv
- Satzgefüge und Satzreihe
- Sätze sinnvoll verbinden
- die Struktur von Sätzen

Wenden Sie Ihr Wissen an:

Achtung, Fehler!

Im Lauf der Geschichte haben die Menschen Techniken entwickelt / entwickeld, um Informationen festzuhalten oder weiterzugeben. Es wurde nämlich zusehends / zusähends schwieriger, Dinge nur mündlich zu überliefern und im Gedächtnis zu behalten. Deshalb beganen / begannen die Menschen, alles Wichtige / wichtige zu malen oder aufzuschreiben. Höhlenmahlereien / Höhlenmalereien liefern uns erste Zeugnisse davon. In Mesopotamien begann / began letztendlich / letzendlich die Geschichte der Schrift. Viele interessieren sich heute wider / wieder dafür. Man muss aber sagen, das / dass viele Fragen offenbleiben / offen bleiben.

1 **In dem Text sind für einige Wörter zwei Schreibvarianten angegeben. Wählen Sie jeweils die richtige aus.**

a) Begründen Sie Ihre Entscheidung. Wenden Sie dazu Rechtschreibstrategien und -regeln an.

b) Schreiben Sie den Text korrekt in Ihr Heft.

2 **Bestimmen Sie, ob es sich beim letzten Satz um ein Satzgefüge oder eine Satzreihe handelt.**

3 **Formulieren Sie die folgenden Sätze im Passiv.**

Wir schreiben bald einen langen Brief. – Yannic kaufte bereits schönes Briefpapier. – Marie hat ein paar Bilder gemacht. – Wir werden diese dazulegen.

4 **Ergänzen Sie die fehlenden Kommas und begründen Sie Ihre Zeichensetzung.**

Achtung, Fehler!

Anstatt lesbar zu schreiben hast du nur gekritzelt. Du denkst nie daran dir Mühe zu geben. Du musst deine Schrift verbessern um dich verständlich zu machen. Ohne lesbare Handschrift wirst du nichts bewirken.

5 **Tauschen Sie sich mit Ihrer Lernpartnerin / Ihrem Lernpartner über Ihre Arbeitsergebnisse aus.**

Projekt
Märchen in Sprachvarietäten nacherzählen

Bei diesem Projekt erzählen Sie das Märchen „Rotkäppchen" in einer Sprachvarietät nach. Für welche Sprachebene Sie sich entscheiden, bleibt Ihnen überlassen.

Die folgenden Informationen helfen Ihnen bei der Umsetzung des Projekts:

Jacob und Wilhelm Grimm: Rotkäppchen (1812, Nacherzählung)

Ein Mädchen, das stets eine rote Kappe trägt und daher von allen Menschen Rotkäppchen genannt wird, bekommt von seiner Mutter den Auftrag, die kranke Großmutter zu besuchen. Zur Stärkung soll Rotkäppchen ihr Wein und Kuchen bringen. Da das Haus der Großmutter etwas abseits im Wald liegt, ermahnt die Mutter Rotkäppchen, dass es unterwegs den Weg nicht verlassen soll.

Im Wald trifft Rotkäppchen einen Wolf, der sprechen kann und das Mädchen in ein Gespräch verwickelt. Er überredet Rotkäppchen, einen Blumenstrauß für die Großmutter zu pflücken. So gelingt es dem Wolf, vor Rotkäppchen zum Haus der Großmutter zu gelangen. Er frisst die Großmutter, zieht sich ihr Nachthemd über und legt sich in ihr Bett.

Als Rotkäppchen bei der Großmutter angekommen ist, wundert es sich zwar über deren verändertes Aussehen. Aber es erkennt nicht, dass anstelle der Großmutter der Wolf im Bett liegt, der jetzt auch Rotkäppchen fressen will. Nachdem ihm das gelungen ist, schläft er erschöpft ein.

Ein Jäger kommt zufällig vorbei und bemerkt, dass im Haus der Großmutter etwas Schreckliches passiert sein muss. Er durchschaut die Lage, überrumpelt den schlafenden Wolf, schneidet ihm den Bauch auf und befreit Rotkäppchen und die Großmutter. Zur Strafe füllt er dem Wolf schwere Steine in den Bauch, woran dieser elendiglich zugrunde geht.

Thaddäus Troll: Rotkäppchen, in amtlichem Sprachgut beinhaltet (1989, Auszug)

Im Kinderanfall unserer Stadtgemeinde ist eine hierorts wohnhafte, noch unbeschulte Minderjährige aktenkundig, welche durch ihre unübliche Kopfbekleidung gewohnheitsmäßig Rotkäppchen genannt zu werden pflegt. Der Mutter besagter R. wurde seitens von deren Mutter ein Schreiben zustellig gemacht, in welchem dieselbe Mitteilung ihrer Krankheit und Pflegebedürftigkeit machte, worauf die Mutter der R. dieser die Auflage machte, der Großmutter eine Sendung von Nahrungs- und Genussmitteln zu Genesungszwecken zuzustellen.

Vor ihrer Inmarschsetzung wurde die R. seitens ihrer Mutter über das Verbot betreffs Verlassens der Waldwege auf Kreisebene belehrt. Dieselbe machte sich infolge Nichtbeachtung dieser Vorschrift straffällig und begegnete beim Übertreten des amtlichen Blumenpflückverbotes einem polizeilich nicht gemeldeten Wolf ohne festen Wohnsitz. […]

Märchen in Sprachvarietäten nacherzählen

1 Erschließen Sie das Märchen „Rotkäppchen".

a) Lesen Sie die Nacherzählung des Märchens von den Brüdern Grimm.

b) Geben Sie den Inhalt des Märchens in Form einer Kurznachricht wieder. Reduzieren Sie dazu die Geschichte auf die wesentlichen Informationen.

2 Setzen Sie sich mit der Sprachvarietät im Text „Rotkäppchen, in amtlichem Sprachgut beinhaltet" auseinander.

a) Lesen Sie den Textauszug.

b) Bestimmen Sie die Sprachvarietät, in der der Text verfasst ist. Belegen Sie Ihre Zuordnung zu einer Sprachvarietät durch typische Wörter und Formulierungen.

c) Tauschen Sie sich in der Gruppe über die Wirkung des Textes im Vergleich mit dem Märchen der Brüder Grimm aus.

3 Planen Sie Ihre eigene Nacherzählung des Märchens in einer Sprachvarietät.

a) Legen Sie eine Sprachvarietät (z. B. Jugendsprache, Dialekt etc.) fest, in der Sie die Geschichte nacherzählen möchten.

Sie können auch eine Fortsetzung des Textes „Rotkäppchen, in amtlichem Sprachgut beinhaltet" vorbereiten.

b) Sammeln Sie Wörter und Formulierungen, die für diese Sprachvarietät typisch sind, und die Sie für Ihre Nacherzählung nutzen können.

c) Erzählen Sie Ihrer Lernpartnerin / Ihrem Lernpartner das Märchen in der von Ihnen ausgewählten Sprachvarietät.

4 Verfassen Sie eine schriftliche Nacherzählung des Märchens in der von Ihnen gewählten Sprachvarietät.

Wenn Sie möchten, können Sie eine Fortsetzung des Textes „Rotkäppchen, in amtlichem Sprachgut beinhaltet" schreiben.

5 Stellen Sie Ihre Ergebnisse im Plenum vor.

a) Lesen Sie Ihr Märchen vor.

b) Geben Sie sich gegenseitig Feedback (» Kapitel 15, S. 185).
- Ist die Geschichte korrekt wiedergegeben?
- Ist der Text konsequent in der gewählten Sprachvarietät formuliert?
- Wie wirkt die Nacherzählung im Vergleich mit dem Märchen der Brüder Grimm?

c) Überarbeiten Sie Ihr Märchen mithilfe der Anmerkungen Ihrer Mitschülerinnen und Mitschüler.

Nachschlageliste: unregelmäßige Verben – alphabetisch geordnet

In der Liste finden Sie die Formen der unregelmäßigen Grundverben. Wenn das Verb eine Vorsilbe hat, sind die Formen genauso:

denken	*denkt*	*dachte*	*hat gedacht*
bedenken	*bedenkt*	*bedachte*	*hat bedacht*

Die meisten Verben bilden das Perfekt mit *haben*. Viele Bewegungsverben und Verben, die den Übergang von einem Zustand in einen anderen ausdrücken, bilden das Perfekt häufig mit *sein*.

bekommen	*bekommt*	*bekam*	*hat bekommen*
kommen	*kommt*	*kam*	*ist gekommen*

Infinitiv	**3. Person Singular Präsens (er/es/sie/man)**	**3. Person Singular Präteritum (er/es/sie/man)**	**3. Person Singular Perfekt (er/es/sie/man)**
backen	bäckt/backt	backte/buk *(veraltet)*	hat gebacken
beginnen	beginnt	begann	hat begonnen
beißen	beißt	biss	hat gebissen
bergen	birgt	barg	hat geborgen
sich besinnen	besinnt sich	besann sich	hat sich besonnen
betrügen	betrügt	betrog	hat betrogen
bewegen	bewegt	bewog *(das bewog sie dazu, …)* bewegte *(sich körperlich bewegen)*	hat bewogen hat bewegt
beweisen	beweist	bewies	hat bewiesen
bieten	bietet	bot	hat geboten
binden	bindet	band	hat gebunden
bitten	bittet	bat	hat gebeten
bleiben	bleibt	blieb	ist geblieben
braten	brät	briet	hat gebraten
brechen	bricht	brach	hat/ist gebrochen
brennen	brennt	brannte	hat gebrannt
bringen	bringt	brachte	hat gebracht
denken	denkt	dachte	hat gedacht
dringen	dringt	drang	hat/ist gedrungen
empfehlen	empfiehlt	empfahl	hat empfohlen
entscheiden	entscheidet	entschied	hat entschieden
erschrecken	erschrickt (*aber:* ich erschrecke)	erschrak *(sich selbst)* erschreckte *(eine andere Person)*	ist erschrocken hat erschreckt
essen	isst	aß	hat gegessen
fahren	fährt	fuhr	hat/ist gefahren
fallen	fällt	fiel	ist gefallen
fangen	fängt	fing	hat gefangen
finden	findet	fand	hat gefunden
fliegen	fliegt	flog	ist geflogen
fliehen	flieht	floh	ist geflohen
fließen	fließt	floss	ist geflossen

Nachschlageliste: unregelmäßige Verben – alphabetisch geordnet

Infinitiv	3. Person Singular Präsens (er/es/sie/man)	3. Person Singular Präteritum (er/es/sie/man)	3. Person Singular Perfekt (er/es/sie/man)
fressen	frisst	fraß	hat gefressen
frieren	friert	fror	hat/ist gefroren
geben	gibt	gab	hat gegeben
gehen	geht	ging	ist gegangen
gelingen	gelingt	gelang	ist gelungen
gelten	gilt	galt	hat gegolten
genießen	genießt	genoss	hat genossen
geschehen	geschieht	geschah	ist geschehen
gewinnen	gewinnt	gewann	hat gewonnen
gleichen	gleicht	glich	hat geglichen
greifen	greift	griff	hat gegriffen
halten	hält	hielt	hat gehalten
hängen	hängt	hing *(ohne Akkusativobjekt)* hängte *(den Mantel)*	hat gehangen hat gehängt
heben	hebt	hob	hat gehoben
heißen	heißt	hieß	hat geheißen
helfen	hilft	half	hat geholfen
kennen	kennt	kannte	hat gekannt
klingen	klingt	klang	hat geklungen
kommen	kommt	kam	ist gekommen
kriechen	kriecht	kroch	ist gekrochen
laden	lädt	lud	hat geladen
lassen	lässt	ließ	hat gelassen
laufen	läuft	lief	ist gelaufen
leiden	leidet	litt	hat gelitten
leihen	leiht	lieh	hat geliehen
lesen	liest	las	hat gelesen
liegen	liegt	lag	hat gelegen
lügen	lügt	log	hat gelogen
meiden	meidet	mied	hat gemieden
mögen	mag	mochte	hat gemocht
nehmen	nimmt	nahm	hat genommen
nennen	nennt	nannte	hat genannt
raten	rät	riet	hat geraten
reiben	reibt	rieb	hat gerieben
reißen	reißt	riss	hat/ist gerissen
reiten	reitet	ritt	ist geritten
rennen	rennt	rannte	ist gerannt
riechen	riecht	roch	hat gerochen

Nachschlageliste: unregelmäßige Verben – alphabetisch geordnet

Infinitiv	3. Person Singular Präsens (er/es/sie/man)	3. Person Singular Präteritum (er/es/sie/man)	3. Person Singular Perfekt (er/es/sie/man)
ringen	ringt	rang	hat gerungen
rufen	ruft	rief	hat gerufen
schaffen	schafft	schuf *(ein Kunstwerk)* schaffte *(einen Rekord)*	hat geschaffen hat geschafft
scheinen	scheint	schien	hat geschienen
schieben	schiebt	schob	hat geschoben
schlafen	schläft	schlief	hat geschlafen
schlagen	schlägt	schlug	hat geschlagen
schleichen	schleicht	schlich	ist geschlichen
schleifen	schleift	schliff	hat geschliffen
schließen	schließt	schloss	hat geschlossen
schlingen	schlingt	schlang	hat geschlungen
schmeißen	schmeißt	schmiss	hat geschmissen
schmelzen	schmilzt	schmolz	hat/ist geschmolzen
schneiden	schneidet	schnitt	hat geschnitten
schreiben	schreibt	schrieb	hat geschrieben
schreien	schreit	schrie	hat geschrien
schreiten	schreitet	schritt	ist geschritten
schweigen	schweigt	schwieg	hat geschwiegen
schwellen	schwillt	schwoll	ist geschwollen
schwimmen	schwimmt	schwamm	hat/ist geschwommen
schwingen	schwingt	schwang	hat/ist geschwungen
schwören	schwört	schwor	hat geschworen
sehen	sieht	sah	hat gesehen
senden	sendet	sandte/sendete *(einen Brief)* sendete *(eine Fernsehsendung)*	hat gesandt/ gesendet hat gesendet
singen	singt	sang	hat gesungen
sinken	sinkt	sank	ist gesunken
sitzen	sitzt	saß	hat gesessen
spinnen	spinnt	spann	hat gesponnen
sprechen	spricht	sprach	hat gesprochen
springen	springt	sprang	ist/ hat gesprungen
stechen	sticht	stach	hat gestochen
stehen	steht	stand	hat gestanden
stehlen	stiehlt	stahl	hat gestohlen
steigen	steigt	stieg	ist gestiegen
sterben	stirbt	starb	ist gestorben
stoßen	stößt	stieß	ist/hat gestoßen
streichen	streicht	strich	hat gestrichen

Nachschlageliste: unregelmäßige Verben – alphabetisch geordnet

Infinitiv	3. Person Singular Präsens (er/es/sie/man)	3. Person Singular Präteritum (er/es/sie/man)	3. Person Singular Perfekt (er/es/sie/man)
streiten	streitet	stritt	hat gestritten
tragen	trägt	trug	hat getragen
treffen	trifft	traf	hat getroffen
treiben	treibt	trieb	hat getrieben
treten	tritt	trat	hat getreten
trinken	trinkt	trank	hat getrunken
tun	tut	tat	hat getan
überwinden	überwindet	überwand	hat überwunden
unterscheiden	unterscheidet	unterschied	hat unterschieden
verderben	verdirbt	verdarb	ist/hat verdorben
vergessen	vergisst	vergaß	hat vergessen
verlieren	verliert	verlor	hat verloren
verschwinden	verschwindet	verschwand	ist verschwunden
verzeihen	verzeiht	verzieh	hat verziehen
wachsen	wächst	wuchs	ist gewachsen
waschen	wäscht	wusch	hat gewaschen
weichen	weicht	wich	ist gewichen
weisen	weist	wies	hat gewiesen
sich wenden wenden	wendet sich wendet	wandte sich *(an jemanden)* wendete *(das Auto)*	hat sich gewandt hat gewendet
werben	wirbt	warb	hat geworben
werfen	wirft	warf	hat geworfen
wiegen	wiegt	wiegte *(ein Baby)* wog *(das Gewicht)*	hat gewiegt hat gewogen
wissen	weiß	wusste	hat gewusst
ziehen	zieht	zog	hat/ist gezogen
zwingen	zwingt	zwang	hat gezwungen

Hilfsverben			
haben	hat	hatte	hat gehabt
sein	ist	war	ist gewesen
werden	wird	wurde	ist geworden

Modalverben			
dürfen	darf	durfte	hat gedurft / hat … dürfen
können	kann	konnte	hat gekonnt / hat … können
müssen	muss	musste	hat gemusst / hat … müssen
sollen	soll	sollte	hat gesollt / hat … sollen
wollen	will	wollte	hat gewollt / hat … wollen

Operatoren kennen – Arbeitsanweisungen verstehen

Operatoren sind Arbeitsanweisungen. Sie sind wesentlicher Bestandteil jeder Aufgabenstellung, denn sie benennen die Handlungen, die zum Lösen von Aufgaben notwendig sind. Durch die Formulierung der Operatoren wird auch das Anforderungsniveau einer Aufgabe deutlich – von Ihnen werden Fähigkeiten und Vorkenntnisse verschiedener Komplexität verlangt. Entsprechend den unterschiedlich komplex zu erbringenden Leistungen lassen sich die Operatoren drei Anforderungsbereichen zuordnen. Je höher der Zahlenwert, desto höher der Schwierigkeitsgrad einer Aufgabe.

Verb	**Anforderung (erwartete Tätigkeit)**	**Anforderungsbereich**
analysieren	Sie erschließen einen Text als Ganzes oder unter einer bestimmten Fragestellung. Dabei beachten Sie den Zusammenhang von Inhalt, Form und Sprache.	1, 2, 3
anwenden	Sie beziehen einen bekannten Sachverhalt oder eine bekannte Methode auf eine neue Problemstellung.	2
begründen	Sie stellen einen Zusammenhang zwischen Ursachen und Folgen oder Wirkungen her. Sie untermauern eine Aussage oder These durch Sach- und Fachkenntnisse, d. h. mit nachvollziehbaren Argumenten (z. B. mit Beispielen, Belegen).	2, 3
belegen	Sie stützen eine Aussage durch ein ausgewiesenes Zitat oder einen Verweis.	2
berücksichtigen	Sie stellen Zusammenhänge her, indem Sie Bekanntes und Neues einbeziehen.	2
beschreiben	Sie stellen vorgegebene Situationen, Texte, Sachverhalte, grafische Darstellungen, Personen, Vorgänge sachlich genau dar, ohne sie zu bewerten.	1, 2
bestimmen	Sie stellen Sachverhalte und Inhalte prägnant (= auf den Punkt gebracht) und kriteriengeleitet fest.	1
beurteilen	Sie schätzen einen Sachverhalt, eine Aussage, eine Figur auf Basis von Kriterien oder begründeten Wertmaßstäben ein.	2, 3
bewerten	Die Bewertung erfordert zunächst die Beurteilung von Sachverhalten, Problemstellungen usw. Diese Beurteilung ergänzen Sie allerdings durch Ihre persönliche Sichtweise auf der Grundlage Ihrer Wertmaßstäbe, die Sie dabei offenlegen.	3
charakterisieren	Sie erfassen die wesentlichen Merkmale, Eigenschaften, Erscheinungsformen von Personen, Sachverhalten oder Zuständen und beschreiben diese.	2, 3
darstellen/ vorstellen	Sie formulieren Ergebnisse, z. B. einer Informationsrecherche, einer Befragung, einer Diskussion, einer Gruppenarbeit, zusammenfassend oder unter einer bestimmten Fragestellung.	1, 2
deuten	Sie entschlüsseln sprachliche Bilder (z. B. Metaphern, Vergleiche, Personifikationen), Textteile oder Texte in ihrer übertragenen Bedeutung und beschreiben diese.	2
entwickeln	Sie werten einzelne Materialien aus, um Wissen, Analyseergebnisse und eigene Ideen zusammenzuführen. Sie gelangen dabei zu einem eigenständigen Konzept, Deutungsergebnis oder Verfahren.	3
erkennen	Sie erfassen durch Nachdenken und Untersuchen Voraussetzungen, Zusammenhänge und Bedeutungen und ordnen diese ein.	3
erläutern	Sie stellen Sachverhalte, Aussagen, Hintergründe, Einsichten in einem Begründungszusammenhang dar und veranschaulichen diesen mit zusätzlichen Informationen und Beispielen.	2, 3
erschließen	Sie erarbeiten den Sinngehalt oder die Problemstellung eines Textes oder Textteils. Gemäß den vorgegebenen Gesichtspunkten beziehen Sie Bekanntes und Neues ein, um Zusammenhänge herzustellen.	2

Operatoren kennen – Arbeitsanweisungen verstehen

Verb	Anforderung (erwartete Tätigkeit)	Anforde-rungs-bereich
erstellen/ gestalten/ verfassen	Sie fertigen unter Beachtung von Vorgaben einen Text an.	3
in Beziehung setzen	Sie stellen auf der Grundlage einer vorgegebenen Betrachtung Sachverhalte, Aussagen oder Problemstellungen in Zusammenhang.	2, 3
interpretieren	Auf der Basis der Analyse eines Textes deuten Sie Sinnzusammenhänge. Sie beziehen die Wechselwirkung von Inhalt, Form und Sprache eines Textes in Ihre Betrachtungen ein und gelangen so zu einer schlüssigen Deutung.	1, 2, 3
nennen, aufschreiben/ herausschreiben, notieren, bestimmen	Sie tragen die wesentlichen Informationen (Kernaussagen) eines Textes oder eines Sachverhaltes zusammen (Sie zählen sie auf), ohne dass Sie diese kommentieren.	1
nutzen	Sie verwenden gezielt Informationen aus verschiedenen Quellen/Texten.	1
planen, entwerfen	Sie zerlegen einen Arbeitsprozess in einzelne funktionale Handlungsschritte.	2
sich auseinander-setzen mit	Sie wägen eine Aussage oder Problemstellung argumentativ und urteilend ab.	2, 3
überarbeiten	Sie analysieren ein (Text-)Produkt unter Berücksichtigung bestimmter Kriterien mit dem Ziel, es zu verbessern.	1, 2
unterscheiden	Sie ermitteln Unterschiede, Ähnlichkeiten und Gemeinsamkeiten.	2
vergleichen	Sie arbeiten Gemeinsames und Unterschiedliches heraus und stellen diese gegenüber. Sie formulieren gewichtend ein Ergebnis.	2
wiedergeben	Sie formulieren den Inhalt eines Textes mit eigenen Worten. Sie verknappen Inhalte, Aussagen, Zusammenhänge auf das Wesentliche und geben dies strukturiert in wenigen Sätzen wieder.	1, 2
zusammenfassen	Sie geben Inhalte oder Aussagen komprimiert wieder.	1, 2

Textsortenverzeichnis

Berichte/Nachrichten
- Jugend tut Gutes 13
- Tätigkeitsbericht (Auszug) 27
- Von der Fast Fashion zur Slow Fashion … 135
- Bye-bye, Fast Fashion! 138
- Billig ist nicht alles 143
- #Faktenfuchs: Ist „Bio" auch gesünder? 144
- Wie schaffen wir es, endlich nachhaltiger zu leben? 145
- Was vom peinlichen Selfie übrig bleibt 171
- Fürchtet euch nicht 172

Briefe
- Bewerbungsanschreiben 22

Dialoge
- Vorstellungsgespräch 24
- Loriot: Feierabend 43
- Gespräch über die geplante Klassenfahrt 82
- Marvin und Salim 83
- Andreas und Sibylle 83
- Gespräch zwischen Lehrer und Schüler 178
- Gespräch zwischen Schülerin und Schüler 178
- Gespräch zwischen Freundinnen 179
- Melike und Lenny 180

Fachtexte
- Die präventive Wirkung von Yoga 193

Gedichte/Lieder
- Erich Kästner: Modernes Märchen 44
- Johann Wolfgang Goethe: Vermächtnis (Auszug) 45
- Johann Wolfgang Goethe: Willkommen und Abschied (Auszug) 45
- Jakob van Hoddis: Weltende (Auszug) 45
- Paul Gerhardt: Nun ruhen alle Wälder (Auszug) 45
- Ludwig Uhland: Frühlingsglaube 55
- Die Ärzte / Farin Urlaub: Junge 57

Informationstexte
- Von Buchdruck bis Browser 66
- Berufswahl und Zufriedenheit 114
- Warum ändert sich die Sprache? 188

Interviews
- Wir müssen uns umeinander kümmern! 10
- Interview mit Vinton Cerf: „Das ist bestimmt nicht die Welt, die ich wollte" 174
- Muhterem Aras im Gespräch: „Frauen am Steuer, das war mir neu" 194

Kommentare/Kritiken
- Buchkritik: „Wer morgens lacht" von Mirjam Pressler 73
- Wahlrecht ab 16? Auf jeden Fall! 125
- Wahlrecht ab 16? So ein Quatsch! 127
- Wahlrecht ab Geburt – Lasst die Kinder an die Urnen! 129

Kurzgeschichten/Erzählungen
- Marie Luise Kaschnitz: Das letzte Buch 42
- Monika Pelz: Eine Sucht 46
- Rafik Schami: Mehmet 48 f.
- Karin Bolte: Ich sehe mich 52 f.
- Saša Stanišić: Im Ferienlager im Wald 58
- Max Bolliger: Sonntag 61 f.
- Katja Reider: Wahnsinnstyp *oder:* Während sie schläft 148 f.
- Marlene Schulz: Versprochen 153 f.
- Äsop: Die Schildkröte und der Hase 165

Märchen
- Jacob und Wilhelm Grimm: Rotkäppchen (Nacherzählung) 111

Protokolle
- Protokoll des Vorstellungsgesprächs zur Besetzung eines Ausbildungsplatzes (Auszug) 26
- Tagesprotokoll (Auszug) 27

Romanauszüge
- Thorsten Steffens: Dann bleib ich eben sitzen! (Auszüge) 158–163

Satire
- Thaddäus Troll: Rotkäppchen, in amtlichem Sprachgut beinhaltet 111

Textsortenverzeichnis / Verzeichnis der Methoden und Arbeitstechniken

Schaubilder/Diagramme

- Mein Ausbildungsberuf ... 114
- Top Ten der Ausbildungsberufe 116
- Falls Sie offene Stellen ... 117
- Entwicklung der Nachfrage ... 118
- Deutschlands Arbeitsplätze 119
- Organigramm 120
- Bildung schützt vor Arbeitslosigkeit 122
- Sollte das Wahlalter ...? 124
- Umfrage zu nachhaltiger Mode 137
- Gründe für den Kauf von Biolebensmitteln 144

Wörterbuchauszüge

- Duden – Die deutsche Rechtschreibung 200

Verzeichnis der Methoden und Arbeitstechniken

5-Schritt-Lesetechnik 12
Aktives Zuhören 83
Arbeit mit dem Wörterbuch 200
Argumentationstreppe 32
Brainstorming 183
Cluster 139
Exzerpieren 15
Feedbackregeln 185
Fishbowl 173
Gallery-Walk 42
Kontrollierter Dialog 83
Kugellager 195
Lernkarten und Lernkartei 89
Lernplakat 92
Lerntempoduett 200
Lesetechniken 11
– Diagonales Lesen 11
– Intensives Lesen 11
– Punktuelles Lesen 11
– Sequenzielles Lesen 11
Markierungstechniken 14
Medientagebuch 169
Meinungslinie 124
Merkhilfen 199
Metaplanmethode 32
Mind-Map 139
Notizen für die Präsentation 68
Partnerdiktat 96
Placemat 67
Rechtschreibstrategien 198
Rollenspiel 25
Schreibkonferenz 37
Schreibplan 139
Sortieraufgabe 116
Standbilder bauen 44
Strukturbild 14
Techniken des Abschreibens 86
Think! Pair! Share! 152
Umstellprobe 106
Visualisierung der Figurenkonstellation 59
Vorfeldtest 108

Textquellenverzeichnis

Texte, die mit einem Sternchen (*) gekennzeichnet sind, wurden aus didaktischen Gründen gekürzt.

Äsop: *Die Schildkröte und der Hase, S. 165.* Aus: ders.: Fabeln. Übersetzt von Thomas Voskuhl. Stuttgart: Philipp Reclam jun. 2005, S. 215

Bolliger, Max: *Sonntag, Auszug, S. 61 f.* Aus: Wir leben von der Hoffnung. Gedanken, Gedichte und Erzählungen für junge Menschen unserer Zeit. Hrsg. v. H. Frevert. Baden-Baden: Signal Verlag 1985, S. 54–56 (*)

Bolte, Karin: *Ich sehe mich, S. 52 f.* Aus: Menschengeschichten. Drittes Jahrbuch der Kinderliteratur. Hrsg. v. Hans-Joachim Gelberg. Weinheim/Basel: Beltz & Gelberg in der Verlagsgruppe Beltz 1991, S. 43 f.

Dirschedl, Carlo: *Lesekarte, Umschlagklappe.* Nach: R. Drommler u. a., in: Kölner Beiträge zur Sprachdidaktik. Hrsg. v. M. Becker-Mrotzek / E. Kusch, B. Wehnert, Reihe A, Heft 2 / 2006, Leseförderung in der Berufsbildung

Fink, Jessica: *Die präventive Wirkung von Yoga, S. 193.* Aus: Website des Berufsverbands der Yogalehrenden in Deutschland e. V., https://www.yoga.de/gesundheit-und-pravention/pravention/ [18.02.2020]

Flocke, Camilla: *Wahlrecht ab 16? Auf jeden Fall!, S. 125.* Aus: Orange by Handelsblatt, 07.03.2019, https://orange.handelsblatt.com/artikel/56762 [28.11.2019] (*)

Förster, Michèle: *Bye-bye, Fast Fashion!, S. 138.* Aus: Redaktions-Netzwerk Deutschland GmbH, 03.01.2020, https://www.rnd.de/lifestyle/bye-bye-fast-fashion-vier-tipps-fur-eine-nachhaltige-garderobe-CTGV6E56GRG6DH3XSUDPF-ZS4JQ.html [12.02.2020] (*)

Gerhardt, Paul: *Nun ruhen alle Wälder, Auszug, S. 45 (unten).* Aus: ders.: Wach auf, mein Herz, und singe: vollständige Ausgabe seiner Lieder und Gedichte. Hrsg. v. Eberhard von Cranach-Sichart. Wuppertal: Brockhaus 2004 (*)

Goethe, Johann Wolfgang: *Vermächtnis, Auszug, S. 45 (1. v. oben).* Aus: ders.: Werke. Band 1, Gedichte und Epen I. München: Deutscher Taschenbuch Verlag, S. 369 f. (*)

Goethe, Johann Wolfgang: *Willkommen und Abschied, Auszug, S. 45 (2. v. oben).* Aus: ders.: Werke. Band 1, Gedichte und Epen I. München: Deutscher Taschenbuch Verlag, S. 28 f.

Hamann, Götz: *Von Buchdruck bis Browser. Eine kleine Geschichte der Massenmedien in Stichworten.* Aus: Die Zeit, Nr. 40, 25.09.2008

Hank, Rainer (Interview); Aras, Muhterem: *Muhterem Aras im Gespräch: „Frauen am Steuer, das war mir neu“, S. 194.* Aus: F. A. Z., 17.02.2018, https://www.faz.net/aktuell/wirtschaft/die-biographie-von-muhterem-aras-zeigt-wie-integration-geht-15454379.html [03.06.2020] (*)

Haug, Ineke (Interview); Emilio: *Wir müssen uns umeinander kümmern!, S. 10.* Aus: YAEZ – Mehr als Schule, Q2/2019, S. 12 f.

Hegemann, Lisa: *Fürchtet euch nicht, S. 172.* Aus: Zeit online, 19.08.2019, https://www.zeit.de/digital/internet/2019-08/digitale-aengste-datenschutz-hacking-sicherheit-internetnutzung [17.02.2020] (*)

Hoddis, Jakob van: *Weltende, Auszug, S. 45 (3. v. oben).* Aus: Gedichte des Expressionismus. Hrsg. v. Dietrich Bode. Stuttgart: Philipp Reclam jun. 1966. S. 67 f. (*)

Jung, Antonio: *Jugend tut Gutes, S. 13.* Aus: Stuttgarter Nachrichten, 06.12.2018, https://www.stuttgarter-nachrichten.de/inhalt.ehrenamt-jugend-tut-gutes.bccdd834-a42e-4fd6-ae9b-68b3cab5f975.html [28.11.2019] (*)

Kaschnitz, Marie Luise: *Das letzte Buch, S. 42.* Aus: dies.: Steht noch dahin. Frankfurt/M: Suhrkamp Verlag 1976, Taschenbuch Nr. 57 © Insel Verlag, Frankfurt/M 1970

Kästner, Erich: *Modernes Märchen, S. 44.* Aus: ders.: Seelisch verwendbar. 66 Gedichte, 16 Epigramme und 1 Prosaische Zwischenbemerkung. Ausgewählt von Teofila Reich-Ranicki. München/Wien: Carl Hanser Verlag, 1998, S. 121

Keller, Rudi: *Warum ändert sich die Sprache?, S. 188.* Aus: ders.: Sprachwandel. Tübingen: Francke Verlag 2015, 4., unveränderte Aufl., S. 17–19 (*)

Klovert, Heike: *Wahlrecht ab Geburt – Lasst die Kinder an die Urnen!, S. 129.* Aus: Spiegel online, 05.04.2019, https://www.spiegel.de/lebenundlernen/schule/fridays-for-future-lasst-die-kinder-an-die-urnen-kommentar-a-1261444.html [28.11.2019] (*)

Laaff, Meike (Interview); Cerf, Vinton: *Interview mit Vinton Cerf: „Das ist bestimmt nicht die Welt, die ich wollte“, Auszug, S. 174.* Aus: Zeit online, 26.01.2020, https://www.zeit.de/digital/internet/2020-01/vinton-cerf-internet-netzwerke-informatiker-usa [17.02.2020] (*)

Laaff, Meike: *Was vom peinlichen Selfie übrig bleibt, S. 171.* Aus: Zeit online, 08.09.2019, https://www.zeit.de/digital/2019-08/selfies-handyfotos-loeschen-datenschutz [17.02.2020] (*)

Liebrich, Silvia: *Billig ist nicht alles, S. 143.* Aus: Süddeutsche Zeitung, 06.02.2020, https://www.sueddeutsche.de/wirtschaft/biolebensmittel-billig-ist-nicht-alles-1.4787318 [19.02.2020] (*)

Loriot: *Feierabend, S. 43.* Aus: ders.: Szenen einer Ehe in Wort und Bild. Zürich: Diogenes 1986, S. 29–32 (*)

Pelz, Monika: *Eine Sucht, S. 46.* Aus: Sterz Nr. 74/1997. Hrsg. v. Klaus Kada, Heinz Musker, Herbert Nichols-Schweiger, Dieter Schoeller, Heimo Steps, Peter Strasser, Gerd Tiefner, Heribert Watzke

Reider, Katja: *Wahnsinnstyp* oder: *Während sie schläft, S. 148 f.* Aus: Otto Mayr: Moderne Kurzgeschichten. Ausgearbeitete Stundenbilder mit Texten, Arbeitsblättern und Bildmaterial. Donauwörth: Auer Verlag in der AAP Lehrerfachverlage GmbH 2019, 5. Aufl., S. 16 f.

Textquellenverzeichnis

Schami, Rafik: *Mehmet, S. 48 f.* Aus: ders.: Die Sehnsucht fährt schwarz. Geschichten aus der Fremde. Augsburg: Weltbild Verlag Gmbh 1997, S. 77 f. (Lizenzausgabe); © München/Wien: Carl Hanser Verlag 1997

Schulz, Marlene: *Versprochen, S. 153 f.* Aus: https://marleneschulz.info/texte/prosa/versprochen/ [03.06.2020]

Stanišić, Saša: *Im Ferienlager im Wald, Auszug, S. 58.* Aus: Klassisch und modern. Kurzgeschichten (Literathek). Hrsg. v. Florian Radvan und Anne Steiner. Berlin: Cornelsen 2019, S. 70 f. (*)

Steffens, Thorsten: *Dann bleib ich eben sitzen!, Auszüge, S. 158–162.* Aus: ders.: Dann bleib ich eben sitzen! Mülheim an der Ruhr: Verlag an der Ruhr 2019, S. 42–44, 46 f., 61–64, 104–107 (*)

Troll, Thaddäus: *Rotkäppchen, in amtlichem Sprachgut beinhaltet, S. 111.* Aus: ders.: Der himmlische Computer und andere Geschichten. München: Deutscher Taschenbuch Verlag 1989, S. 19 (*)

Uhland, Ludwig: *Frühlingsglaube, S. 55.* Aus: ders.: Werke. Band I. München: Winkler Verlag 1980, S. 31

Urlaub, Farin: *Junge, S. 57.* Aus: Jazz ist anders. Hot Action Records 2007, http://www.plyrics.com/lyrics/dierzte/junge.html [19.02.2020]. Text erschienen bei: Fuhuru, Edition bei PMS Musikverlag GmbH, Berlin

Wadhawan, Julia Anjuli: *Wie schaffen wir es, endlich nachhaltiger zu leben?, S. 145.* Aus: Bento, 15.09.2018, https://www.bento.de/nachhaltigkeit/nachhaltigkeit-wie-schaffen-wir-es-anders-zu-konsumieren-a-23a71f69-5c2e-45ef-b6ee-b8fea6fa7da5 [19.02.2020]

Wolf, Georg: *#Faktenfuchs: Ist „Bio" auch gesünder?, S. 144.* Aus: Bayerischer Rundfunk, 15.09.2019, https://www.br.de/nachrichten/wissen/faktenfuchs-ist-bio-auch-gesuender,RbxDsR3 [19.02.2020] (*)

Wolf, Marius: *Wahlrecht ab 16? So ein Quatsch!, S. 127.* Aus: Orange by Handelsblatt, 07.03.2019, https://orange.handelsblatt.com/artikel/56727 [28.11.2019] (*)

Zentek, Jule: *Von der Fast Fashion zur Slow Fashion: Das macht nachhaltige Mode aus, S. 135.* Aus: dpa, 18.03.2019 (*)

Unbekannte und ungenannte Verfasser:

Berufswahl und Zufriedenheit, Auszug Text und Grafik, S. 114. Aus: DGB-Jugend – Ausbildungsreport 2018, S. 41 f. (*)

Bildung schützt vor Arbeitslosigkeit, Grafik, S. 122. Bundesagentur für Arbeit 2019. © Globus 2019

Deutschlands Arbeitsplätze, Grafik, S. 119. Statistisches Bundesamt, 02/2019. © Globus 2019

Buchkritik: „Wer morgens lacht" von Mirjam Pressler, S. 71. Originalbeitrag

Duden – Die deutsche Rechtschreibung, Auszug, S. 200. Aus: Duden. Die deutsche Rechtschreibung. Berlin: Dudenverlag 2017, 27., völlig neu bearbeitete und erweiterte Aufl., Bd. 1., S. 629 (*)

Entwicklung der Nachfrage junger Frauen und Männer nach dualer Berufsausbildung von 2009 bis 2018, Grafik, S. 118. Aus: Datenreport zum Berufsbildungsbericht 2019 – Informationen und Analysen zur Entwicklung der beruflichen Bildung, S. 15. Hrsg. v. Bundesinstitut für Berufsbildung, BiBB-Erhebung zum 30. September; Bundesagentur für Arbeit, Ausbildungsmarktstatistik zum 30. September (Sonderauswertung zur Vorbereitung des Berufsbildungsberichts); Berechnungen des Bundesinstituts für Berufsbildung

Ergebnisse einer Internetrecherche, S. 64. Originalbeitrag

Gründe für den Kauf von Biolebensmitteln, Grafik, S. 144. Aus: Ökobarometer 2019. Umfrage zum Konsum von Biolebensmitteln, S. 13 ff. Hrsg. v. Bundesanstalt für Landwirtschaft und Ernährung (BMEL), Geschäftsstelle Bundesprogramm Ökologischer Landbau und andere Formen nachhaltiger Landwirtschaft (BÖLN). © Statista/BMEL 2020

Falls Sie offene Stellen längerfristig nicht besetzen können, Grafik, S. 117. Aus: DIHK Arbeitsmarkt-Report 03/2019

Jacob und Wilhelm Grimm: Rotkäppchen, Nacherzählung, S. 209. Originalbeitrag

Kaufst du nachhaltige Mode?, Grafik, S. 137 (links). Aus: Fair Fashion Studie: So denken und handeln Millenials. Hrsg. von Appino, 24.01.2018, https://www.appinio.com/de/blog/nachhaltige-mode-fair-fashion-umfrage-millennials; © Statista 2020

Sollte das Wahlalter bei Bundestagswahlen Ihrer Meinung nach von 18 Jahren auf 16 Jahre herabgesetzt werden?, Grafik, S. 124. Der Tagesspiegel, 07.03.2019. © Civey 2019

Sprachtraining, S. 87. Originalbeitrag

Top Ten der Ausbildungsberufe, Grafik, S. 116. Bundesinstitut für Berufsbildung, 30.09.2018. © Globus 2018

Warum kaufen Sie nicht mehr Fair Fashion?, Grafik, S. 137 (rechts). Aus: Textilwirtschaft Nr. 16/2019, S. 17. © Statista 2020

Bildquellenverzeichnis

Cover: mauritius images / Image Source
S. 9: Shutterstock.com / crazystocker; **S. 19:** Shutterstock.com / Andrey_Popov; **S. 29:** Shutterstock.com / WAYHOME studio; **S. 30/1:** Shutterstock.com / shutterupeire; **S. 30/2:** Shutterstock.com / Jinning Li; **S. 37:** Shutterstock.com / Konstantin Chagin; **S. 40:** Shutterstock.com / Yummyphotos; **S. 41:** Shutterstock.com / Atstock Productions; **S. 44:** Imago Stock & People GmbH / Mary Evans; **S. 51:** Imago Stock & People GmbH / Pius Koller; **S. 54:** Shutterstock.com / Brian A Jackson; **S. 55/1:** Imago Stock & People GmbH / imagebroker; **S. 55/2:** Shutterstock.com / Julietphotography; **S. 63:** Shutterstock.com / ESB Professional; **S. 64:** Shutterstock.com / wavebreakmedia; **S. 70:** Shutterstock.com / stickasa; **S. 71:** Shutterstock.com / Matej Kastelic; **S. 73:** Shutterstock.com / Mascha Tace; **S. 75:** Shutterstock.com / Iakov Filimonov; **S. 77/1:** Shutterstock.com / Andrey_Popov; **S. 77/2:** Shutterstock.com / MAD_Production; **S. 77/3:** Shutterstock.com / Dragana Gordic; **S. 78:** Shutterstock.com / Kzenon; **S. 79/1:** Shutterstock.com / LightField Studios; **S. 79/2:** Shutterstock.com / val lawless; **S. 81:** Shutterstock.com / yurakrasil; **S. 83:** Shutterstock.com / Mangostar; **S. 85:** Shutterstock.com / Lamai Prasitsuwan; **S. 86:** Shutterstock.com / fotoilluvids; **S. 87:** Shutterstock.com / Sharomka; **S. 89:** Shutterstock.com / Andy Dean Photography; **S. 95:** Shutterstock.com / Billion Photos; **S. 96:** Shutterstock.com / Minerva Studio; **S. 108:** Shutterstock.com / Hadrian; **S. 111:** Shutterstock.com / Diane C Macdonald; **S. 113:** Shutterstock.com / AlexLMX; **S. 115:** Shutterstock.com / Monkey Business Images; **S. 123:** Shutterstock.com / AndriiKoval; **S. 124:** Shutterstock.com / TDubov; **S. 125:** Shutterstock.com / Athos Boncompagni Illustratore; **S. 128:** Shutterstock.com / MisterStock; **S. 130:** Shutterstock.com / Lorelyn Medina; **S. 133:** Shutterstock.com / panitanphoto; **S. 134:** Shutterstock.com / TZIDO SUN; **S. 135:** Shutterstock.com / WAYHOME studio; **S. 136:** Shutterstock.com / panitanphoto; **S. 145:** Shutterstock.com / MuchMania; **S. 147:** Shutterstock.com / Maxx-Studio; **S. 157:** Shutterstock.com / ESB Professional; **S. 165:** Shutterstock.com / Anton Brand; **S. 167:** Shutterstock.com / Leszek Glasner; **S. 168:** mauritius images / Old Visuals; **S. 170:** dpa Picture-Alliance / AP Photo; **S. 172:** Shutterstock.com / VectorShow; **S. 173:** Shutterstock.com / milo827; **S. 175:** Shutterstock.com / ecco; **S. 177:** Shutterstock.com / fizkes; **S. 179/1:** Shutterstock.com / savageultralight; **S. 179/2:** Shutterstock.com / bbernard; **S. 182:** Shutterstock.com / Asia Images Group; **S. 184:** Shutterstock.com / ideyweb; **S. 185:** Shutterstock.com / Dean Drobot; **S. 187:** Shutterstock.com / Igor Levin; **S. 197:** Shutterstock.com / Rawpixel.com; **S. 199:** Shutterstock.com / Fer Gregory; **S. 202:** Shutterstock.com / Everett Historical; **S. 203:** Shutterstock.com / GoShiva; **S. 209:** Shutterstock.com / kvio

Sachwortverzeichnis

5-Schritt-Lesemethode 12

Abschreiben (Techniken) 86
Adjektiv 98, 202
Adverb 98
Adverbiale Bestimmungen 107
Akkusativobjekt 106
Aktiv 204
Aktives Zuhören 83
Alliteration 56
Analogie 126
Anapher 56
Anforderungsprofil 20
Anglizismen 191
Anredepronomen 90
Anschreiben (Bewerbung) 22 f.
Appell 80
Archaismen 189
Argument (Aufbau) 31
Argumentationsstütze 31
Argumentationstreppe 32
Argumentieren
– mündlich 39 f.
– pro/kontra 30 f.
– schriftlich 32 ff.
Argumentierende Texte 125 ff.
Artikel (Wortart) 98
Assonanz 56
Aufforderungssätze 105
Aufmerksamkeitstraining 86
Aufzählung 96
Auktorialer Erzähler 53
Aussagesätze 103 f.
Aussprache 79

Balkendiagramm 116
Beobachtungsbogen 40
Bericht
– Protokoll 26
– Tätigkeitsbericht 27
Bewerbung
– Anschreiben 22 f.
– Lebenslauf 21
– Persönlichkeitsprofil 20
– Vorstellungsgespräch 24 f.
Beziehungsaussage 80
Blockprinzip 35
Botschaft (einer Äußerung) 80
Brainstorming 183
Brief 22 f., 90
Brief schreiben (gestaltendes Interpretieren) 162 f.
Buchkritik 73
Buchpräsentation 73 f.

Charakterisieren (lit. Figur) 57 ff.
Cluster 139

Das/dass-Schreibung 92
Datenschutz und Datensicherheit 171
Dativobjekt 106
Debatte 39 f.
Diagonales Lesen 11
Diagramm 114 ff.
– Arten analysieren 116 ff.
– Balkendiagramm 116
– Funktionen 115
– Informationen entnehmen 120
– Kreisdiagramm 119
– kritisch lesen 121
– Kurven-/Liniendiagramm 118
– Organigramm 120
– Säulendiagramm 117
Dialekt 192
Dialektische Erörterung 35 ff.
Dialog schreiben 159
Digitale Medien 64 ff., 168 ff.
Digitales Ich 171
Digitalisierung 172
Direkte Rede/indirekte Rede 95, 101 f.
Dramatik 43
Drehbuch 62
Du-Botschaft 184

Einleitung
– Anschreiben 23
– Dialog 159
– Erörterungsaufsatz 33
– Inhaltsangabe 49
– Stellungnahme 130 f., 141 f.
– Textinterpretation 155
– Textwiedergabe 16
– Vortrag 68
Eins-zu-eins-Übersetzungen 191
Ellipse 56
Empfangsvorgänge aufschlüsseln 81
Endreimvarianten 45
Epik 43
Ergebnisprotokoll 26
Erörterung 32 ff.
– Aufbau des Aufsatzes 32 ff.
– Blockprinzip 35
– dialektisch 36 f.
– linear 32 ff.
– Reißverschlussprinzip 35
Ersatzformen für Konjunktiv 102
Ersatzprobe 92, 198
Erzählperspektive 52 ff.
Erzähltexte 52 ff.
Erzählte Zeit 54
Erzählzeit 54
Exzerpieren 15

Fabel 165
Fachbegriffe 193
Fachsprache 193
Fachtext 193
Faktenargument 126
Feedbackregeln 185
Fehlerschwerpunkte erkennen 88 f.
Feldermodell 103 ff., 207
Fernsehen 168
Figur (literarische) 66 ff.
Figurencharakteristik 58 f.
Figurenkonstellation 59
Fiktionale Texte 43
Film 61 f.
Fishbowl 173
Fragesätze 105
Freies Sprechen 79
Fremdcharakterisierung 57
Fremdwörter 190 f.
Fünf-Schritt-Lesemethode 12

Gallery-Walk 42
Gattungen (von Texten) 43
Gedicht 43 ff., 55 f.
Gesprächsförderer 82
Gesprächshemmer 82
Gesprächsregeln 82
Gestaltendes Interpretieren 158 ff.
Gestaltung von Präsentationsfolien 70
Gestik 77 ff.
Getrennt- u. Zusammenschreibung 201 f.
Grafische Darstellung von Sachverhalten 114 ff.
Grammatik 98 ff., 204 ff.
– adverbiale Bestimmungen 107
– Aktiv/Passiv 204
– Aufforderungs- und Fragesätze 105
– Aussagesätze 104
– Feldermodell 103 ff., 207
– indirekte Rede 101 f.
– Konjunktiv 101 f.
– Nebensätze 97, 109, 205 ff.
– Sätze 103 ff., 205 ff.
– Satzgefüge 97, 109, 205 ff.
– Satzglieder 106 ff.
– Satzreihen 97, 205
– Satzstruktur 207
– Satzverbindungen 206
– Tempusformen 99
– trennbare/untrennbare Verben 104
– unregelmäßige Verben 100, 211 ff.
– Verben 99 ff., 104
– Verberstsätze 105
– Verbzweitsätze 103 f.
– Wortarten 98

Sachwortverzeichnis

Groß- und Kleinschreibung 90

Haupttteil
- Dialog 159
- Erörterungsaufsatz 32, 36 f.
- Inhaltsangabe 49
- Stellungnahme 130 f., 140 ff.
- Textinterpretation 155
- Vortrag 68

Höflich kommunizieren 181

Ich-Botschaft 82
Ich-Erzähler 53
Indikativ 101 f.
Indirekte Rede 101 f.
Infinitivgruppen mit *zu* 203
Informationsqualität prüfen 67
Informierende Texte 126
Inhaltsangabe (literarische Texte) 46 ff.
Intensives Lesen 11
Interjektion 98
Interkulturelle Kommunikation 182
Internetquellen kritisch prüfen 64 f.
Internetrecherche 64 f.
Interpretation
- gestaltend interpretieren 158 ff., 165 f.
- literarische Texte 152 ff.

Jugendsprache 192

Karteikarten 68, 89
Kommasetzung
- bei Aufzählungen 96
- bei direkter Rede 95
- bei Infinitivgruppen 203
- zwischen Haupt- und Nebensatz 97, 109

Kommentierende Texte 126
Kommunikation/kommunizieren 76 ff., 178 ff.
- höflich 181
- interkulturell 182
- konstruktiv 184
- Metakommunikation 180
- Missverständnisse 78, 81, 83, 179 f.
- nonverbal/verbal 77 f.
- Störungen 179 f.
- symmetrisch u. komplementär 178
- vier Seiten einer Äußerung 80 f.

Kommunikationsmodelle 76, 80 f.
Kommunikationsstörungen 179 ff.
Komplementäre Gesprächssituation 178
Konjunktionen 98, 109, 205 f.
Konjunktiv 101 f.
Kontrollierter Dialog 83
Körpersprache 77 f.
Kreatives Schreiben
- Brief schreiben 162 f.
- Dialog schreiben 159
- Tagebucheintrag verfassen 160 f.

Kreisdiagramm 119
Kreuzreim 45
Kritik äußern/annehmen 185
Kugellager 195
Kurven-/Liniendiagramm 118
Kurzgeschichten (Merkmale) 150

Lampenfieber 166
Lebenslauf 21
Lehnwörter 190
Lernkärtchen 89
Lernkartei 89
Lernplakat 92
Lerntempoduett 200
Lernvideo 175 f.
Leseabsicht 11
Lesekarte 12
Lesetechniken 11
- diagonales Lesen 11
- intensives Lesen 11
- punktuelles Lesen 11
- sequenzielles Lesen 11

Lied/Song 57
Lineare Erörterung 32 ff.
Literarische Figur 57 ff.
Literarische Texte 42 ff., 52 ff., 61 f., 148 ff., 158 ff.
Literaturverfilmung 61
Lyrik 43 ff., 55 f.

Manipulationen von Diagrammen 121
Märchen 217
Markieren 14
Massenmedien 66, 168
Materialgestützte Stellungnahme 134 ff.
- Arbeitsschritte 134
- Aufgabenstellung verstehen 134
- Gliederung 141
- Materialien erschließen 135 ff.
- Schreibplan 139
- Überarbeitung 142

Medien 64 ff., 168 ff.
- beurteilen 66 f., 170 f.
- Einsatz bei einer Präsentation 69 ff., 168 ff.

Medientagebuch 169
Medienverhalten reflektieren 168 f.
Mehrsprachigkeit 194
Meinungslinie 124
Merkhilfen 199
Metakommunikation 180
Metapher 56
Metaplanmethode 32
Mimik 77
Mind-Map 139
Missverständnisse 78, 81, 83 179
- erkennen und vermeiden 180
- Ursachen 179

Mitarbeitergespräch 184

Nebensätze 97, 109, 205 ff.
Neologismen 189
Neutraler Erzähler 53
Nomen/Substantiv 98
Nominalisierungen 90, 198
Nonverbale Kommunikation 77 f., 83
Notizen (für die Präsentation) 68
Numerale 98

Operatoren 215 f.
Organigramm 120

Paarreim 45
Parallelismus 56
Paraphrasieren/spiegeln 83
Partizip II 99, 104
Partnerdiktat 96
Passiv 204
Personaler Erzähler 53
Personifikation 56
Persönliche Daten 171
Persönlichkeitsprofil 20
Persönlichkeitsrechte 171
Placemat-Methode 67
Podcast 145
Prädikat 103
Präposition 98
Präpositionalobjekt 106
Präsentation 67 ff.
- Buch 73 f.
- Medien 69, 71
- Notizen 68
- planen u. gliedern 68

Präsentationsfolien 70
Präsentationsmedien 69
Präsentationsprogramm 71
Printmedien 168
Pronomen 98
Protokoll 26
Pro-und-Kontra-Argumentation 30 f., 128
Punktuelles Lesen 11

Recherchieren (im Internet) 64 f.
Rechtschreibstrategien 198
Rechtschreibung 90 ff., 198 ff.
- Anredepronomen 90
- ck-/k-Laut 94
- das/dass 92

Sachwortverzeichnis

- d-/t-Laut 94
- Eigennamen 90
- Getrennt- u. Zusammenschreibung 201 f.
- Groß- u. Kleinschreibung 90
- i-Laut 93
- Merkhilfen Rechtschreibregeln 199
- Nomen/Substantive 90
- Nominalisierungen 90
- Rechtschreibstrategien 198
- Satzanfänge 90
- s-Schreibung 91
- tz-/z-Laut 94
- wider/wieder 93

Referate 64 ff.
- Medien 69, 71
- Notizen 68
- planen u. gliedern 68

Reflexionsgespräch 184
Reißverschlussprinzip 35
Rhetorische Figuren (sprachliche Mittel) 56
Rhetorische Frage 56, 126
Rhetorische Strategien 126 f.
Rollenspiel 25
Rückblende 54

Sachinhalt 80
Satzgefüge 97, 109, 205 ff.
Satzglieder 106 ff.
Satzklammer 103
Satzreihen 97, 205
Satzstruktur 207
Satzverbindungen 206
Satzzeichen 95 ff., 203
Säulendiagramm 117
Schaubilder 114, 116 ff., 124, 137, 144
- analysieren 116 ff.
- Funktionen 115
- Informationen entnehmen 120

Scheinanglizismen 191
Schlussteil
- Anschreiben 23
- Dialog 159
- Erörterungsaufsatz 34
- Inhaltsangabe 49
- Stellungnahme 131, 141 f.
- Textinterpretation 155
- Vortrag 68

Schreibkonferenz 37
Schreibplan 139
Schweifreim 45
Selbstcharakterisierung 57
Selbstkundgabe 80
Sender-Empfänger-Modell 76
Sequenzielles Lesen 11
Silben mitschwingen 198
Smartphone 170 f.
Sortieraufgabe 116
Soziale Netzwerke 171
Spannungsbogen 159
Spiegeln/paraphrasieren 83
Sprachebenen 192 f., 217 f.
Sprachliche Mittel 56
Sprachprofil 195
Sprachspiel 111 f.
Sprachvarietäten 192 f., 217 f.
Sprachwandel 188 f.
s-Schreibung 91
Standardsprache 192
Standbild bauen 44
Stärken-/Schwächenanalyse 20
Stellungnahme verfassen 32 ff., 129 ff., 140 f. 143 f.
- materialgestützt 140 f., 143 f.
- textgebunden 129 ff.

Stellung nehmen 30 ff., 127 ff., 135 ff.
Strukturbild 14
Substantiv/Nomen 98
Suchmaschine 65
Symmetrische Gesprächssituation 178

Tagebucheintrag schreiben 160 f.
Tagesprotokoll 27
Tätigkeitsbericht 27
Tempusformen (Zeitformen) 99
Textarten unterscheiden
- literarische Texte 42 ff.
- Pressetexte 126

Textbelege 139, 151
Texte analysieren
- literarische Texte 52 ff., 150 f.
- Sachtexte 10 ff., 125 ff., 135 ff.

Texte interpretieren 152 ff., 158 ff., 165 f.
- gestaltend 158 ff.

Texterörterung 32 ff.
- dialektisch 35 ff.
- linear 32 ff.

Texte zusammenfassen 14 f.
Textgattungen 43
Textsorten 16
Textwiedergabe (Sachtext) 16 f., 130
Theaterstück inszenieren 165 f.
These 31
Think! Pair! Share! 152
Trennbare/untrennbare Verben 104

Umarmender Reim 45
Umstellprobe 106
Unregelmäßige Verben 100, 211 ff.
Urheberrecht 171

Verbale Kommunikation 77 f., 83
Verben 98 ff., 104, 201 f.
- trennbare/untrennbare Verben 104
- unregelmäßige Verben 100, 211 ff.

Verberstsätze 105
Verbzweitsätze 103 f.
Vergleich 56
Verlängerungsprobe 94, 198
Verlaufsprotokoll 26
Vier-Seiten-Modell 80
Visualisieren 59, 70 f., 92
Vorausschau 54
Vorfeldtest 108
Vorsilben 100, 104
Vorstellungsgespräch 24 f.
Vortrag 68 f., 79
- Körpersprache 79
- Medien 69, 71
- Notizen 68
- planen u. gliedern 68

Vorwissen überprüfen 116

Wiederholung 56
Wortarten 98
Wortentlehnungen 191
Wörterbuch 200
Wörter verlängern 198
Wortfamilie (bilden) 198

Zeichensetzung 95 ff., 203
- Kommasetzung 96 f., 203
- Satzzeichen bei direkter Rede 95

Zeitdeckung 54
Zeitdehnung 54
Zeitformen (Tempusformen) 99
Zeitraffung 54
Zeitstruktur von Erzähltexten 54
Zitieren 141, 151
Zuhörtechniken 83
Zusammensetzungen 201 f.